ቃል ኣምላኽ እንታይ ይብል፧

ጥቕስታት መጽሓፍ ቅዱስ
ብዛዕባ 102 ኣርእስትታት

1ይ ሕታም

ኣዳላዊ ኣገልግሎታት ሻሎም

www.shalom7.org

ብኣገልግሎታት ሻሎም ዝተዳለዉ መጻሕፍቲ፥

1. ዕዉት ዝኾነ ህይወት
2. ምልላይን ምብታኽን መርገም
3. ህይወት ብመንፈስ ቁዱስ
4. እተሳዕረ ጻድቕ ሰብ
5. ጥንቁቕ ኩን
6. ጸሎት

- ነዚ መጽሓፍ'ዚ ኣባዚሕካ ንኻልኦት ሰባት ምዕዳል ፍቑድ እዩ።

December 2015

www.shalom7.org

ትሕዝቶ

መቕድም 7

1. ምጽኣት ጎይታ የሱስ ክርስቶስ 9
2. ፍቓድ ኣምላኽ 12
3. እሙንነት ኣምላኽ 13
4. ፍቕሪ ኣምላኽ ንደቂ-ሰብ 15
5. ሓለዋ ኣምላኽ 17
6. ምርሒት ካብ ኣምላኽ 19
7. ንኣምላኽ ምግልጋል 20
8. ንኣምላኽ ምፍቃር 21
9. ንኣምላኽ ምድላይ 23
10. ኣብ ኣምላኽ ምውካል 24
11. መንግስተ ሰማያት 25
12. ዘልኣለማዊ ህይወት 26
13. ድሕነት 29
14. ሕድገት ሓጥያት 30
15. ደም የሱስ ክርስቶስ 33
16. ጽድቂ 34
17. ምሕረት 36
18. ጸጋ 37
19. ንስሓ 39
20. ሓርነት ካብ ሓጢያት 40
21. ስልጣን ክርስትያን 40
22. መንፈሳዊ ውግእ 43
23. ምንጋፍ ካብ ጸላኢ 44
24. ቤት-ክርስትያን 47
25. ጥምቀት ብማይ 48
26. ጥምቀት ብመንፈስ-ቁዱስ 49
27. ህያባትን ረብሓን መንፈስ ቁዱስ 52

28. ባህርያት ክርስትያን 54
29. መንፈሳዊ ዕቤት 56
30. ፍረ ምፍራይ 57
31. ምምስካር 58
32. ጸሎት 60
33. ጾም 63
34. ኣምልኾ 65
35. መኣዲ ጎይታ (ቅዳስ ቁርባን) 67
36. ምንባር ኣእዳው 68
37. ትንቢት 69
38. ንዓለም ምጽላው 70
39. ራእይ ምህላው 71
40. እምነት 72
41. ፈውሲ 73
42. ይቕረ ምባል 75
43. ዕጋበት 77
44. ቅንዕና 77
45. ተስፋ 79
46. ምቕባል ጋሽን ምትሕግጋዝን 80
47. ትሕትና 81
48. ትብዓት 83
49. ሓጎስ 84
50. ነዊሕ ህይወት (ዕድመ) 86
51. ፍቕሪ 87
52. ክርስትያናዊ ፍቕሪ 89
53. ምእዛዝ 90
54. ትዕግስቲ 94
55. ሰላም 95
56. ዓስቢ ብቕንዕና ምምልላስ 96
57. ዓወት 97
58. ሓቂ፡ ቃል ሓቂ 99

59. ጥበብ 100
60. ቃል ኣምላኽ 102
61. ፍልጠት ምውሳኽ 104
62. ምስትንታን 106
63. ሃብቲ 107
64. መግለቢን ክዳንን 109
65. ምሃብ 109
66. ስራሕ 113
67. ገንዘብ 114
68. ግዜ 118
69. ሓገዝ ኣብ ግዜ ሽግር 119
70. ምንጋፍ ካብ ጸበባ 121
71. ምቾትን ረዲኤትን 122
72. ድኻታት 124
73. ፈተና 125
74. ርእስኻ ምቅባጽ፡ ዋጋ ምኽፋል 126
75. እሱራት 128
76. መንፈስ (ሰብ) 129
77. ነፍሲ 130
78. ስጋ 131
79. ቆልዑ 133
80. ቆልዑ ከገብርዎ ዝግባእ 134
81. ደቂ-ኣንስትዮ 135
82. መርዓ 137
83. ስጋዊ ርክብ 139
84. ንዘይተመርዓው 140
85. ስድራ ከገብርዎ ዝግባእ 141
86. ሞት 142
87. ፍርሒ 143
88. ሕሜታን ሓሶትን 147
89. ቅንኢ 148

90. ትህኪት 149
91. ጽምዋ 151
92. ዓለማዊ ትምኒት 152
93. ስስዐ 155
94. ሓሶት 157
95. ትዕቢት (ትምክሕቲ) 158
96. ምንዝርና 160
97. ምሕፋር 161
98. ኩራ 162
99. ምጭናቕ 163
100. ፍትሕ 164
101. ነብያት ሓሶት 165
102. ገሃንም እሳት 167
103. ድያብሎስ 168
104. ምልክታት መወዳእታ ዘመን 170
105. ምጽኣት ጎይታ 172

መቕድም

እዞም ኣብ'ዛ መጽሓፍ፡ ካብ መጽሓፍ ቁዱስ ዝተኣከቡ ጥቕስታት፡ ንሂወትካ መፍትሒ ዝኸውን ቓል ኣምላኽ ምስእትደሊ ብቐሊሉ ንኽትረክብ ዝተኣከቡ እዮም። እዚ ማለት ግን፡ ከም መተካእታ መጽሓፍ ቁዱስ ክትጥቀመሎም ዘይኮነስ፡ መጽሓፍ ቅዱስ ከተጽንዕ ከለኻ፡ ንሓገዝን መወከስን ክጠቕሙኻ ይኽእሉ። ብተወሳኺ፥ ነዚ መጽሓፍ፡ ቃል ኣምላኽ ንምሽምዳድ ከም መለማመዲ ክትጥቀመሉ'ውን ትኽእል ኢኻ።

ገለ ገለ ጥቕስታት ክኣትዉ ዝግብኦም ዘይኣተዉ እንተሎዉ፡ ወይ'ውን ኣብ'ዚ መጽሓፍ ዘይተጠቕሰ ኣርእስቲ እንተረኺብካ፡ ብወብሳይትና shalom7.org/contact/ ተወከሰና። እዚ መጽሓፍ ንኹሎም ኣርእስትታት ዘጠቓለለ ኣይኮነን፡ ኣብ ዝቕጽል ሕታም ግን እናተመሓየሸ ዝኸይድ ስራሕ እዩ።

ካብ'ዚ መጽሓፍ ንናይ ሂወትካ ኩነታት መፍትሒ ክትረክብ ተስፋ ንገብር። ጸጋ ጐይታና የሱስ ክርስቶስን ፍቕሪ ኣምላኽን ሕብረት መንፈስ ቅዱስን ምሳኻ ይኹን።

1. ምጽኣት ጎይታ የሱስ ክርስቶስ

1ይ ተሰሎንቄ 4፡13-18
"ግናኸ፡ ኣሕዋተየ፡ ከምቶም ተስፋ ዜብሎም ካልኦት ምእንቲ ኸይትሓዝኑ፡ ብዛዕባ እቶም ደቂሶም ዘለዉ ብዘይ ፍልጠት ክትኰኑ ኣይፈቱን እየ። ማለት፡ የሱስ ከም ዝሞተን ከም ዝተንስኤን ኣሚንና እንተ ኼንና፡ ከምኡ'ውን ኣምላኽ ነቶም ብየሱስ ዝደቀሱ ምስኡ ኺምጽኦም እዩ። ንሕና ኽሳዕ ምጽኣት ጐይታ ብህይወትና እንጸንሕ ከኣ ነቶም ዝደቀሱ ከቶ ኽም ዘይንቕድሞም፡ እዚ ብቓል ጐይታ ንብለኩም ኣሎና። ጐይታ ባዕሉ ብናይ ትእዛዝ ጭድርታን ብድምጺ ሊቀ መላእኽትን ብመለኸት ኣምላኽን ካብ ሰማይ ኪወርድ እዩ፡ እቶም ብክርስቶስ ዝሞቱ'ውን ቅድም ኪትንስኡ እዮም።ድሕሪ'ዚ ንሕና ብህይወት ጸኒሕና ዘሎና ንምቕባል ጐይታ ኣብ ኣየር ምሳታቶም ሓቢርና ብደበና ኽንለዓል ኢና፡ ከምኡ'ውን ንሓዋሩ ምስ ጐይታ ኽንነብር ኢና። ደጊም በዘን ቃላት እዚኣተን ንሓድሕድኩም ተጻናንዑ።"

1ይ ቆረንጦስ 15፡51-57
"እንሆ፡ ምስጢር እነግረኩም ኣሎኹ፡ ኩላትና ኽንልወጥ እምበር፡ ኩላትና ኣይክንድቅስን ኢና፡ ብሓንሳእ፡ ብቕጽበት ዓይኒ፡ በቲ ናይ ድሕሪ ኹሉ መለኸት፡ እቲ መለኸት ኪንፋሕ እዩ እሞ፡ እቶም ምዉታት ድማ ብዘይሓልፍ ኪትንስኡ እዮም፡ ንሕናውን ክንልወጥ ኢና። ማለት፡ እዚ ሓላፊ ዘይሓልፍ ኪለብስ ይግብኦ እዩ እሞ፡ እዚ መዋቲ ኸኣ ዘይመውት ኪለብስ እዩ። እዚ ሓላፊ ዘይሓልፍ ምስ ለበሰ፡ እዚ መዋቲ'ውን ዘይመውት ምስ ለበሰ፡ ሽዑ እቲ ጽሑፍ፡ ሞት ብዓወት ተዋሕጠ፡ ዝበሎ ቓል ኪፍጸም እዩ። ዎ ሞት፡ ኣበይ ኣሎ ብልሕኻ፧ ኣታ ሲኦልከ፡ ኣበይ ኣሎ ዓወትካ፧ ብልሒ ሞት ሓጢኣት እዩ፡ ሓይሊ ሓጢኣት'ውን ሕጊ እዩ። ግናኸ ነቲ ብጐይታና የሱስ ክርስቶስ ገይሩ ዓወት ዚህበና ኣምላኽ ስብሓት ይኹኖ።"

ግብሪ ሃዋርያት 1፡11
"ኣቱም ሰብ ገሊላ፡ ስለምንታይ ናብ ሰማይ እናጠመትኩም ደው ኢልኩም ዘሎኹም፧ እዚ ኻባኻትኩም ናብ ሰማይ ዝዓረገ የሱስ፡ ከምቲ ናብ ሰማይ ኪዓርግ ከሎ ዝርኤኹምዎ ኸምኡ ገይሩ ኸኣ ኪመጽእ እዩ፡ በልዎም።"

2ይ ጴጥሮስ 3፡3-4 ፥ 8-13
"ኣብተን ዳሕሮት መዓልትታት ከም ፍትወት ርእሶም ዚመላለሱን ዜላግጹ መላገጽትን ከም ዚመጹ፡ ቅድሚ ዅሉ እዚ ፍለጡ። ንሳቶም ከኣ፡ ተስፋ ምጽኣቱ ደኣ ኣበይ ኣሎ ፧ ካብታ ኣቦታትና ዝደቀሱላ መዓልቲ፡ ካብ መጀመርታ ፍጥረት ሒዙ ኵሉ ከምቲ ዝነበሮ እዩ ዘሎ፡ ኪብሉ እዮም። ግናኸ፡ ኣቱም ፍቁራተይ፡ ኣብ እግዚኣብሄር ሓንቲ መዓልቲ ኸም ሽሕ ዓመት፡ ሽሕ ዓመት'ውን ከም ሓንቲ መዓልቲ ምዃኑ፡ እዛ ሓንቲ ነገር እዚኣ ኣይትሰወርኩም። ጐይታስ፡ ኵላቶም ናብ ንስሓ ኺበጽሑ እምበር፡ ሓደ እኳ ኺጠፍእ ዘይፈቱ ስለ ዝኾነ፡ ምእንታኻትኩም ይዕገስ ኣሎ እምበር፡ ከምቲ ንገሊኣቶም ዝድንጉ ዚመስሎም፡ ንተስፋኡ ኣየደንጉዮን እዩ። መዓልቲ ጐይታ ግና ከም ሰራቒ ኾይና ኽትመጽእ እያ፡ ብእኣ ሰማያት ጥዋዕዋዕ እናበለ ኺሐልፍ እዩ፡ ፍጥረት ሰማይ ብረስኒ ኺመከኽ፡ ምድርን ኣብኣ ዘሎ ግብርታትን ኪነድድ እዩ። ደጊም እዚ ዅሉ ዘፈላለ ኻብ ኰነ፡ ስሊኡ ሰማያት ብሓዊ መኺኹ ዚፈላለየሉ፡ ፍጥረት ሰማያት ብረስኒ ዚመከሉ፡ ነቲ ምጽኣት መዓልቲ ኣምላኽ እናተጸቤኹምዎን እናኣቐልጠፍኩምዎን ብቕዱስ ንብረትን ብፍርሃት እግዚኣብሄርን ከመይ ዝበሉ ኽትኰኑ እዩ ዚግብኣኩም። ንሕና ግና፡ ከምቲ ተስፋኡ፡ ጽድቂ ዚነብረሉ ሓድሽ ሰማያት ሓድሽ ምድርን ንጽበ ኣሎና።"

ማቴዎስ 24፡27-31
"በርቂ ኻብ ምብራቕ በሪቑ ኽሳዕ ምዕራብ ከም ዚርኤ፡ ምጽኣት ወዲ ሰብ ከኣ ከምኡ ኪኸውን እዩ። ኣብቲ ገምቢ ዘለዎ፡ ኣሞራታት ከኣ ናብኡ ኺእከቡ እዮም። ድሕሪ መከራ እታ ቕነ እቲኣ ግና ብኡብኡ ጸሓይ ክትጽልምት፡ ወርሒ'ውን ብርሃና ኣይክትህብን እያ፡ ከዋኽብቲ ኻብ ሰማይ ኪወድቁ፡ ሓይልታት ሰማያት'ውን ኬንቀጥቅጡ እዮም። ሽው ትእምርቲ ወዲ ሰብ ኣብ ሰማይ ኪርኤ፡ ሽው ድማ ኵሎም ዓሌታት ኣህዛብ ምድሪ ኺበኽዩ። ንወዲ ሰብ ከኣ ብብዙሕ ሓይልን ግርማን ብደበና ሰማይ ኪመጽእ ከሎ ኺርእይዎ እዮም። ንመላእኽቱ ኸኣ ብብርቱዕ ደሃይ መለኸት ኪልእኮም፡ ንቶም ሕሩያቱ ኻብቲ ሓደ ወሰን ሰማይ ክሳዕ እቲ ወሰን ሰማይ ካብ ኣርባዕቲኡ መኣዝን ንፋሳት ኪእክብዎም እዮም።"

ሉቃስ 21፡25-28
"ኣብ ጸሓይን ወርሕን ከዋኽብትን ከኣ ትእምርቲ ኪኸውን እዩ። ኣብ ምድሪ'ውን ጸበባ ኣህዛብ ኪኸውን፡ ብደሃይ ባሕርን ማዕበልን ከኣ

ዚገብርዎ ኺጠፍኦም እዩ። ሓይሊ ሰማያት ኬንቀጥቅጥ እዩ እሞ፡ ብፍርሃትን ኣብ ዓለም ብዚመጽእ ምጽባይን ነፍሲ ሰብ ክትወጽእ እያ። ሽው ንወዲ ሰብ፡ ምስ ብዙሕ ሓይልን ግርማን ብደበና ሰማይ ኪመጽእ ክሎ፡ ኪርእይዎ እዮም።እዚ ምዃን ምስ ጀመረ፡ ምድሓንኩም ቀሪቡ እዩ እሞ፡ ቅንዕ በሉ ርእስኹም'ውን ኣልዕሉ።"

ማቴዎስ 24፡3-14
"ኣብ ደብረ ዘይቲ ተቐሚጡ ኸሎ፡ ደቀ መዛሙርቱ ብሕት ኢሎም፡ እዚ መኣዝ ኪኸውን እዩ፡ ትእምርቲ ምምጻእካን መወዳእታ ዓለምን'ከ እንታይ እዩ፧ ኢስኪ ንገረና፡ እናበሉ ናብኡ ቐረቡ። የሱስ መሊሱ በሎም፡ ሓደ እኳ ኸየስሕተኩም ተጠንቀቑ። ኣነ ክርስቶስ እየ፡ እናበሉ ብዙሓት ብስመይ ኪመጹ እዮም እሞ፡ ንብዙሓት'ውን ኬስሕቱ እዮም። ውግእን ወረ ውግእን ክትሰምዑ ኢኹም። ርኣዩ፡ ኣይትሰምብዱ፡ እዚ ዅሉ ኪኸውን ብግዲ እዩ፡ ግናኸ መወዳእታ ገና እዩ። ህዝቢ ናብ ህዝቢ፡ መንግስቲ'ውን ናብ መንግስቲ ኺለዓል እዩ። ኣብ በቦታኡ ድማ ጥሜትን ፌራን ምንቅጥቃጥ ምድርን ኪኸውን እዩ። እዚ ዅሉ ግና መጀመርታ ቕልውላው እዩ። ሽው ንመከራ ኣሕሊፎም ኪህቡኹምን ኪቐትሉኹምን እዮም። ብዛዕባ ስመይ ከኣ ኣብ ኵሎም ኣህዛብ ጽሉኣት ክትኰኑ ኢኹም። ሽው ብዙሓት ኪዕንቀፉ፡ ንሓድሕዶም ኣሕሊፎም ኪዋሃሀቡ ንሓድሕዶም'ውን ኪጻላልኡ እዮም። ብዙሓት ነብያት ሓሶት ኪትንስኡ፡ ንብዙሓት'ውን ኬስሕቱ እዮም። ዓመጻ ስለ ዝበዝሔ ድማ፡ ናይ ብዙሓት ፍቕሪ ኽትዝሕል እያ። እቲ ኽሳዕ መወዳእታ ዚዕገስ ግና ኪድሕን እዩ። እዚ ወንጌል መንግስቲ ኸኣ ንምስክር ኵሎም ኣህዛብ ኣብ ብዘላ ዓለም ኪስበኽ እዩ፡ ሽው መወዳእታ ይመጽእ።"

2ይ ተሰሎንቄ 2፡1-4
"ግናኸ፡ ኣቱም ኣሕዋትና፡ ብዛዕባ ምጽኣት ጐይታና የሱስ ክርስቶስን ናብኡ ምእካብናን፡ መዓልቲ ጐይታ ሕጂ ቕርብቲ ኽም ዘላስ፡ ብመንፈስ ወይስ ብቓል ወይስ ከም'ታ ኻባና ዝመጸትኩም ደብዳበ፡ ካብ'ቲ ኣእምሮኹም ቀልጢፍኩም ከይትናቓነቑን ከይትስምብዱን፡ ንልምነኩም ኣሎና። ቅድም ክሕደት ከይኰነ፡ እቲ ርእሱ ኣምላኽ ምዃኑ እናኣርኣየ፡ ኣብ መቕደስ ኣምላኽ ክሳዕ ዝቕመጥ፡ ኣምላኽን ቅዱስን ኣብ ዚብሃል ዘበለ ዚትንስእን ዚዕበን ሰብኣይ ዓመጻ፡ እቲ ወዲ ጥፍኣት፡ ከይተገለጸ፡ እታ መዓልቲ እቲኣ ኣይትመጽእን እያ እሞ፡ ብዝኾነ እንተ ኾነ ሓደ እኳ ኣየስሕትኩም።"

2. ፍቓድ ኣምላኽ

መዝሙር 32፡8
“ኣነ ኽምህረካ፣ ነታ እትኸደላ መገዲ ድማ ክርእየካ እየ፣ ዓይነይ ናባኻ ኣቢለ'ውን ክመኽረካ እየ።”

ኢያሱ 1፡8-9
“ነቲ ኣብኡ እተጻሕፈ ምእንቲ ተጠንቂቕካ ኽትገብሮስ፡ መዓልትን ለይትን ኣስተንትኖ እምበር፡ እዚ መጽሓፍ ሕጊ እዚ ኻብ ኣፍካ ኣይትፍለ። ሽዑ መገድኻ ተቕንዕ እሞ፡ ሽዑ ድማ ኪሰልጠካ እዩ። ጽናዕ፡ ትባዕ፡ ኢለዶ ኣይኣዘዝኩኻን፧ እግዚኣብሄር ኣምላኽካ፡ ኣብ እትኸዶ ዅሉ ምሳኻ እዩ እሞ፡ ኣይትፍራህ ኣይትሸበር ከኣ።”

1ይ ተሰሎንቄ 4፡3-4,6
“ፍቓድ ኣምላኽ እዚ እዩ፡ ቅድስናኹም። ካብ ምንዝርና ኽትርሕቁ እሞ፡ ከምቶም ንኣምላኽ ዘይፈልጡ ኣህዛብ ብፍትወት ትምኒት ዘይኰነስ፡ ነፍሲ ወከፍኩም ንሰበይቲ ኺዳኑ ብቕድስናን ክብርን ምሕላይ ኪፈልጥ፡ እዚ ፍቓድ ኣምላኽ እዩ።”

1ይ ተሰሎንቄ 5፡16-18
“ኵሉ ሳዕ ተሓጐሱ። ከየባተኽኩም ጸልዩ። እዚ ምእንታኹም ብክርስቶስ የሱስ ፍቓድ ኣምላኽ እዩ እሞ፡ ብዅሉ ኣመስግኑ። መንፈስ ኣይተጥፍኡ። ትንቢት ኣይትንዓቑ። ንዅሉ ተዓዘብዎ፡ ነቲ ሰናይ ሓዝዎ። ካብ ከፉእ ዘበለ ዅሉ ርሓቑ።”

1ይ ጢሞቴዎስ 2፡1-4
“እምብኣርከ ስለ ዅሉ ሰብ፡ ብዅሉ ኣምልኾን ምርዛንን ሃዲእና ብዘይ ህውከት ምእንቲ ኽንነብርሲ፡ ስለ ነገስታትን ስለ ዅሎም መኳንንትን ልማኖን ጸሎትን ምህልላን ምስጋናን ኪግበር፡ ቅድሚ ዅሉ እምዕድ ኣሎኹ። እዚ ኣብ ቅድሚ እቲ ዅሉ ሰብ ኪድሕን ናብ ፍልጠት ሓቂ'ውን ኪመጽእ ዚፈቱ እግዚኣብሄር መድሓኒና ጽቡቕን ቅቡልን እዩ”

መዝሙር 37፡23-24
“ስጕምቲ ሰብ ብእግዚኣብሄር ይጸንዕ፣ መገዱ ኸኣ ባህ የብሎ። እግዚኣብሄር ብኢዱ ይድግፎ እዩ እሞ፣ እንተ ተዓንቀፈ እኳ ፈጺሙ

ኣይኪወድቕን እዩ። ንእሽቶ ነበርኩ፣ ኣሪገ ኸኣ እኔኹ፣ ግናኸ ጻድቕ ተሓዲጉን፣ ዘርኡ እንጌራ ኺልምኑን ከቶ ኣይርኤኹን።"

ኢሳያስ 58፡11
"እግዚኣብሄር ንኹሉ ጊዜ ኺመርሓካ፡ ኣብ ምድሪ ኣጻምእ ንነፍስኻ ኼጽግባ፡ ነዕጽምትኻ ድማ ኬበርትዖ እዩ። ንስኻ ኸኣ ከም ዝሰተየ ኣታኽልትን ከምቲ ማዩ ዘይነጽፍ ዓይኒ ማይን ክትከውን ኢኻ።"

ሮሜ 12፡2
"እቲ ሰናይን ባህ ዜብልን ምሉእን ፍቓድ ኣምላኽ እንታይ ምዃኑ ምእንቲ ኽትምርምሩስ፡ ብምሕዳስ ሓሳብኩም ተለወጡ እምበር፡ ነዛ ዓለም እዚኣ ኣይትምሰልዋ።"

ኤፌሶን 5፡17
"እቲ ፍቓድ ጐይታ እንታይ ምዃኑ ኣስተውዕሉ እምበር፡ ዓያሱ ኣይትኹኑ።"

3. እሙንነት ኣምላኽ

1ይ ቆረንጦስ 1፡9
"እቲ ናብ ሕብረት ወዱ የሱስ ክርስቶስ ጐይታና ዝጸውዓኩም ኣምላኽ እሙን እዩ።"

ዘዳግም 7፡9
"እግዚኣብሄር ኣምላኽካ ንሱ ኣምላኽ ከም ዝኾነ፡ ንዚፈትውዎን ትእዛዙ ንዚሕልዉን ክሳዕ ሽሕ ወለዶ ምሕረት ዚገብር፡ ኪዳን ዚሕሉ እሙን ኣምላኽ ከም ዝኾነ፡ ፍለጥ።"

ዘህልቁ 23:19
"ኣምላኽ ከይሕሱ፡ ሰብ ኣይኮነን። ከይጠዓስ ከኣ፡ ወዲ ሰብ ኣይኮነን። ንሱ ዝበሎስ ኣይገብሮንዶ፧ እተዛረቦስ ኣይፍጽሞንዶ፧"

እብራውያን 10፡23
"እቲ ተስፋ ዝሃበና እሙን እዩ እሞ፡ ነታ እሙንቶ ተስፋና ብዘይ ምንቕናቕ ነጽንዓያ።"

2ይ ጢሞቴዎስ 2:13
"ንሕና እንተ ጠለምናዮ፡ ንሱ ንርእሱ ኪኽሕድ ኣይከአሎን እዩ እሞ፡ እሙን ኰይኑ እዩ ዚነብር።"

2ይ ጴጥሮስ 3፡9
"ጐይታስ፡ ኲላቶም ናብ ንስሓ ኺበጽሑ እምበር፡ ሓደ እኳ ኺጠፍእ ዘይፈቱ ስለ ዝኾነ፡ምእንታኻትኩም ይዕገስ ኣሎ እምበር፡ ከምቲ ንገሊኣቶም ዝድንጕ ዚመስሎም፡ ንተስፋኡ ኣየደንጕዮን እዩ።"

1ይ ነገስት 8፡56
"እቲ ንህዝቡ እስራኤል ከምቲ እተዛረቦ ኹሉ ገይሩ ዕረፍቲ ዝሃቦም እግዚኣብሄር ይባረኽ፡ ካብቲ ብሙሴ ባርያኡ እተዛረቦ ጽቡቕ ነገር ኩሉ ሓደ ቓል እኳ ኣይወደቐን።"

ኢሳያስ 25፡1
"ዎ እግዚኣብሄር፡ ንስኻ ኢኻ ኣምላኸይ። ተኣምራት፡ እቲ ናይ ጥንቲ ምኽሪ፡ እምነትን ሓቅን ጌርካ ኢኻ እሞ፡ ልዕል ከብለካ ንስምካ'ውን ክውድሶ እየ።"

መዝሙር 9፡10
"ዎ እግዚኣብሄር፣ ንዚደልዩኻ ኣይትሓድጎምን ኢኻ እሞ፣ እቶም ንስምካ ዚፈልጡ ኣባኻ ኺምዕቈቡ እዮም።"

መዝሙር 119፡89-90
"ዎ እግዚኣብሄር፣ ቃልካ ንዘለኣለም ኣብ ሰማይ ጸኒዑ ኣሎ። ሓቅኻ ካብ ወለዶ ንወለዶ እዩ፣ ንምድሪ ኣጽኒዕካያ፣ ንሳ'ውን ትነብር ኣላ።"

1ይ ሳሙኤል 15፡29
"እቲ ጽንዓት እስራኤልሲ ከይጥዓስ ሰብ ኣይኰነን እሞ፡ ኣይሕሱን ኣይጥዓስን ከኣ፡"

2ይ ቆረንጦስ 1፡20
"ተስፋ ኣምላኽ ዘበለስ ኣብኡ እወ እዩ፡ ስለዚ ኸኣ ኣምላኽ ብኣና ምእንቲ ኪኽብርሲ፡ ብእኡ ኣሜን እዩ።"

መዝሙር 89፡34
“ኪዳነይ ኣየፍርስን፣ ከናፍረይ እተዛረቦ ድማ ኣይልውጥን።”

ኢሳያስ 54፡10
“ስለዚ ኣኽራን እኳ እንተ ዘበሉ፡ኩረቢት'ውን ነነይ እንተ በሉ፡ ምሕረተይሲ ኻባኺ ኣይኪዘብልን፡ ኪዳን ሰላመይ ድማ ነነይ ኣይኪብልን እዩ፡ ይብል እቲ ዚርሕርሓልኪ እግዚኣብሄር።”

ኢሳያስ 46፡11
“እወ፡ ተዛሪበ ኽፍጽም ኸኣ እየ፡ ኣሚመ ኽገብሮ'ውን እየ።”

ኢሳያስ 46፡4
“ክሳዕ እርግናኹም ኣነ እየ፡ ክሳዕ ትሽይቡ ድማ ክጾረኩም፡ ኣነ ገበርኩ ኣነ'ውን ክድግፍ እየ፡ ክጸውርን ኽድሕንን እየ።”

መዝሙር 36፡5
“ዎ እግዚኣብሄር፣ ሳህልኻ ኽሳዕ ሰማያት፣ እምንነትካ'ውን ክሳዕ ደበናታት ይበጽሕ።”

4. <u>ፍቕሪ ኣምላኽ ንደቂ-ሰብ</u>

ዮሃንስ 3፡16
“ኣምላኽ፡ በቲ ሓደ ወዱ ዝኣመነ ኹሉ ናይ ዘለኣለም ሕይወት ምእንቲ ኺረክብ እምበር፡ ከይጠፍእሲ፡ ንወዱ በጃ ኽሳዕ ዚህብ፡ ክሳዕ ክንድዚ ንዓለም ኣፍቀራ።”

ዘዳግም 7፡13
“ኪፈትወካን ኪባርኸካን ኬብዝሓካን ከኣ እዩ። ኣብታ ንኣኻ ኪህበካ ነቦታትካ ዝመሓለሎም ምድሪ ድማ፡ ፍረ ኸርስኻን ፍረ ምድርኻን ስርናይካን ወይንኻን ዘይትኻን፡ ኣባትይ ኣሓኻን ዕያውቲ ኣባጊዕካን ኪባርኸልካ እዩ።”

መዝሙር 146፡8-9
“እግዚኣብሄር ነዒንቲ ዕውራት ይኸፍተን፣ እግዚኣብሄር ንዝደነኑ የቕንዖም፣ እግዚኣብሄር ንጻድቃን የፍቅሮም፣ እግዚኣብሄር ንስደተኛታት

የዕቁብም፡ እግዚኣብሄር ንዘኽታምን መበለትን ይኣልዮም፡ ንመገዲ ረሲኣን ግና ይጠዋውያ።"

ኤርምያስ 31፡3
"እግዚኣብሄር ካብ ርሑቕ ተራእየኒ፡ ብናይ ዘለኣለም ፍቕሪ ኣፍቀርኩኺ፡ ስለዚ ኸኣ ብምሕረት ሰሓብኩኺ።"

ሆሴእ 14፡4
"ኵራይ ካብኡ ተመሊሱ እዩ እሞ፣ ኣነ ንጥልመቶም ከሕዊ፣ ኣነ ብልቢ ኽፍቅሮም እየ።"

ኤርምያስ 32፡41
"ሓጐሰይሲ ሰናይ ክገብረሎም እዩ። ብኹሉ ልበይን ብኹሉ ነፍሰይን ብሓቂ ኣብዛ ሃገር እዚኣ ኽተኽሎም እየ።"

2ይ ተሰሎንቄ 2፡16-17
"ግናኸ ጐይታና የሱስ ክርስቶስ ባዕሉን እቲ ዘፍቀረናን ብጸጋ ናይ ዘለኣለም ምጽንናዕን ጽቡቕ ተስፋን ዝሃበና እግዚኣብሄር ኣቦናን፡ ብሰናይ ግብርን ቃልን ዘበለ ልብኹም የጸናንዕን የበርትዕን።"

ኤፌሶን 2፡4-7
"ግናኸ እቲ ብምሕረት ሃብታም ዝኾነ ኣምላኽ ምእንቲ እታ ብእኣ ዘፍቀረና ዓባይ ፍቕሩ፡ ንሕና፡ ብበደልና ምዉታት ከሎናስ፡ ምስ ክርስቶስ ህያዋን ገበረና ብጸጋ ኢኹም ዝደሓንኩም: ምስኡ'ውን ኣተንስኣና፡ ኣብቲ ዚመጽእ ዘመናት ብሕያውነቱ እቲ ብሉጽ ሃብቲ ጸጋኡ ብክርስቶስ የሱስ ኣባታትና ምእንቲ ኼርኢ፡ ኣብ ሰማያት ብክርስቶስ የሱስ ምስኡ ኣቐመጠና።"

1ይ ዮሃንስ 4፡10
"ኣምላኽ ባዕሉ ስለ ዘፍቀረና፡ ብናይ ሓጢኣትና መተዓረቒ ኪኸውን ኢሉ ድማ ወዱ ስለ ዝሰደደልና እዩ እምበር፡ ንሕና ንኣምላኽ ስለ ዘፍቀርናዮ ኣይኰነን፡ እታ ፍቕሪ በዚ እያ።"

ዮሃንስ 16፡26-27
"በታ መዓልቲ እቲኣ ብስመይ ክትልምኑ ኢኹም፡ ንስኻትኩም ኣነ ኻብ ኣምላኽ ከም ዝወጻእኩ ስለ ዝኣመንኩምን ዘፍቀርኩምንን፡ ኣቦ ባዕሉ

የፍቅረኩም ኣሎ እሞ፡ ነቦ ምእንታኹም ኣነ ኸም ዝለምኖ፡ ኣይብለኩምን እየ።"

1ይ ዮሃንስ 4፡16
"ንሕና'ውን ነታ ኣምላኽ ኣባና ዘላቶ ፍቕሪ ፈሊጥናያን ኣሚንናያን ኣሎና። ኣምላኽ ፍቕሪ እዩ፡ እቲ ኣብ ፍቕሪ ዚነብር ከኣ ኣብ ኣምላኽ ይነብር፡ ኣምላኽ'ውን ኣብኡ ይነብር።"

1ይ ዮሃንስ 4፡19
"ንሱ ቕድም ኣፍቂሩና እዩ እሞ፡ ንሕና'ውን ነፍቅር ኢና።"

ዮሃንስ 17፡26
"እታ ብእኣ ዘፍቀርካኒ ፍቕሪ ኣባታቶም ምእንቲ ክትከውን ኣነ'ውን ኣባታቶም፡ ስምካ ኣፍሊጠዮም ኣሎኹ ኸፍልጦም'ውን እየ።"

ዮሃንስ 17፡22-23
"ብኣንድነት ፍጹማት ኪኾኑ፡ ዓለም ድማ ከምቲ ንኣይ ዝለኣኽካንን ዘፍቀርካንን፡ ከምኡ ንኣታቶም'ውን ከም ዘፍቀርካዮም ምእንቲ ኽትፈልጥሲ፡ ንሕና ሓደ ኸም ዝኾንና፡ ኣነ ኣባታቶም ንስኻ'ውን ኣባይ፡ ሓደ ምእንቲ ኪኾኑ፡ ኣነ እቲ ዝሃብካኒ ኽብሪ ሃብክዎም።"

5. ሓለዋ ኣምላኽ

ምሳሌ 18፡10
"ስም እግዚኣብሄር ጽኑዕ ግምቢ እዩ፡ ጻድቕ ናብኡ ጐይዩ የዕቈብ።"

መዝሙር 34፡7
"መልኣኽ እግዚኣብሄር ኣብ ዙርያ እቶም ዚፈርህዎ ይሰፍር የናግፎም ከኣ እዩ።"

2ይ ዜና 16፡9
"ነቶም ፈጺሙ ልቦም ናብኡ ዚጽጋዕ ምእንቲ ኼጽንዖምሲ፡ ኣዒንቲ እግዚኣብሄር ናብ ብዘላ ምድሪ እየን ዚዞራ።"

መዝሙር 121፡7-8
“እግዚኣብሄር ካብ እከይ ዘበለ ኺሕልወካ፣ ንነፍስኻ ኺሕልዋ እዩ። እግዚኣብሄር ካብ ሕጂ ንዘለኣለም ምውጻእካን ምእታውካን ኪሕሉ እዩ።”

ምሳሌ 3፡24
“እንተ ተገምሰስካ ኣይክትብህርርን ኢኻ፡ በጥ ክትብል ኢኻ፡ ድቃስካ’ውን ኪጥዕም እዩ።”

ዘዳግም 33፡12
“ፍቁር እግዚኣብሄር ምስኡ ብህድኣት ኪነብር እዩ፣ ምሉእ መዓልቲ የጽልሎ፣ ኣብ መንጎ መንኩቡ ድማ ይሓድር።”

መዝሙር 91፡9-10
“ጐይታይ፣ ንስኻ መዕቈብየይ ኢኻ፣ ኢልካ ኢኻ እሞ፣ ንልዑልሲ መጸግዒኻ ስለ ዝገበርካዮ፣ እከይ ዘበለ ኣይኪረኽበካን፣ ስቓይ’ውን ኣብ ድንኳንካ ኣይኪቐርብን እዩ።”

ኢሳያስ 43፡1-2
“ሕጂ ግና ኣታ ያእቆብ፡ እቲ ዝፈጠርካ፡ ኣታ እስራኤል ድማ፡ እቲ ዝደኰነካ እግዚኣብሄር ከምዚ ይብል፡ ተበጂየካ እየ እሞ፡ ኣይትፍራህ፡ ብስምካ ጸዊዐኩኻ፡ ንስኻ ናተይ ኢኻ። ብማያት ምስ እትሓልፍ፡ ምሳኻ ክኸውን እየ፡ ብውሒዝ ምስ እትሳገር ከኣ፡ ኣይኪጥሕለካን እዩ፡ ብሓዊ ምስ እትኸይድ፡ ኣይክትነድድን ኢኻ፡ ሃልሃልታ’ውን ኣይኪህምኾካን እዩ።”

ምሳሌ 1፡33
“እቲ ዚሰምዓኒ ግና ብደሓን ኪነብር፡ ንኽፉእ ከይፈርሄ ኽኣ ኪሃድእ እዩ።”

መዝሙር 4፡8
“ዎ እግዚኣብሄር፣ ንስኻ በይንኻ ኢኻ ብደሓን እተሕድረኒ እሞ፣ ብሰላም እግምሰስን እድቅስን ኣሎኹ።”

6. ምርሒት ካብ ኣምላኽ

ኢሳያስ 30፡21
“ንየማን ወይስ ንጸጋም እንተ ኣግለስኩም፡ ኣእዛንካ፡ እዚአ እያ እታ መገዲ፡ ብእኣ ተመላለሱ፡ ዚብል ቃል ኣብ ድሕሬኻ ኺሰምዓ እየን።”

መዝሙር 48:14
“እዚ ኣምላኽ እዚ ንዘለኣለም ኣለም ኣምላኽና እዩ እሞ፣ ንሱ ኽሳዕ ሞት ኪመርሓና እዩ።”

ምሳሌ 16:9
“ልቢ ሰብ መገዱ ይምድብ፡ ንስጉምቱ ግና እግዚኣብሄር እዩ ዜቃንዓ።”

ኢሳያስ 28፡26
“ኣምላኽ’ውን ነቲ ቕኑዕ ኣገባቡ ኣፍሊጥዎን ምሂርዎን እዩ።”

ምሳሌ 11፡5
“ንፍጹም ሰብ እቲ ጽድቁ መገዲ የቕንዓሉ፡ ንረሲእ ግና ረሲእነቱ የውድቖ።”

ምሳሌ 3፡6
“ኣብ ኵሉ መገድኻ ንእኡ ሕሰብ፡ ንሱ ኸኣ ኣኻይዳኻ ኬቕንዕ እዩ።”

ምሳሌ 32:8
“ኣነ ኽምህረካ፣ ነታ እትኸደላ መገዲ ድማ ከርእየካ እየ፣ ዓይነይ ናባኻ ኣቢለ’ውን ክመኽረካ እየ።”

ኢሳያስ 42፡16
“ንዕውራት ብዘይፈልጥዋ ጐደና ኽወስዶም፡ ብዘይፈልጥወን መገድታት ክመርሖም፡ ንጸልማት ኣብ ቅድሚኦም ብርሃን ክገብሮ፡ ንድንጉር ከጣጥሖ እየ። እዚ ኽገብረሎም ኣይክሓድጎምን ድማ እየ።”

መዝሙር 73፡23-24
"ግናኸ ኣነ ኹሉ ጊዜ ምሳኻ እየ፣ ንስኻ ብየማነይቲ ኢደይ ሒዝካኒ፣ብምኽርኻ ኽትመርሓኒ፣ ድሓር'ውን ናብ ክብሪ ኽትቅበለኒ ኢኻ።"

7. ንኣምላኽ ምግልጋል

ዮሃንስ 12፡26
"ዜገልግለኒ እንተሎስ፡ ንኣይ ይስዓበኒ። እቲ ዜገልግለኒ ድማ ኣብቲ ኣነ ዘሎኹዎ ኣብኡ ኪኸውን እዩ። ዜገልግለኒ እንተሎ፡ ንእኡ'ውን ኣቦይ ኬኽብሮ እዩ።"

ዘዳግም 13፡4
"ደድሕሪ እግዚኣብሄር ኣምላኽኩም ስዓቡ፡ ብእኡ ድማ ፍርሁ፡ ትእዛዛቱ'ውን ሓልዉ፡ ቃሉ ድማ ስምዑ፡ ንእኡ ኸኣ ኣገልግሉ ምስኡ'ውን ልገቡ።"

ኢያሱ 22፡5
"ሓንትስ፡ እቲ ሙሴ ባርያ እግዚኣብሄር ዝኣዘዘኩም ትእዛዝን ሕግን ክትገብሩ፡ ንእግዚኣብሄር ኣምላኽኩም ክትፈትውዎ፡ ብኹሉ መገድታቱ ኽትከዱ ትእዛዛቱ ድማ ክትሕልዉ፡ ናብኡ'ውን ክትለግቡ፡ብኹሉ ልብኹምን ብኹሉ ነፍስኹምን ከኣ ከተገልግልዎ፡ ኣዚኹም ተጠንቀቑ"

መዝሙር 100፡1-2
"ኵልኺ ምድሪ፣ ንእግዚኣብሄር እልል በልሉ። ንእግዚኣብሄር ብሓጐስ ተገዝእዎ፣ ኣብ ቅድሚኡ ብእልልታ ምጹ።"

ዘጽኣት 23፡25
"ንእግዚኣብሄር ኣምላኽኩም ኣገልግሉ፡ ንሱ ኸኣ እንጌራኻን ማይካን ኪባርኽልካ እዩ። ሕማም ከኣ ካብ ማእከልካ ኽርሕቕ እየ።"

ዘዳግም 11፡13-15
"ኪኸውን ድማ እዩ፡ ንእግዚኣብሄር ኣምላኽኩም ከተፍቅርዎ፡ ብኹሉ ልብኹምን ብኹሉ ነፍስኹምን ድማ ከተገልግልዎ፡ ነዚ ኣነ ሎሚ ዝእዝዘኩም ዘሎኹ ትእዛዛት ኣጸቢቕኩም እንተ ትሰምዕዎ፡ ስርናይካን ወይንኻን ዘይትኻን ምእንቲ ኽትእክብ፡ ዝናም ምድርኹም በብጊዜኡ፡

ዝናም ጽድያን ጽብሓትን ክህበኩም እየ። ኣብ ግራሁኻ ድማ ንማልካ ሳዕሪ ኽህበን እየ፡ ክትበልዕን ክትጸግብን ኢኻ።"

ኢያሱ 24፡15
"ንእግዚኣብሄር ምግልጋል ክፉእ ኰይኑ እንተ ተራእየኩምሲ ንመን ከም እተገልግሉ፡ ነቶም ኣቦታትኩም ኣብ ክንየው ርባ ዘገልግልዎም ዝነበሩ ኣማልኽቲ ወይ ኣማልኽቲ ናይቶም ንስኻትኩም ኣብ ምድሮም እትነብሩ ዘሎኹም ኣሞራውያን፡ ሎሚ ሕረዩ። ኣነን ቤተይን ግና ንእግዚኣብሄር ኢና እነገልግል።"

1ይ ዜና 28፡9
"ኣታ ወደይ ሰሎሞን ድማ፡ ነቲ ኣምላኽ ኣቦኻ ፍለጦ፡ ብፍጹም ልብን ብፍታው ነፍስን ከኣ ኣገልግሎ። እግዚኣብሄር ንዅሉ ልብታት ይመራምሮ፡ ንዅሉ ምኽሪ ሓሳባት ድማ ይፈልጦ እዩ እሞ፡ እንተ ደሊኻዮስ፡ ኪርከበልካ እዩ። እንተ ሓደግካዮ ግና፡ ንዘለኣለም ኪድርብየካ እዩ።"

ሮሜ 12፡1
"እምብኣርሲ ኣሕዋተየ፡ ንስጋኹም ህያውን ቅዱስን ንኣምላኽ ባህ ዜብልን መስዋእቲ ጌርኩም ከተቕርብዎ፡ ብምሕረት ኣምላኽ እምዕደኩም ኣሎኹ፡ እዚ ማለት እቲ ናይ ኣእምሮ መንፈሳዊ ኣገልግሎትኩም እዩ።"

እብራውያን 6፡10
"ኣቱም ፍቁራተይ፡ ኣምላኽ ነቲ ነቶም ቅዱሳን ዘገልገልኩምዎምን እተገልግልዎም ዘሎኹምን ግብርኹም ንስሙ'ውን ዝገበርኩምዎ ፍቕርኹም ዚርስዕ ኣይኰነን፡"

8. ንኣምላኽ ምፍቃር

ዘዳግም 7፡9
"እግዚኣብሄር ኣምላኽካ ንሱ ኣምላኽ ከም ዝኾነ፡ ንዚፈትውዎን ትእዛዙ ንዚሕልዉን ክሳዕ ሽሕ ወለዶ ምሕረት ዚገብር፡ ኪዳን ዚሕሉ እሙን ኣምላኽ ከም ዝኾነ፡ ፍለጥ።"

ምሳሌ 8፡17
"ኣነ ነቶም ዜፍቅሩኒ ኤፍቅሮም፡ እቶም ኣንጊሆም ዚደልዩኒ ኸኣ ይረኽቡኒ።"

ዮሃንስ 14፡21
"እቲ ትእዛዛተይ ዘለዎ እሞ ዚሕልዎ፡ ንሱ እዩ ዜፍቅረኒ። ነቲ ዜፍቅረኒ ድማ ኣቦይ የፍቅሮ እዩ፡ ኣነ'ውን ኤፍቅሮ ርእሰይ ከኣ እገልጸሉ።"

ምሳሌ 8፡20-21
"ነቶም ዜፍቅሩኒ ሃብቲ ኽውርሶም፡ መዝገቦም ከኣ ምእንቲ ኽመልኣሎምሲ፡ ብጐደና ጽድቂ፡ ብማእከል ቅንዕቲ መገዲ እየ ዝመላለስ።"

መዝሙር 37፡4
"ብእግዚኣብሄር'ውን ተሓጐስ፣ ልብኻ ዚደልዮ ንሱ ኺህበካ እዩ።"

መዝሙር 145፡20
"እግዚኣብሄር ንዜፍቅርዎ ዅሎም ይሕልዎም፣ ንዅሎም ረሲኣን ግና የጥፍኦም።"

መዝሙር 91፡14
"ኣጥቢቑ ስለ ዘፍቀረኒ፣ ከናግፎ፣ ንስመይ ስለ ዝፈለጠ፣ ከልዕሎ እየ።"

ዘዳግም 11፡13-15
"ኪኸውን ድማ እዩ፡ ንእግዚኣብሄር ኣምላኽኩም ከተፍቅርዎ፡ ብዅሉ ልብኹምን ብዅሉ ነፍስኹምን ድማ ከተገልግልዎ፡ ነዚ ኣነ ሎሚ ዝእዝዘኩም ዘሎኹ ትእዛዛት ኣጸቢቕኩም እንተ ትሰምዕዎ፡ ስርናይካን ወይንኻን ዘይትኻን ምእንቲ ኽትእክብ፡ ዝናም ምድርኹም በብጊዜኡ፡ ዝናም ጽድያን ጽብሓትን ክህበኩም እየ። ኣብ ግራሁኻ ድማ ንማልካ ሳዕሪ ኽህበን እየ፡ ክትበልዕን ክትጸግብን ኢኻ።"

ኤፌሶን 6፡23-24
"ሰላምን ፍቕርን ምስ እምነት ካብ እግዚኣብሄር ኣቦናን ካብ ጐይታና የሱስ ክርስቶስን ነሕዋት ይኹን። ምስቶም ንጐይታና የሱስ ክርስቶስ ብዘይሓልፍ ዜፍቅርዎ ዅሎም ጸጋ ይኹን።"

1ይ ቆረንጦስ 2፡9
"እቲ ዓይኒ ዘይረኣየቶ እዝኒ ኸኣ ዘይሰምዓቶ ኣብ ልቢ ሰብ ድማ ዘይተሓሰበ፡ ኣምላኽ ነቶም ዜፍቅርዎ ኣዳለወሎም፡"

9. ንኣምላኽ ምድላይ

2ይ ዜና 15፡2
"ንስኻትኩም ምስ እግዚኣብሄር እንተ ትኾኑስ፡ ንሱ ምሳኻትኩም እዩ፡ እንተ ደሌኹምዎ ድማ፡ ይርከበልኩም እዩ፡ ንስኻትኩም እንተ ሓደግኩምዎ ግና፡ ንሱ ኸኣ ክሓድገኩም እዩ"

ሆሴእ 10፡12
"ንሱ ኽሳዕ ዚመጽእ፣ ጽድቂ ኸኣ ክሳዕ ዜዝንመልኩምሲ፣ ንእግዚኣብሄር እትደልዩሉ ጊዜ እዩ እሞ፣ ንኣኻትኩም ብጽድቂ ዝርኡ፣ ከም መጠን ምሕረቱ ኸኣ ዕጸዱ፣ ሓድሽ ጽግኢ'ውን ጽግኡ።"

እብራውያን 11፡6
"ብዘይ እምነት ግና ንኣምላኽ ኬስምርዎ ኣይከኣልን እዩ። እቲ ናብ ኣምላኽ ኪመጽእ ዚደሊ፡ ንሱ ኸም ዘሎን ነቶም ዚደልይዎ ዓስቢ ኸም ዚህቦምን፡ ኪኣምን ይግብኦ እዩ።"

ኣሞጽ 5፡4
"ስለዚ እግዚኣብሄር ንቤት እስራኤል ከምዚ ይብል ኣሎ፣ ድለዩኒ እሞ ብህይወት ክትነብሩ ኢኹም።"

ዘዳግም 4፡29
"ካብኡ ግና ንእግዚኣብሄር ኣምላኽካ እንተ ደሌኻዮ፡ ብኹሉ ልብኻን ብኹሉ ነፍስኻን እንተ ደሌኻዮስ፡ ክትረኽቦ ኢኻ።"

1ይ ዜና 28:9
"ኣታ ወደይ ሰሎሞን ድማ፡ ነቲ ኣምላኽ ኣቦኻ ፍለጦ፡ ብፍጹም ልብን ብፍታው ነፍስን ከኣ ኣገልግሎ። እግዚኣብሄር ንኹሉ ልብታት ይመራምሮ፡ ንኹሉ ምኽሪ ሓሳባት ድማ ይፈልጦ እዩ እሞ፡ እንተ ደሌኻዮስ፡ ኪርከበልካ እዩ። እንተ ሓደግካዮ ግና፡ ንዘለኣለም ኪድርብየካ እዩ።"

ኤርምያስ 29፥13
“ብምሉእ ልብኹም እንተ ደሌኹምንስ፡ ክትደልዩኒ ክትረኽቡኒ'ውን ኢኹም።”

መዝሙር 9፥10
“ዎ እግዚኣብሄር፣ ንዚደልዩኻ ኣይትሓድጎምን ኢኻ እሞ፣ እቶም ንስምካ ዚፈልጡ ኣባኻ ኺምዕቈቡ እዮም።”

ድጉዓ ኤርምያስ 3፥25
“እግዚኣብሄር ነቶም ዚጽበይዎ፡ ነታ እትደልዮ ነፍሲ ሰናይ እዩ”

10. ኣብ ኣምላኽ ምውካል

መዝሙር 84፥11-12
“እግዚኣብሄር ኣምላኽሲ ጸሓይን ዋልታን እዩ እሞ፣ እግዚኣብሄር ጸጋን ክብርን ይህብ፣ ነቶም ብቕንዕና ዚመላለሱ ሰናይ ዘበለ ኣይኸልኦምን እዩ። ዎ ጐይታ ሰራዊት፣ ኣባኻ ዚውከል ሰብ ብጹእ እዩ።”

መዝሙር 37፥3-5
“ብእግዚኣብሄር ተማዕቈብ፣ ሰናይ ድማ ግበር ኣብታ ሃገር ተቐመጥ፣ እምነት ከኣ ድለ። ብእግዚኣብሄር'ውን ተሓጐስ፣ ልብኻ ዚደልዮ ንሱ ኺህበካ እዩ። መገድኻ ንእግዚኣብሄር ኣማዕቍቦ፣ ኣብኡ ተወከል፣ ንሱ'ውን ኬስልጠልካ እዩ።”

ምሳሌ 3፥5-6
“ብምሉእ ልብኻ ብእግዚኣብሄር ተኣመን፡ ኣብ ልቦናኻ ኣይትጸጋዕ። ኣብ ኲሉ መገድኻ ንእኡ ሕሰብ፡ ንሱ ኸኣ ኣኻይዳኻ ኬቕንዕ እዩ።”

መዝሙር 40፥4
“እቲ ንእግዚኣብሄር እምንቶኡ ዚገብሮ፣ ናብቶም ዕቡያትን ናብ ሓሶት ዜግልሱን ዘየብል ሰብ ብጹእ እዩ።”

መዝሙር 125፥1
“እቶም ብእግዚኣብሄር ዚውከሉ ከም'ታ ዘይትናወጽ፣ ንዘለኣለም እትነብር ከረን ጽዮን እዮም።”

ገላትያ 3፡26
"ብክርስቶስ እተጠመቕኩም ዘበልኩም ንክርስቶስ ለበስኩምዎ እሞ፡ ብእምነት ብየሱስ ክርስቶስ ኵላትኩም ውሉድ ኣምላኽ ኢኹም።"

ዮሃንስ 1፡12
"ነቶም እተቐበልዎ ዘበሉ ዅሎም ብስሙ ንዚኣምኑ ግና ውሉድ ኣምላኽ ኪዀኑ መሰል ሃቦም።"

ዮሃንስ 12፡46
"እቲ ብኣይ ዚኣምን ዘበለ ኣብ ጸልማት ምእንቲ ኸይነብር፡ ኣነ ብርሃን ኰይነ ናብ ዓለም መጺአ ኣሎዅ።"

ዮሃንስ 6፡35
"የሱስ በሎም፥ እንጌራ ህይወት ኣነ እየ። ናባይ ዚመጽእ ኣይጠምን፡ ብኣይ ዚኣምን ከቶ ኣይጸምእን እዩ።"

II. መንግስተ ሰማያት

ዮሃንስ 14:2-3
"ኣብ ቤት ኣቦይ ብዙሕ ማሕደር ኣሎ። እቲ እንተ ዘይህሉስ ምበልኩኹም ነይረ። ስፍራ ኽዳልወልኩም እኸይድ ኣሎዅ፡ ከይደ ስፍራ ምስ ኣዳለኹልኩም፡ ኣብቲ ኣነ ዘሎኽዎ ንስኻትኩም'ውን ኣብኡ ምእንቲ ኽትኰኑስ፡ ተመሊሰ ኽመጽእ እየ እሞ ናባይ ክወስደኩም እየ"

ራእይ 3:12
"ነቲ ዚስዕር ኣብታ መቕደስ ኣምላኸይ ዓንዲ ኽገብሮ እየ፡ ካብኣ ከቶ ኣይኪወጽእን እዩ። ስም ኣምላኸይን ስም እታ ኸተማ ኣምላኸይን፡ ናይታ ካብ ኣምላኸይ ካብ ሰማይ እትወርድ ሓዳስ የሩሳሌም፡ ነቲ ሓድሽ ስመይን ክጽሕፈሉ እየ።"

ራእይ 21:1-27
"እቲ ቀዳማይ ሰማይን እታ ቀዳመይቲ ምድርን ሓሊፎም፡ ባሕሪ'ውን ደጊምሲ የልቦን እሞ፡ ሓድሽ ሰማይን ሓዳስ ምድርን ርኤኹ። እታ ቅድስቲ ኸተማ፡ እታ ሓዳስ የሩሳሌም፡ ንመርዓዊኣ ኢላ ኽም

እተሰለመት መርዓት ተዳልያ፡ ካብ ሰማይ ካብ ኣምላኽ ክትወርድ ከላ ርኤኹ. . .”

ራእይ 22፡3-5
“ድሕሪ ደጊምሲ መርገም ከቶ ኣይኪኸውንን እዩ፡ ናይ ኣምላኽን ናይ’ቲ ገንሸል ዝፋን ኣብኡ ኪኸውን እዩ፡ እቶም ባሮቱ’ውን ከገልግልዎ ገጹ ኺርእዩን እዮም፡ ስሙ’ውን ኣብ ገግምባሮም ኪኸውን እዩ። እግዚኣብሄር ኣምላኽ ኬብርሃሎም፡ ንዘለኣለም ኣለም’ውን ኪነግሱ እዮም እሞ፡ ድሕሪ ደጊምሲ ለይቲ ኣይኪኸውንን፡ ብርሃን ቀንዴልን ብርሃን ጸሓይን’ውን ኣይኬድልዮምን እዩ።”

12. ዘልኣለማዊ ህይወት

ዮሃንስ 6፡47
“እቲ ብኣይ ዚኣምን ናይ ዘለኣለም ህይወት ከም ዘላቶ፡ ብሓቂ፡ ብሓቂ እብለኩም ኣሎኹ።”

ዮሃንስ 11፡25-26
“የሱስ ከኣ፡ ትንሳኤን ህይወትን ኣነ እየ። እቲ ብኣይ ዝኣምን እንተ ሞተ እኳ፡ ብህይወት ኪነብር እዩ። ነፍሲ ወከፍ ብህይወት ዘሎ እሞ ብኣይ ዚኣምን ከኣ ንዘለኣለም ኣይኪመውትን እዩ፡”

1ይ ቆረንጦስ 15፡ 51-54
“እንሆ፡ ምስጢር እነግረኩም ኣሎኹ፡ ኲላትና ኽንልወጥ እምበር፡ ኲላትና ኣይክንድቅስን ኢና፡ ብሓንሳእ፡ ብቕጽበት ዓይኒ፡ በቲ ናይ ድሕሪ ኹሉ መለኸት፡ እቲ መለኸት ኪንፋሕ እዩ እሞ፡ እቶም ምዉታት ድማ ብዘይሓልፍ ኪትንስኡ እዮም፡ ንሕና’ውን ክንልወጥ ኢና። ማለት፡ እዚ ሓላፊ ዘይሓልፍ ኪለብስ ይግብእ እዩ እሞ፡ እዚ መዋቲ ኸኣ ዘይመውት ኪለብስ እዩ።እዚ ሓላፊ ዘይሓልፍ ምስ ለበሰ፡ እዚ መዋቲ’ውን ዘይመውት ምስ ለበሰ፡ ሽዑ እቲ ጽሑፍ፡ ሞት ብዓወት ተዋሕጠ፡ ዝበሎ ቓል ኪፍጸም እዩ።”

1ይ ዮሃንስ 2፡25
“እታ ንሱ ዘተስፈወና ተስፋ ኸኣ እታ ናይ ዘለኣለም ህይወት እያ”

1ይ ዮሃንስ 5፡13
“ንኣኻትኩም ብስም ወዲ ኣምላኽ እትኣምኑ ዘሎኹም፡ ናይ ዘለኣለም ህይወት ከም ዘላትኩም ምእንቲ ኽትፈልጡ ኢለ እየ እዚ ጽሒፈልኩም ዘሎኹ።”

ዮሃንስ 5:28-29
“ኣብ መቓብር ዘለዉ ኹላቶም ድምጺ ዚሰምዑላ ሰዓት ክትመጽእ እያ፡ ሰናይ ዝገበረ ናብ ትንሳኤ ህይወት፡ እኩይ ዝገበሩ ኸኣ ናብ ትንሳኤ ፍርዲ ኺወጹ እዮም እሞ፡ በዚ ኣይትደነቑ።”

1ይ ተሰሎንቄ 4:16
“ጐይታ ባዕሉ ብናይ ትእዛዝ ጭድርታን ብድምጺ ሊቀ መላእኽትን ብመለኸት ኣምላኽን ካብ ሰማይ ኪወርድ እዩ፡ እቶም ብክርስቶስ ዝሞቱ’ውን ቅድም ኪትንስኡ እዮም። ድሕር’ዚ ንሕና ብህይወት ጸኒሕና ዘሎና ንምቕባል ጐይታ ኣብ ኣየር ምሳታቶም ሓቢርና ብደበና ኽንለዓል ኢና፡ ከምኡ’ውን ንሓዋሩ ምስ ጐይታ ኽንነብር ኢና።”

ራእይ 7:15-17
“ስለዚ ኣብ ቅድሚ እቲ ዝፋን ኣምላኽ እዮም፡ ኣብታ መቕደሱ’ውን ለይትን መዓልትን የገልግልዎ ኣለዉ። እቲ ኣብቲ ዝፋን ተቐሚጡ ዘሎ ኸኣ ንድንኳኑ ኣብ ልዕሊኦም ኪተኽሎ እዩ። እቲ ኣብ ማእከል ዝፋን ዘሎ ገንሸል ስለ ዚጓስዮም፡ ናብ ዔላታት ማይ ህይወት ከኣ ስለ ዚመርሖም፡ ኣምላኽ’ውን ካብ ኣዒንቶም ንብዓት ዘበለ ኺደርዞሎም እዩ እሞ፡ ደጊምሲ ኣይኪጠምዩን ኣይኪጸምኡን እዮም፡ ጸሓይን ሃሩርን ድማ ከቶ ኣይኪረኽቦምን እዩ፡”

ዮሃንስ 3፡16
“ኣምላኽ፡ በቲ ሓደ ወዱ ዝኣመነ ኹሉ ናይ ዘለኣለም ሕይወት ምእንቲ ኺረክብ እምበር፡ ከይጠፍእሲ፡ ንወዱ በጃ ኸሳዕ ዚህብ፡ ክሳዕ ክንድ’ዚ ንዓለም ኣፍቀራ።”

ራእይ 21፡4
“ኣምላኽ ከኣ ንብዘሎ ንብዓት ካብ ኣዒንቶም ኪደርዝ እዩ። እቲ ቐዳማይ ሓሊፉ እዩ እሞ፡ ድሕሪ ደጊም ሞት ኣይኪኸውንን፡ ድሕሪ ደጊም'ውን ሓዘን፡ ወይ ጫውጫው፡ ወይ ጻዕሪ ኣይኪኸውንን እዩ፡ ኪብል ከሎ ሰማዕኩ።”

ሮሜ 6:23
“ዓስቢ ሓጢኣትሲ ሞት እዩ፡ ውህበት ጸጋ ኣምላኽ ግና ብክርስቶስ የሱስ ጐይታና ናይ ዘለኣለም ህይወት እዩ። ሕጂ ግና ካብ ሓጢኣት ሓራ ስለ ዝወጻእኩም፡ ንኣምላኽ'ውን ስለ እተገዛእኩምዎ፡ ፍሬኹም ንቕድስና ኹይኑ ኣሎ፡ መወዳእታ ኸኣ ናይ ዘለኣለም ህይወት እዩ።”

ገላትያ 6:8
“እቲ ንስጋኡ ኢሉ ዚዘርእ ካብቲ ስጋስ ጥፍኣት ኪዓጽድ እዩ፡ እቲ ንመንፈሱ ኢሉ ዚዘርእ ግና ካብቲ መንፈስ ናይ ዘለኣለም ህይወት ኪዓጽድ እዩ።”

ዳንኤል 12፡2
“ካብቶም ኣብ መሬት ምድሪ ደቂሶም ዘለዉስ ብዙሓት፣ ገሊኦም ናብ ናይ ዘለኣለም ሕይወት፣ ገሊኦም ከኣ ናብ ሕፍረትን ናብ ናይ ዘለኣለም ነውርን ኪበራበሩ እዮም።”

2 ይ ጢሞቴዎስ 1፡10
“ሕጂ ግና ብምግሃድ መድሓኒና የሱስ ክርስቶስ ተገልጸ፡ ንሱ ንሞት ዝሰዓሮ፡ ንህይወትን ንዘይምጥፋእን ብወንጌል ናብ ብርሃን ኣውጽኦ፡”

1 ይ ዮሃንስ 5፡11
“ኣምላኽ ናይ ዘለኣለም ህይወት ከም ዝሃበና፡ እቲ ምስክር እዚ እዩ እሞ እዛ ህይወት እዚኣ ኣብ ወዱ ኣላ።”

2 ይ ቆረንጦስ 5፡1
“እዛ ምድራዊት ናይ ድንኳን ቤትና እንተ ፈረሰት እኳ፡ ሓንቲ ህንጻ ካብ ኣምላኽ፡ ብኢድ ዘይተገብረት ናይ ዘለኣለም ቤት ኣብ ሰማያት ከም ዘላትና፡ ንፈልጥ ኢና።”

ዮሃንስ 14፡2-3
“ኣብ ቤት ኣቦይ ብዙሕ ማሕደር ኣሎ። እቲ እንተ ዘይህሉስ፡ ምበልኩኹም ነይረ። ስፍራ ኽዳልወልኩም እኸይድ ኣሎኹ፡ ከይደ ስፍራ ምስ ኣዳለኹልኩም፡ ኣብቲ ኣነ ዘሎኹዎ ንስኻትኩም'ውን ኣብኡ ምእንቲ ኽትኮኑስ፡ ተመሊሰ ኽመጽእ እየ እሞ ናባይ ክወስደኩም እየ”

ዮሃንስ 6፡39-40
“ንወዲ ርእዩ ብእኡ ዚኣምን ዘበለ ናይ ዘለኣለም ህይወት ኪረክብ፡ ኣነ’ውን በታ ዳሕረይቲ መዓልቲ ኸተንስኦ፡ እዚ ፍቓድ ኣቦይ እዩ እሞ፡ ካብቲ ንሱ ዝሃበኒ ዘበለ በታ ዳሕረይቲ መዓልቲ ኸተንስኦ እምበር፡ ሓደ እኳ ኸየጥፍእ፡ እዚ’ውን ፍቓድ እቲ ዝለኣኸኒ እዩ።”

ሉቃስ 20፡35-36
“እቶም ነታ ዓለም እቲኣን ንትንሳኤ ምዉታትን ንምርካብ ዚበቕዑ ግና ውሉድ ትንሳኤ ብምዃኖም ውሉድ ኣምላኽ እዮም፥ ከም መላእኽቲ ስለ ዝኾኑ’ውን፡ ድሕር’ዚ ኺሞቱ ኣይከኣሉምን እዩ፡ ኣየእትዉን ኣየተኣታትዉን እዮም።”

ዮሃንስ 10፡27-28
“እተን ኣባጊዔይ ግና ድምጼይ ይሰምዓ፡ ኣነ ኸኣ ኤለልየን፡ ንሳተን’ውን ይስዕባኒ። ኣነ ኸኣ ህይወት ዘለኣለም እህበን፡ ንዘለኣለም ድማ ኣይጠፍኣን እየን፡ ካብ ኢደይ’ውን ዚምንዝዔን የልቦን።”

13. <u>ድሕነት</u>

ሮሜ 5፡8-9
“ግናኸ ንሕና ገና ሓጥኣን ከሎና፡ ክርስቶስ ኣብ ክንዳና ሞይቱ እዩ እሞ፡ ኣምላኽ እታ ፍቕሩ ንኣና በዚ የርኢ ኣሎ። እምብኣርሲ ሕጂ ብደሙ ምስ ጸደቕና ደኣ፡ ክንደይ ካብቲ ቑጥዓ ብእኡ ኣዚና ዘይንድሕን።”

2 ይ ቆረንጦስ 5፡17
“ስለዚ ሓደ እኳ ብክርስቶስ እንተ አልዩ፡ ንሱ ሓድሽ ፍጥረት እዩ፡ እቲ ብሉይ ሓሊፉ፡ እንሆ፡ ኵሉ ሓድሽ ኰይኑ።”

1 ይ ዮሃንስ 2፡1-2
“ኣቱም ደቀየ፡ ሓጢኣት ምእንቲ ኸይትገብሩ፡ እዚ እጽሕፈልኩም ኣሎኹ። ሓደ እኳ ሓጢኣት ዝገበረ እንተሎ፡ ጠበቓ ኣብ ኣቦ ኣሎና፡ ንሱ የሱስ ክርስቶስ፡ እቲ ጻድቕ፡ እዩ። ንሱ ድማ ብናይ ሓጢኣትና መተዓረቒ እዩ፡ ብናይ ሓጢኣት ኵላ ዓለም ድማ እዩ እምበር፡ ብናይ ሓጢኣትና ጥራይ ኣይኰነን።”

ቆሎሴ 2፡13
“ንብዘሎ ኣበሳና ይቕረ ኢሉ፡ ብኣበሳኹምን ብዘይ ግዝረት ስጋኹምን መዊትኩም ንዝነበርኩም፡ ንኣኻትኩም’ውን ምስኡ ህያዋን ገበረኩም።”

ቲቶስ 3፡4-7
“እቲ ናይ መድሓኒና፡ ናይ ኣምላኽ ሕያውነትን ፍቕሩ ንሰብን ምስ ተገልጸ ግና፡ ንሱ ብምሕረት ብምሕጻብ ሓድሽ ልደትን ብምሕዳስ መንፈስ ቅዱስን እዩ ዘድሓነና እምበር፡ ንሕና ብዝገበርናዮ ግብሪ ጽድቂ ኣይኰነን። ብጸጋኡ ጸዲቕና፡ ብተስፋ ናይ ዘለኣለም ህይወት ወረስቲ ምእንቲ ኽንከውንሲ፡ ብመድሓኒና የሱስ ክርስቶስ ገይሩ ንመንፈስ ቅዱስ ኣብ ልዕሌና ኣብዚሑ ኣፍሰሶ።”

ዮሃንስ 3:16-17
“ኣምላኽ፡ በቲ ሓደ ወዱ ዝኣመነ ዅሉ ናይ ዘለኣለም ህይወት ምእንቲ ኺረክብ እምበር፡ ከይጠፍእሲ፡ ንወዱ በጃ ኽሳዕ ዚህብ፡ ክሳዕ ክንድዚ ንዓለም ኣፍቀራ። ኣምላኽ ንወዱ፡ ዓለም ብእኡ ኽትድሕን እምበር፡ ንዓለም ኪፈርዳስ ኣይለኣኾን።”

ሮሜ 10:9-11
“እቲ ጽሑፍ፡ ብእኡ ዚኣምን ዘበለ ኣይሓፍርን፡ ይብል እዩ እሞ፡ ሰብ ብልቡ ኣሚኑ ይጸድቕ፡ ብኣፉ ተኣሚኑ’ውን ይድሕን እዩ፡ ስለዚ ብኣፍካ የሱስ ጐይታ ምዃኑ እንተ ነገርካ፡ ብልብኻውን ኣምላኽ ካብ ምዉታት ከም ዘተንስኦ እንተ ኣመንካ፡ ክትድሕን ኢኻ።”

14. ሕድገት ሓጥያት

ማቴዎስ 1፡21
“ወዲ ኽትወልድ እያ፡ ንሱ ኸኣ ንህዝቡ ኻብ ሓጢኣቶም ኬድሕኖም እዩ እሞ፡ ስሙ የሱስ ክትሰምዮ ኢኻ።”

1ይ ጢሞቴዎስ 1:15
“ክርስቶስ የሱስ ነቶም ኣነ ዝቐዳማዮም ሓጥኣን ኬድሕን ከም ዝመጸ፡ እዚ ቓል እዚ እሙን እዩ፡ ምቕባሉ’ውን ብዅሉ ግቡእ እዩ።”

ኤፌሶን 1፡7
"ብእኡ ብደሙ ምድሓን፡ ማለት፡ ከምቲ ሃብቲ ጸጋኡ ሕድገት ሓጢኣት ኣሎና።"

ገላትያ 1፡3-4
"ካብ እግዚኣብሄር ኣቦናን ካብቲ ኸም ፍቓድ ኣቦና ኣምላኽ፡ ካብዛ ሕጂ ዘላ እከይቲ ዓለም ምእንቲ ኼድሕነና ኢሉ፡ ብሰሪ ሓጢኣትና ነፍሱ ዝሃበ ጐይታና የሱስ ክርስቶስን፡ ጸጋን ሰላምን ይውረድኩም።"

1ይ ዮሃንስ 1:9
"ሓጢኣትና እንተ ተናዘዝና፡ ንሓጢኣትና ይቕረ ኪብለልና፡ ካብ ኵሉ ዓመጻ'ውን ኬንጽሃና እሙንን ጻድቕን እዩ።"

1ይ ዮሃንስ 3፡5
"ንሱ ንሓጢኣት ኬርሕቕ ኢሉ ኸም እተገልጸ፡ ትፈልጡ ኢኹም። ኣብኡ'ውን ሓጢኣት የልቦን።"

ኢሳያስ 55:7
"ረሲእ መገዱ፡ ዓመጸኛ ኸኣ ሓሳቡ ይሕደግ፡ ናብ እግዚኣብሄር ይመለስ፡ንሱ ኸኣ ኪምሕሮ እዩ፡ ኣዝዩ ይቕረ ይብል እዩ እሞ፡ ናብ ኣምላኽና'ውን ይመለስ።"

2ይ ዜና 30፡9
"ናብ እግዚኣብሄር እንተ ተመለስኩምሲ፡ እቶም ኣሕዋትኩምን ደቅኹምን ከኣ ኣብ ቅድሚ እቶም ማሪኾምዎም ዘለዉ ምሕረት ኪረኽቡ፡ ናብዛ ሃገር እዚኣ'ውን ኪምለሱ እዮም፡ እግዚኣብሄር ኣምላኽኩም ርሕሩሕን መሓርን እዩ እሞ፡ ናብኡ እንተ ተመለስኩም፡ ንሱ ድማ ገጹ ኻባኻትኩም ኣይኪኽውሎን እዩ።"

መዝሙር 103:12
"ምብራቕ ካብ ምዕራብ ከም ዚርሕቕ፣ ከምኡ ንኣበሳና ኻባና ኣርሓቖ።"

እብራውያን 8፡12 (ኤርምያስ 31፡34)
"ዓመጻኦም ክምሕር እየ እሞ፡ ንሓጢኣቶም'ውን ድሕር'ዚ ኣይክዝክሮን እየ፡"

እብራውያን 9:28
"ከምኡ ኸኣ እቲ ንሓጢኣት ብዙሓት ኬርሕቅ ኢሉ ሓንሳእ እተሰውኤ ክርስቶስ ንምድሓን እቶም ዚጽበይዎ ኻልኣይ ጊዜ ብዘይ ሓጢኣት ኪግለጽ እዩ።"

እብራውያን 10:14
"ክርስቶስ ግና ነቶም ዚቕደሱ ብሓንቲ መስዋእቲ ንሓዋሩ ፈጸሞም እሞ፡ ንሱ ንሓዋሩ እትኸውን ሓንቲ መስዋእቲ ስለ ሓጢኣት ምስ ኣቕረበ፡ እቶም ጸላእቱ መርገጽ እግሩ ኽሳዕ ዚኾኑ እናተጸበየ፡ ኣብ የማን ኣምላኽ ተቐመጠ።"

2ይ ቆረንጦስ 5:17
"ስለዚ ሓደ እኳ ብክርስቶስ እንተ አልዩ፡ ንሱ ሓድሽ ፍጥረት እዩ፡ እቲ ብሉይ ሓሊፉ፡ እንሆ፡ ኵሉ ሓድሽ ኰይኑ።"

ኤርምያስ 33:8
"ኣነ ኻብ ኩሉ እቲ ዝበደሉኒ ኣበሳኦም ከጽርዮም እየ፡ ነቲ ዝበደሉንን ብኡኡ ኸኣ ካባይ ዝዓለዉሉን ኣበሳኦም ይቕረ ኽብለሎም እየ።"

1ይ ዮሃንስ 2:12
"ደቀየ፡ ሓጢኣትኩም ስለ ስሙ ተሓዲጉልኩም እዩ እሞ፡ እጽሕፈልኩም ኣሎኹ።"

1ይ ዮሃንስ 2:1-2
"ኣቱም ደቀየ፡ ሓጢኣት ምእንቲ ኸይትገብሩ፡ እዚ እጽሕፈልኩም ኣሎኹ። ሓደ እኳ ሓጢኣት ዝገበረ እንተሎ፡ ጠበቓ ኣብ ኣቦ ኣሎና፡ ንሱ የሱስ ክርስቶስ፡ እቲ ጻድቕ፡ እዩ። ንሱ ድማ ብናይ ሓጢኣትና መተዓረቒ እዩ፡ ብናይ ሓጢኣት ኵላ ዓለም ድማ እዩ እምበር፡ ብናይ ሓጢኣትና ጥራይ ኣይኰነን።"

ኢሳያስ 53:5-6
"ንሱ ግና ብሰሪ ገበንና ቈሰለ፡ ብሰሪ ኣበሳና ድማ ተኸትከተ፡ ንሕና ሰላም ምእንቲ ኽንረክብ፡ መቕጻዕቲ ናብኡ ወረደ፡ ንሕና'ውን ብስምብራቱ ሓወና። ኵላትና ኸም ኣባጊዕ ተባረርና፡ ነፍሲ ወከፍ ነናብ መገዱ ዘምበለ፡ እግዚኣብሄር ከኣ ኣበሳ ኹላትና ኣብኡ ኣውደቖ።"

ኢሳያስ 43:25
“ኣነ፡ ኣነ እየ ስለ ርእሰይ ኢለ ገበንካ ዝድምስስ፡ መሊሰ ኸኣ ሓጢኣትካ ኣይዝክርን።”

1ይ ዮሃንስ 1:7
“ከምቲ ንሱ ኣብ ብርሃን ዘሎ፡ ኣብ ብርሃን እንተ ተመላለስና ግና፡ ንሓድሕድና ሕብረት ኣሎና፡ ደም የሱስ ክርስቶስ ወዱ'ውን ካብ ኩሉ ሓጢኣት የንጽሃና እዩ።”

15. ደም የሱስ ክርስቶስ

እብራውያን 9:22
“ከምቲ ሕጊ ኣስታት ኩሉ ብደም እዩ ዚጸሪ፡ ብዘይ ምፍሳስ ደም'ውን ይቕሬታ ኣይከውንን እዩ።”

1ይ ዮሃንስ 1:7
“ከምቲ ንሱ ኣብ ብርሃን ዘሎ፡ ኣብ ብርሃን እንተ ተመላለስና ግና፡ ንሓድሕድና ሕብረት ኣሎና፡ ደም የሱስ ክርስቶስ ወዱ'ውን ካብ ኩሉ ሓጢኣት የንጽሃና እዩ።”

ራእይ 1:5
“. . . ንእኡ፡ ነቲ ዜፍቅረና ዘሎ፡ ካብ ሓጢኣትና'ውን ብደሙ ዝሓጸበና፡ ንእግዚኣብሄር ኣቦኡ መንግስትን ካህናትን ክንኰኖ ዝገበረና፡ ክብርን ስልጣንን ንዘለኣለመ ኣለም ንእኡ ይኹን።”

ራእይ 12:11
“ሳላ ደም እቲ ገንሸልን ሳላ እቲ ቓል ምስክሮምን ድማ ሰዓርዎ፡ ንህይወቶም'ውን ክሳዕ ሞት ኣየፍቀርዋን።”

እብራውያን 9:11
“ደም ክርስቶስ ብናይ ዘለኣለም መንፈስ ገይሩ ርእሱ ብዘይ ጽያፍ ንኣምላኽ ዘቕረበ ግዳ፡ ንስኻትኩም ንህያው ኣምላኽ ከተገልግሉ ኸንደይ ኣዝዩ ንሕሊናኹም ካብ ምዉት ግብሪ ዘየንጽሆ።”

እብራውያን 10፡19-22
"ስለዚ፡ ኣሕዋተየ፡ በቲ መጋረጃ፡ ማለት ብስጋኡ ዝቐደሰልና ሓድሽን ህያውን መገዲ ብደም የሱስ ናብ መቕደስ ንምእታው ትብዓት ካብ ዚህልወና፡ ኣብ ቤት ኣምላኽ'ውን ዓብዪ ኻህን ካብ ዝህልወናስ፡ ልብና ኻብ ክፉእ ሕሊና ተነጺጉ፡ ስጋና'ውን ብጹሩይ ማይ ተሓጺቡ፡ ምሉእ ብተረዳእናዮ እምነት ብቕኑዕ ልቢ ንቕረብ።"

ኤፌሶን 1፡7
"ብእኡ ብደሙ ምድሓን፡ ማለት፡ ከምቲ ሃብቲ ጸጋኡ ሕድገት ሓጢኣት ኣሎና።"

1ይ ቆረንጦስ 11፡25
"ከምኡ ኸኣ ድሕሪ ድራር ነታ ጽዋእ ኣልዒሉ እሞ፡ እዛ ጽዋእ እዚኣ ብደመይ ሓድሽ ኪዳን እያ። ብትሰትይዎ መጠን ንመዘከርታይ ግበርዎ፡ በለ።"

ሮሜ 5፡9
"እምብኣርሲ ሕጂ ብደሙ ምስ ጸደቕና ደኣ፡ ከንደይ ካብቲ ቑጥዓ ብእኡ ኣዚና ዘይንድሕን።"

ቆሎሴ 1፡19-20
"ብዘሎ ምልኣት ኣብኡ ኺሓድር፡ ኣቦ ሰሚርዎ ኣሎ እሞ፡ ብእኡ ብደም መስቀሉ ገይሩ ሰላም ምስ ገበረ ኸኣ፡ ነቲ ኣብ ምድሪ ዘሎን ኣብ ሰማያት ዘሎን ዘበለ ዅሉ ንርእሱ ተዓሪቕዎ እዩ።"

ኤፌሶን 2፡13
"ሕጂ ግና፡ ኣቱም ቀደም ርሑቓት ዝነበርኩም፡ ንስኻትኩም ብክርስቶስ የሱስ ብደም ክርስቶስ ቀረብኩም።"

16. ጽድቂ

1ይ ጢሞቴዎስ 6፡10-11
"እቲ ፍቕሪ ገንዘብሲ ሱር ኵሉ ኽፍኣት እዩ እሞ፡ ገሊኦም ንእኡ እናተመጣጠሩ ካብ እምነት ዘምበሉ፡ ናብ ርእሶም'ውን ብዙሕ ስቓይ ኣምጽኡ። ኣታ ናይ ኣምላኽ ሰብ፡ ንስኻ ግና ካብ'ዚ ህደም እሞ ደድሕሪ ጽድቂ፡ ኣምልኾ፡ እምነት፡ ፍቕሪ፡ ትዕግስቲ፡ ህድኣት ሰዓብ።"

ምሳሌ 21፡21
“እቲ ንጽድቅን ምሕረትን(ፍቕርን) ዚስዕበን፡ ህይወትን ጽድቅን ክብረትን ይረክብ።”

2ይ ቆረንጦስ 5፡21
“ንሕና ብእኡ ጽድቂ ኣምላኽ ምእንቲ ክንከውን፡ ነቲ ሓጢኣት ዘይፈለጠ ኣብ ክንዳና ሓጢኣት ገበሮ።”

መዝሙር 1፡1-2
“ብምኽሪ ረሲኣን ዘይመላለስ፣ ኣብ መገዲ ሓጥኣን ከኣ ዘይቀውም፣ ኣብ መንበር መላገጽቲ ድማ ዘይቅመጥ፣ ብሕጊ እግዝኣብሄር ደኣ ዝፍሳህ፣ ነቲ ሕጉ’ውን ለይትን መዓልትን፣ ዚመራምሮ ሰብሲ ብጹእ እዩ።”

1ይ ጴጥሮስ 3፡14
“ስለ ጽድቂ እኳ ድማ ሓሳረ መከራ እንተ ጸገብኩም፡ ብጹኣን ኢኹም።ካብ ፍርሃቶም ኣይትፍርሁ ኣይትሰምብዱ’ውን።”

ማቴዎስ 6፡33
“ቅድም መንግስቲ ኣምላኽን ጽድቁን ድለዩ፡ እዚ ኹሉ ድማ ይውሰኸልኩም።”

ምሳሌ 21፡3
“እግዚኣብሄር ካብ መስዋእትስ ጽድቅን ቅንዕናን ምግባር እዩ ዚፈቱ።”

ፊሊጲ 4፡8
“ብዝተረፈስ፡ ኣሕዋተየ፡ ሓቂ ዘበለ፡ ርዝነት ዘለዎ ዘበለ፡ ቅኑዕ ዘበለ፡ ንጹህ ዘበለ፡ ተፈታዊ ዘበለ፡ ጽቡቕ ወረ ዘለዎ ዘበለ፡ ገለ ደግነት እንተ ኾይኑ፡ ገለ ንእዶ’ውን እንተ ኾይኑ፡ ብእኡ ሕሰቡ።”

መዝሙር 112፡6-7
“ንዘለኣለም ኣይኪናወጽን እዩ እሞ፣ መዘከርታ ጻድቕ ንዘለኣለም ይነብር። ክፉእ ወረ ኣይፈርህን፣ ልቡ ብእግዚኣብሄር ተወኪሉ ይጸንዕ”

1ይ ተሰሎንቄ 5፡15
“እቲ ሓደ ነቲ ሓደ ኽፉእ ከይፈድዮ፡ ተጠንቀቑ። ግናኸ ኵሉ ሳዕ ንሓድሕድኩምን ንኹሉን ሰናይ ንምግባር ተጋደሉ።”

ምሳሌ 10:2
"መዝገብ ረሲእነት ገለ እኳ ኣይጠቅምን፡ ጽድቂ ግና ካብ ሞት የናግፍ።"

ቲቶስ 2:11-13
"ጸጋ ኣምላኽ ተገሊጹ እዩ እሞ፡ ንዅሉ ሰብ'ውን ምድሓን ኣምጺኡ፡ እቲ ብሩኽ ተስፋን ናይ'ቲ ዕዙዝ ኣምላኽናን መድሓኒና የሱስ ክርስቶስን ምግላጽ ክብሪ እናተጸቤና፡ ግፍዕን ዓለማዊ ትምኒትን ክሒድና፡ ኣብ'ዛ ዓለም እዚኣ ብጥንቃቐን ብጽድቅን በምልኾን ክንነብር ይምህረና ኣሎ"

መዝሙር 37:27-31
"እግዚኣብሄር ፍርዲ ይፈቱ፣ ንቕዱሳኑ ኸኣ ኣይሓድጎምን፣ ንዘልኣለም ይሕለዉ፣ ዘርኢ ረሲኣን ግና ይጽንት እዩ እሞ፣ ካብ እከይ ርሓቕ ሰናይ ከኣ ግበር፣ ንዘለኣለም'ውን ክትነብር ኢኻ። ጻድቃን ንሃገር ኪወርስዋ፣ ኣብኣ'ውን ንዘለኣለም ክነብሩ እዮም። ኣፍ ጻድቕ ጥበብ ይዛረብ፣ ልሳኑ ኸኣ ፍርዲ ይነግር። ሕጊ ኣምላኹ ኣብ ልቡ እዩ፣ ስጉምቱ ሰንከልከል ኣይክብልን እዩ።"

ያቆብ 3:18
"ነቶም ሰላም ዚገብሩ'ውን እቲ ፍረ ጽድቂ ብሰላም ይዝርኦም እዩ።"

ምሳሌ 11:18
"ረሲእ ዜታልሎ እቶት የእቱ፡ ጽድቂ ዚዘርእ ግና ኡነተኛ ውሬታ (ካሕሳ) ኣለዎ።"

ያቆብ 4:8
"ንኣምላኽ ቅረብዎ፡ ንሱ'ውን ኪቐርበኩም እዩ። ኣቱም ሓጥኣን፡ ኣእዳውኩም ኣጽርዩ፡ ኣቱም ሰብ ክልተ ልቢ'ውን፡ ልብኹም ኣንጽሁ።"

17. ምሕረት

ኢሳያስ 30:18
"ስለዚ ኸኣ እግዚኣብሄር፡ ጸጋ ምእንቲ ኺህበኩም ኪጽበ፡ ስለዚ'ውን ምእንቲ ኺምሕረኩም ልዕል ኪብል እዩ። እግዚኣብሄርሲ ኣምላኽ ፍርዲ እዩ እሞ፡ እቶም ዚጽበይዎ ዘበሉ ኹላቶም ብጹኣን እዮም።"

ዘጽኣት 34፡6-7
“እግዚኣብሄር ድማ ብቕድሚኡ ሓሊፉ ኣወጀ ኸኣ፡ እግዚኣብሄር፡ እግዚኣብሄር፡ መሓርን ጸጋውን ኣምላኽ፡ ንኹራ ደንጓይ፡ በዓል ብዙሕ ለውሃትን ሓቅን፡ ክሳዕ ሽሕ ወለዶ ጸጋ ዚሕሉ፡ ዓመጽን ምትሕልላፍን ሓጢኣትን ይቕረ ዚብል፡ ግናኸ ንበዳሊ ኸም ንጹህ ዘይርኢ፡ ሓጢኣት ኣቦታት ደኣ ኣብ ደቅን ደቂ ደቅን ክሳዕ ሳልሳይ ክሳዕ ራብዓይ ወለዶ ዚቕጽዕ።”

መዝሙር 103፡13
“ከምቲ ወላዲ ንውሉዱ ዚርሕርሓሎም፣ ከምኡ እግዚኣብሄር ንዚፈርህዎ ይርሕርሓሎም እዩ።”

መዝሙር 103፡17-18
“ምሕረት እግዚኣብሄር ግና ኣብቶም ዚፈርህዎ ኻብ ዘለኣለም ንዘለኣለም ትነብር። ጽድቁ ኸኣ ነቶም ኪዳኑ ዚሕልዉ፣ ንትእዛዛቱ ምእንቲ ኺገብርዎ ዚዝክርዎ ንውሉድ ወለዶ እዩ።”

ኢሳያስ 48፡9
“ስለ ስመይ ኢለ ቍጥዓይ ኤደንጕ፡ ከየጽንተካ ድማ፡ ስለ ኽብረይ ኢለ ርእሰይ እገትእ ኣሎኹ።”

ዘጽኣት 33፡19
“ንሱ ኸኣ ኲሉ ለውሃተይ ኣብ ቅድሜኻ ኽሕልፍ እየ፡ ስም እግዚኣብሄር ድማ ኣብ ቅድሜኻ ኽእውጅ እየ። ነቲ ኽምሕሮ ዝደለኹ ኽምሕሮ እየ፡ ነቲ ኽምሕሮ ዝደለኹ ድማ ክምሕሮ እየ፡ በለ።”

18. <u>ጸጋ</u>

ኤፌሶን 2፡8-9
“ሓደ እኳ ከይምካሕሲ፡ ካብ ግብሪ ኣይኰነን እሞ፡ ብእምነት ብጸጋ ኢኹም ዝደሓንኩም፡ እዚ ኸኣ ውህበት ኣምላኽ እዩ እምበር፡ ካባኻትኩም ኣይኰነን።”

ዮሃንስ 1፡16-17
“ሕጊ ብሙሴ ተዋሂቡ እዩ እሞ፡ ጸጋን ሓቅን ግና ብየሱስ ክርስቶስ መጸ። እምብኣርከ ንሕና ኹላትና ካብ ምልኣቱ ጸጋ ኣብ ልዕሊ ጸጋ ተቐበልና።”

ሮሜ 6፡13-14
“ትሕቲ ጸጋ እምበር፡ ትሕቲ ሕጊ ስለ ዘይኰንኩም፡ ሓጢኣት ኣይመልከኩምን እዩ እሞ፡ ከም ምይቶም ዝተንስኡ ርእስኹም ንኣምላኽ ወፍዩ እምበር፡ ንኣካላትኩም ኣጽዋር ዓመጻ ንሓጢኣት ኣይትግበርዎ፡ ንኣካላትኩምሲ ኣጽዋር ጽድቂ ንኣምላኽ ደኣ ግበርዎ።”

ሮሜ 11፡6
“ብጸጋ ካብ ዚኸውን ግና፡ እምበኣርስከ ካብ ግብሪ ኣይኮነን። ብዘይእዝስ እቲ ጸጋ'ውን ጸጋ ኣይከውንን። ካብ ግብሪ ካብ ዚኸውን ግና ደጊም ጸጋ ኣይኮነን። እንተዘይኮነስ እቲ ግብሪ'ውን ግብሪ ኣይከውንን እዩ።”

ያዕቆብ 4፡6
“ንሱ ግና ኣብዚሑ ጸጋ ይህብ። ስለ'ዚ ድማ፡ ኣምላኽ ንዕቡያት ይጻረሮም፡ ንትሑታት ግና ጸጋ ይህቦም፡ ይብል።”

1ይ ቆረንጦስ 15፡10
“እቲ ዘሎኹዎ ግና ብጸጋ ኣምላኽ እየ ዘሎኹ። ካብ ኵላቶም ዚበዝሕ ደኣ ጸዓርኩ እምበር፡ እቲ ንኣይ እተዋህበ ጸጋኡ ኸንቱ ኣይኰነን። እቲ ምሳይ ዘሎ ጸጋ ኣምላኽ ደኣ እዩ እምበር፡ ኣነ ኣይኰንኩን።”

እብራውያን 4፡14-16
“ደጊም ብዘይ ሓጢኣትሲ፡ ብኹሉ ከም'ዚ ከማና እተፈተነ እዩ እምበር፡ ብድኻምና ክድንግጸልና ዘይኽእል ሊቀ ኻህናት የብልናን እሞ፡ ብሰማያት ዝሓለፈ ዓብዪ ሊቀ ኻህናት፡ የሱስ ወዲ ኣምላኽ ካብ ዚህልወናስ፡ ምእማንና ነጽንዕ። ስለ'ዚ ምሕረት ምእንቲ ክንቕበል፡ ብጊዜ ጸበባ'ውን ንረዲኤትና ዚኸውን ጸጋ ክንረክብ፡ ብትብዓት ናብ ዝፋን ጸጋ ንቕረብ።”

ሮሜ 3፡23-24
“ኩሎም ሓጢኦም ክብሪ ኣምላኽ'ውን ስኢኖም። በቲ ብየሱስ ክርስቶስ ዚርከብ በጃ ምሕላፍ ብኸምኡ ብጸጋኡ ይጸድቁ።”

2ይ ጢሞቴዎስ 2፡1
“ኣታ ወደየ፡ እምብኣርሲ በቲ ኣብ ክርስቶስ የሱስ ዘሎ ጸጋ ደልድል።”

2ይ ቆረንጦስ 12፡9
“ንሱ ኸኣ፡ ሓይለይ ብድኻም እዩ ዝፍጸም እሞ፡ ጸጋይ ይኣኽለካ፡ በለኒ። ስለ'ዚ ሓይሊ ክርስቶስ ኣብ ልዕለይ ምእንቲ ክሓድር፡ ብብዙሕ ታሕጓስ ብድኻመይ ክምካሕ እየ።”

19. ንስሓ

ግብሪ ሃዋርያት 3፡19-20
“እምበኣርስኸ ሓጢኣትኩም ምእንቲ ኺድምሰሰልኩም፡ ካብ ገጽ እግዚኣብሄር ከኣ ዘመን ዕረፍቲ ምእንቲ ኺመጻልኩም፡ ነቲ ቐድም ንኣኻትኩም እተሓርየ ክርስቶስ ከኣ ምእንቲ ኺሰደልኩምሲ፡ ተነስሑን ተመለሱን።”

መዝሙር 34፡18
“እግዚኣብሄር ንቶም ስቡር ልቢ ዘለዎም ቀረባኦም እዩ፣ ንቶም ቅጥቁጥ መንፈስ ዘለዎም ድማ የድሕኖም።”

ህዝቅኤል 18:21-22
“ግናኸ እቲ ረሲእ ካብቲ ዝገበሮ ኹሉ ሓጢኣት እንተ ተመለሰ፣ ፣ኵሉ ሕጋጋተይ ከኣ እንተ ሓለወ፣ ቅንዕናን ጽድቅን ድማ እንተ ገበረ፣ ንሱ ብርግጽ ብህይወት ኪነብር፣ ኣይኪመውትን ከኣ እዩ። ካብቲ ዝገሃሶ ምግሃስሲ ሓንቲ እኳ ኣይክትዝከረሉን፣ በቲ ዝገበሮ ጽድቂ ብህይወት ኪነብር እዩ።”

1ይ ዮሃንስ 1፡8-10
“ሓጢኣት የብልናን፡ እንተ በልና፡ ንርእስና ንጥብራ ኣሎና፡ እታ ሓቂ'ውን ኣባና የላን። ሓጢኣትና እንተ ተናዘዝና፡ ንሓጢኣትና ይቕረ ኪብለልና፡ ካብ ኵሉ ዓመጻ'ውን ኬንጽሃና እሙንን ጻድቕን እዩ። ሓጢኣት ኣይገበርናን፡ እንተ በልና፡ ሓሳዊ ንገብሮ፡ ቃሉ'ውን ኣባና የሎን።”

20. ሓርነት ካብ ሓጢያት

ህዝቅኤል 36፡25-26
“ጽሩይ ማይ ክነጽገልኩም እየ እሞ ክትጸርዩ ኢኹም። ካብ ኵሉ ርኽሰትኩምን ካብ ኵሎም ጣኦታትኩምን ከጽርየኩም እየ። ሓድሽ ልቢ ድማ ክህበኩም፣ ሓድሽ መንፈስ ከኣ ከሕድረልኩም፣ ናይ እምኒ ልቢ ኻብ ስጋኹም ከውጽእ፣ ናይ ስጋ ልቢ’ውን ክህበኩም እየ።”

ግብሪ ሃዋርያት 10፡43
“ብእኡ ዚኣምን ዘበለ ብስሙ ሕድገት ሓጢኣት ከም ዚረክብ፡ ኩሎም ነብያት ይምስክሩሉ ኣለዉ።”

ሮሜ 6፡6-7
“እቲ ዝሞተ ኻብ ሓጢኣት ሓራ ወጺኡ እዩ እሞ፡ እዚ ደጊም ንሓጢኣት ከይግዛእ፡ እቲ ናይ ሓጢኣት ስጋ ምእንቲ ኺጠፍእ፡ እቲ ኣረጊት ሰብና ምስኡ ኸም እተሰቕለ፡ ፈሊጥና ኣሎና።”

ሮሜ 6፡11
“ከምኡ ድማ ንስኻትኩም ካብ ሓጢኣት ከም ዝሞትኩም፡ ብክርስቶስ የሱስ ግና ንኣምላኽ ህያዋን ከም ዝኾንኩም፡ ርእስኹም ቍጸሩ።”

ሮሜ 6፡13-14
“ትሕቲ ጸጋ እምበር፡ ትሕቲ ሕጊ ስለ ዘይኰንኩም፡ ሓጢኣት ኣይመልከኩምን እዩ እሞ፡ ከም ሞይቶም ዝተንስኡ ርእስኹም ንኣምላኽ ወፍዩ እምበር፡ ንኣካላትኩም ኣጽዋር ዓመጻ ንሓጢኣት ኣይትግበርዎ፡ ንኣካላትኩምሲ ኣጽዋር ጽድቂ ንኣምላኽ ደኣ ግበርዎ።”

21. ስልጣን ክርስትያን

ማርቆስ 16:17-18
“ነቶም ዚኣምኑ’ውን እዚ ተኣምራት እዚ ኺሰዕቦም እዩ ፥ ብስመይ ኣጋንንቲ ኼውጽኡ፡ ብሓድሽ ልሳን ከኣ ኪዛረቡ፡ ኣትማን ኪሕዙ እዮም፡ ዚቐትል እንተ ሰተዩ ኸኣ፡ ከቶ ኣይኪጐድኦምን እዩ፡ ኣእዳዎም ኣብ ሕሙማት ኬንብሩ ንሳቶም’ውን ኪሓውዩ እዮም።”

ዮሃንስ 1:12
“ነቶም እተቐበልዎ ዘበሉ ኹሎም ብስሙ ንዚኣምኑ ግና ውሉድ ኣምላኽ ኪኾኑ መሰል ሃቦም።”

ያዕቆብ 4:7
“እምብኣርሲ ንኣምላኽ ተገዝእዎ። ንድያብሎስ ግና ተጻረርዎ እሞ፡ ንሱ ካባኻትኩም ኪሃድም እዩ።”

ሉቃስ 10:19-20
“እንሆ፡ ተመንን ዕንቅርቢትን ኰሉ ሓይሊ ጸላእን ክትረግጹ ስልጣን ሂበኩም ኣሎኹ፡ ዚጐድኣኩም ከኣ የልቦን። ግናኸ ስምኩም ኣብ ሰማይ ስለ እተጻሕፈ ደኣ፡ ኣዚኹም ተሓጐሱ እምበር፡ መናፍስቲ ስለ እተመልኩልኩም፡ በዚ ኣይትተሓጐሱ።”

ማቴዎስ 16:19
“መርሖታት መንግስተ ሰማያት ክህበካ እየ፡ ኣብ ምድሪ ዝኣሰርካዮ ኹሉ ኣብ ሰማይ እሱር ኪኸውን እዩ። ኣብ ምድሪ ዝፈታሕካዮ ኹሉ ድማ ኣብ ሰማይ ፍቱሕ ኪኸውን እዩ።”

2 ይ ጢሞቴዎስ 1:7
“በዚ ምኽንያት እዚ፡ ኣምላኽሲ መንፈስ ሓይልን ፍቕርን ቅጽዓትን እምበር፡ መንፈስ ፍርሃት ኣይሃበናን።”

2 ይ ቆረንጦስ 10:3-5
“ብስጋ እንመላለስ ክነስና እኳ፡ ከም ስጋስ ኣይንዋጋእን ኢና። ኣጽዋር ውግእና ኣብ ቅድሚ ኣምላኽ ንምፍራስ ጽኑዕ ዕርድታት ብርቱዕ እዩ እምበር፡ ስጋዊ ኣይኰነን፡ ብእኡ ኸኣ ሓሳባትን ምስ ፍልጠት ኣምላኽ ንዚጻላእ ልዕል ዝበለ ነገር ኵሉን እናፍረስና፡ ኵሉ ኣእምሮ’ውን ንምእዛዝ ክርስቶስ ንማርኸሉ ኢና።”

1 ይ ዮሃንስ 4:4
“ኣቱም ደቀየ፡ ንስኻትኩም ካብ ኣምላኽ ኢኹም፡ ካብቲ ኣብ ዓለም ዘሎስ እቲ ኣባኻትኩም ዘሎ ዝዓቢ ስለ ዝኾነ፡ ንስኻትኩም ስዒርኩምዎም ኣሎኹም።”

ራእይ 12:11
“ሳላ ደም እቲ ገንሸልን ሳላ እቲ ቓል ምስክሮምን ድማ ሰዓርዎ፡ ንህይወቶም’ውን ክሳዕ ሞት ኣየፍቀርዋን።”

ዮሃንስ 14:12
“ኣነ ናብ ኣቦይ እኸይድ ኣሎኹ እሞ፡ እቲ ብኣይ ዚኣምን ነዚ ኣነ ዝገብሮ ዘሎኹ ግብርታት ከም ዚገብር፡ ካብኡ ዚዓቢ’ውን ከም ዚገብር፡ ብሓቂ፡ ብሓቂ እብለኩም ኣሎኹ።”

ማርቆስ 11:23
“ዝኾነ ይኹን እቲ ዝበሎ ኽም ዚኸውን ዚኣምን እምበር፡ ብልቡ ዘይዋላወል፡ ነዚ ኸረን፡ ተንሲእካ ናብ ባሕሪ ጥሓል፡ እንተ በሎ፡ ንእኡ ኽም ዚኾነሉ፡ ብሓቂ እብለኩም ኣሎኹ።”

ቆሎሴ 1:13
“ንሱ ኻብ ስልጣን ጸልማት ዘውጽኣና፡ ናብ’ታ መንግስቲ ፍቑር ወዱ’ውን ኣእተወና።”

2 ይ ቆረንጦስ 5:17
“ስለዚ ሓደ እኳ ብክርስቶስ እንተ ኣልዩ፡ ንሱ ሓድሽ ፍጥረት እዩ፡ እቲ ብሉይ ሓሊፉ፡ እንሆ፡ ኵሉ ሓድሽ ኰይኑ።”

ቆሎሴ 2:10
“ንሱ (ክርስቶስ) ርእሲ ዅሉ ሕልቅነትን ስልጣንን እዩ፡ ንስኻትኩም’ውን ብእኡ ተመሊእኩም ኣሎኹም።”

ኤፌሶን 2:6
“ምስኡ’ውን ኣተንስኣና፡ ኣብቲ ዚመጽእ ዘመናት ብህያውነቱ እቲ ብሉጽ ሃብቲ ጸጋኡ ብክርስቶስ የሱስ ኣባታትና ምእንቲ ከርኢ፡ ኣብ ሰማያት ብክርስቶስ የሱስ ምስኡ ኣቐመጠና።”

1 ይ ጴጥሮስ 2:9
“ንስኻትኩም ግና ደግነት እቲ ኻብ ጸልማት ናብቲ ዜገርም ብርሃን ዝጸውዓኩም ምእንቲ ኸትነግሩ፡ ሕሩይ ወለዶ፡ ናይ መንግስቲ ክህነት፡ ቅዱስ ህዝቢ፡ ጥሪት ኣምላኽ ዝኾኑ ህዝቢ ኢኹም።”

ራእይ 1:6
“ንእግዚኣብሄር ኣቦኡ መንግስትን ካህናትን ክንኮና ዝገበረና፡ ክብርን ስልጣንን ንዘለኣለመ ኣለም ንእኡ ይኹን። ኣሜን።”

22. መንፈሳዊ ውግእ

ኤፌሶን 6፡10-12
“ብዝተረፈስ፡ ኣሕዋተይ፡ ብጐይታን ብጽንዓት ሓይሉን በርትዑ። እቲ ቕልስና ምስ ሕልቅነትን ስልጣናትን ምስ ናይ ጸልማት ገዛእቲ ዓለምን ምስ መናፍስቲ እከይን ኣብ ሰማያት እዩ እምበር፡ ምስ ስጋን ደምን ኣይኮነን እሞ፡ ንፍሕሶ ሰይጣን ምቅዋሙ ምእንቲ ኽትክእሉስ፡ ኵሉ ኣጽዋር ኣምላኽ ልበሱ።”

ኤፌሶን 6፡13-17
“ስለዚ በታ እከይቲ መዓልቲ ምቅዋም ምእንቲ ኽትክእሉ፡ ኵሉ ምስ ኣስለጥኩም’ውን ደው ክትብሉስ፡ ብዘሎ ኣጽዋር ኣምላኽ ኣልዕሉ። ደጊም ሕቘኹም ብሓቂ ተዓጢቕኩም ድርዒ ጽድቂ’ውን ተኸዲንኩም ቁሙ። ነቲ ናይ ወንጌል ሰላም ምድላዉ ኣብ ኣእጋርኩም ከም ኣሳእን ኣእቲኹም ደው በሉ። ምስናይ እዚ ኹሉ ነቲ ናይቲ ኽፉእ ርሱን መንትግ ዘበለ ኽተጥፍኡሉ እትኽእሉ ዋልታ እምነት ኣልዕሉ። ናይ ምድሓን ቍራዕ ርእሲ ኣእትዉ፡ ናይ መንፈስ ሰይፊ’ውን፡ ማለት ቃል ኣምላኽ፡ ሓዙ።”

ሮሜ 16፡20
“ኣምላኽ ሰላም ከኣ ንሰይጣን ቀልጢፉ ኣብ ትሕቲ እግርኹም ኪቕጥቅጦ እዩ። ጸጋ ጐይታና የሱስ ክርስቶስ ምሳኻትኩም ይኹን።”

2 ይ ቆረንጦስ 10፡3-5
“ብስጋ እንመላለስ ክነስና እኳ፡ ከም ስጋስ ኣይንዋጋእን ኢና። ኣጽዋር ውግእና ኣብ ቅድሚ ኣምላኽ ንምፍራስ ጽኑዕ ዕርድታት ብርቱዕ እዩ እምበር፡ ስጋዊ ኣይኮነን፡ ብእኡ ኸኣ ሓሳባትን ምስ ፍልጠት ኣምላኽ ንዚጻላእ ልዕል ዝበለ ነገር ኵሉን እናፍረስና፡ ኵሉ ኣእምሮ’ውን ንምእዛዝ ክርስቶስ ንማርኸሉ ኢና።”

ኤፌሶን 6፡18
“ብኹሉ ጸሎትን ልማኖን ኵሉ ሳዕ ብመንፈስ እናጸሌኹም እሞ፡ ምስናይ እዚ’ውን ብኵሉ እናተጸመምኩም፡ ስለ ኹሎም ቅዱሳን ብጸሎት ንቐሑ፡”

1ይ ጴጥሮስ 5፡8
“ድያብሎስ፡ እቲ መጻርርትኹም፡ ዚውሕጦ ደልዩ ኸም ዝጓዝም ኣንበሳ ኾይኑ ይዘውር ኣሎ እሞ፡ ተጠንቀቑ፡ ንቕሑ።”

ያዕቆብ 4፡7
“እምብኣርስሲ ንኣምላኽ ተገዝእዎ። ንድያብሎስ ግና ተጻረርዎ እሞ፡ ንሱ ካባኻትኩም ኪሃድም እዩ።”

1ይ ዮሃንስ 5፡4-5
“ካብ ኣምላኽ እተወልደ ዘበለ ኹሉ ንዓለም ይስዕራ፡ እታ ንዓለም እንስዕረላ ስዕረት ከኣ፡ንሳ እምነትና እያ። ንዓለም ዚስዕራኸ፡ እቲ ንየሱስ፡ ንሱ ወዲ ኣምላኽ ምዃኑ ዚኣምኖ እንተ ዘይኰይኑስ፡ መን እዩ?”

1ይ ዮሃንስ 4፡4
“ኣቱም ደቀየ፡ ንስኻትኩም ካብ ኣምላኽ ኢኹም፡ ካብቲ ኣብ ዓለም ዘሎስ እቲ ኣባኻትኩም ዘሎ ዚዓቢ ስለ ዝኾነ፡ ንስኻትኩም ስዒርኩምዎም ኣሎኹም።”

23. <u>ምንጋፍ ካብ ጸላኢ</u>

መዝሙር 37፡40
“እግዚኣብሄር ይረድኦምን የናግፎምን፣ ናብኡ ተጸጊዖም እዮም እሞ፣ ካብ ረሲኣን የናግፎምን የድሕኖምን እዩ።”

ኢሳያስ 62፡8
“እግዚኣብሄር ብየማናይ ኢዱን ብሓያል ቅልጽሙን መሓለ፡ እቶም ዝኣከብዎ ኺበልዕዎ፡ ንእግዚኣብሄር ከኣ ኬመስግንዎ እዮም፡ እቶም ዘእተውዎ ድማ ኣብ ኣጸድ መቕደሰይ ኰይኖም ኪሰትይዎ እዮም እምበር፡ ብሓቂ፡ ድሕርʼዚ እኽልኺ ንጸላእትኺ ምግቢ ኪኾኖም ኢለ

ኣይከህቦምን እየ፡ ነቲ ዝጸዓርክሉ ወይንኺ ኸኣ ጓኖት ኣይኪሰትይዎን እዮም።"

ዘዳግም 28፡7
"ነቶም ዚልዓሉኻ ጸላእትኻ፡ እግዚኣብሄር ኣብ ቅድሜኻ ተሰዓርቲ ይገብሮም፡ ብሓንቲ መገዲ ይመጹኻ፡ ካብ ቅድሜካ ድማ ብሾብዓተ መገዲ ይሃድሙ።"

ዘዳግም 20፡4
"ዎ እስራኤል፡ ስማዕ፡ ሎሚ ምስ ጸላእትኹም ክትዋግኡ ቐሪብኩም ኢኹም፡ እቲ ምእንቲ ኼድሕነኩም፡ ምስ ጸላእትኹም ኪዋጋእ ምሳኻትኩም ዚኸይድ ከኣ፡ እግዚኣብሄር ኣምላኽኩም እዩ እሞ፡ ልብኹም ኣይሽበር፡ ኣይትፍርሁ፡ ኣይትሰምብዱ ድማ፡ ኣብ ቅድሚኦም'ውን ኣይትጀጅዉ።"

መዝሙር 60፡12
"ብኣምላኽ ንሕይል፣ንሱ'ውን ንተጻረርትና ኪረግጾም እዩ።"

ኢሳያስ 54፡17
"ንኣኺ ኪወግኡሉ እተሰርሖ ኣጽዋር ኩሉ ኣይኪጠቕምን እዩ፡ ነቲ ንፍርዲ ዚትንስኣኪ ኹሉ ልሳን ድማ ክትረትዕዮ ኢኺ። እዚ እዩ ርስቲ ባሮት እግዚኣብሄር፡ ጽድቆም'ውን ካባይ እዩ፡ ይብል እግዚኣብሄር።"

ሉቃስ 1፡74
"ብቕድስናን ብጽድቅን ብኹሉ ዕለትና ኣብ ቅድሚኡ ኻብ ኢድ ጸላእትና ድሒንና ብዘይ ፍርሃት ከነምልኾ ኢና።"

መዝሙር 27፡4-6
"ብመዓልቲ ጸበባ ኣብ ዳሱ ኺሓብኣኒ፣ ኣብ ውሻጠ ድንኳኑ ኪኽውለኒ፣ ኣብ ከውሒ ልዕል ኬብለኒ እዩ እሞ፣ ንእግዚኣብሄር ሓንቲ ነገር ለሚነዮ። ውቃበ እግዚኣብሄር ንምርኣይ፣ መቕደሱ'ውን ንምምርማርሲ ምሉእ ዕድመይ ኣብ ቤት እግዚኣብሄር ክነብር ደልየ ኣሎኹ። ሎሚ ኸኣ ርእሰይ ኣብቶም ዚኸቡኒ ጸላእተይ ልዕል ኪብል እዩ፣ ኣብ ድንኳኑ'ውን መስዋእቲ ብእልልታ ከቕርብ፣ ንእግዚኣብሄር ክዝምረሉን ክውድሶን እየ።"

ምሳሌ 16፡7
“እግዚኣብሄር ብመገዲ ሓደ ሰብ ባህ እንተ በሎ፡ ነቶም ጸላእቱ እኳ ምስኡ ብሰላም የንብሮም።”

ኢሳያስ 54፡15
“እንሆ፡ ካባይ ደኣ ኣይኰነን እምበር፡ ሐቢሮም ይተኣኻኸቡ ኣለው፡ ዝኾነ እንተ ኾነ እቶም ኪጻረሩኺ ዚሳማምዑ ኹሎም ኣብ ቅድሜኺ ኺወድቁ እዮም።”

መዝሙር 97፡10
“ኣቱም ንእግዚኣብሄር እተፍቅርዎ፣ እከይ ጽልኡ፣ ነፍሲ ቕዱሳኑ ይሕሉ፣ ካብ ኢድ ረሲኣን የናግፎም።”

ኤርምያስ 39፡ 17-18
“በታ መዓልቲ እቲኣ ኸናፍግፈካ እየ፡ ንስኻ ድማ ኣብ ኢድ እቶም እተፈርሆም ዘሎኻ ሰባት ኣይክትውሃብን ኢኻ፡ ይብል እግዚኣብሄር። ኣባይ ስለ እተወከልካ፡ ኣነ ብርግጽ ከድሕነካ እየ እሞ፡ ነፍስኻ ዘመተ ኽትኰነልካ እያ እምበር፡ ብሰይፊ ኣይክትወድቕን ኢኻ፡ ይብል እግዚኣብሄር።”

2ይ ነገስት 17፡39
“ንእግዚኣብሄር ኣምላኽኩም ደኣ ፍርህዎ፡ ንሱ ድማ ካብ ኢድ ኲላቶም ጸላእትኹም ኬድሕነኩም እዩ።”

2ይ ነገስት 6፡16
“...ካብቶም ምሳታቶም ዘለዉስ ምሳና ዘለው ይበዝሑ እዮም እሞ፡ ኣይትፍራህ።”

ምሳሌ 3፡25-26
“እግዚኣብሄር እምንቶኻ ኪኸውን፡ ኣእጋርካ ኸይፍንጠራ ኸኣ ኪሕልወን እዩ እሞ፡ ካብቲ ናይ ድንገት ሰምባድ፡ ካብቲ ንረሲኣን ዚመጾም ጥፍኣት ኣይትሸበር።”

ኢሳያስ 41፡11-12
“እንሆ፡ እቶም ኣባኻ ዚንድሩ ኹሎም ኪነውሩ ኪሐፍሩን እዮም፡ መጻርርትኻ ድማ ከም ዘይነበሩ ኪኾኑን ኪጠፍኡን እዮም። ኣነ

ንየማነይቲ ኢድካ ዝሕዝ፡ ኣይትፍራህ፡ ክድግፈካ እየ፡ ዝብል እግዚኣብሄር ኣምላኽካ እየ እሞ፡ ነቶም ዚወዳደሩኻ ኽትደልዮም ኣይክትረኽቦምን ከኣ ኢኻ፡ እቶም ዚዋግኡኻ ድማ ከንቱን ከም ገለ ዘይነበረን ኪኾኑ እዮም።"

እብራውያን 13:6
"ስለ'ዚ ተቢዕና፡ እግዚኣብሄር ረዳእየይ እዩ እሞ፡ ኣይክፈርህን እየ፡ ሰብከ እንታይ ከይገብረኒ፤ ንበል።"

24. ቤት-ክርስትያን

ኤፌሶን 1፡22-23
"ንብዘሎ ኸኣ ኣብ ትሕቲ ኣእጋሩ ኣግዝኡ፡ ኣብ ልዕሊ ኹሉስ ርእሲ ምእንቲ ኪኸውን ድማ፡ ነታ ማሕበር ወፈዮ። ንሳ ኸኣ ስጋኡ ናይቲ ኹሉ ኣብ ኵሎም ዚመልእ ምልኣቱ እያ።"

ኤፌሶን 2፡19-22
"እምብኣርሲ ንስኻትኩም ኣብቲ የሱስ ክርስቶስ ባዕሉ እምኒ መኣዝኑ ዝኾነ መሰረት ነብያትን ሃዋርያትን እተነደቕኩም፡ ደጊም ደቂ ዓዶም ንቕዱሳንን ስድራ ቤቱ ንኣምላኽን ኢኹም እምበር፡ ኣጋይሽን ወጻእተኛታትን ኣይኰንኩምን። ኣብኡ ብዘሎ እቲ ህንጻ ብጐይታ ቅድስቲ ቤተ መቕደስ ምእንቲ ኪኸውን፡ እናተኣሳሰረ ይዓቢ እዩ። ንስኻትኩም'ውን ኣብኡ ማሕደር ኣምላኽ ብመንፈስ ክትኰኑ ሓቢርኩም ትህነጹ ኣሎኹም።"

ግብሪ ሃዋርያት 2፡42
"ብትምህርቲ ሃዋርያትን ብሕብረትን ብምቍራስ እንጌራን ብጸሎትን ጸኒዖም ነበሩ።"

ኤፌሶን 5፡29-30
"ሰብ ንስጋኡ ይምግቦን ይካናኸኖን እምበር፡ ሓደ እኳ ዚጸልኦ የልቦን። ኣካላት ስጋኡ ስለ ዝኾንና፡ ክርስቶስ ከምኡ ንማሕበሩ ይካናኸና ኣሎ"

ኤፌሶን 4፡11-13
"ኵላትና ናብ ሕብረት እምነት፡ ናብ ፍልጠት ወዲ ኣምላኽ፡ ናብ እኹል ሰብኣይ፡ ናብ ልክዕ ምልኣት ብጽሕና ክርስቶስ ክሳዕ እንበጽሕ፡ እቶም

ቅዱሳን ነቲ ግብሪ ኣገልግሎት ንምህናጽ ስጋ ክርስቶስ ምሉኣት ምእንቲ ኪኾኑ ኢሉ፡ ንሱ ገሊኦም ሃዋርያት ገሊኦም ድማ ነብያት፡ ገሊኦም ከኣ ወንጌላውያን፡ ገሊኦም'ውን ጓሶትን መምህራንን ኪኾኑ ሃበ።"

1ይ ተሰሎንቄ 5፡12-13
"ግናኽ፡ ኣቱም ኣሕዋትና፡ ነቶም ኣባኻትኩም ዚጽዕሩን ብጐይታ'ውን ዚመርሑኹምን ዚምዕዱኹምን ክትፈልጥዎም፡ ንልምነኩም ኣሎና። ስለቲ ዕዮኦም ብብዙሕ ብሉጽ ፍቕሪ ኣኽብርዎም። ንሓድሕድኩም'ውን ብሰላም ንበሩ።"

25. ጥምቀት ብማይ

ግብሪ ሃዋርያት 2:38-39
ጴጥሮስ ከኣ፡ እቲ ተስፋ ንኣኻትኩምን ንደቅኹምን ነቶም ኣብ ርሑቕ ዘለዉ ኹሎም፡ እግዚኣብሄር ኣምላኽና ዚጽውዖም ዘበሉን እዩ እተዋህበ እሞ፡ ተነስሑ ነፍሲ ወከፍኩም ከኣ ብስም የሱስ ክርስቶስ ንሕድገት ሓጢኣት ይጠመቕ፡ ህያብ መንፈስ ቅዱስ'ውን ክትቕበሉ ኢኹም በሎም።

ግብሪ ሃዋርያት 8:35-38
"ፊልጶስ ከኣ ኣፉ ኸፈተ፡ ካብዛ ጽሕፈት እዚኣ ጀሚሩ ድማ ብዛዕባ የሱስ ወንጌል ሰበኸሉ። መገዲ ኪኸዱ ኸለዉ ድማ፡ ናብ ማይ በጽሑ። እቲ ስሉብ ከኣ፡ እንሆ ማይ፡ ከይጥመቕከ እንታይ ይኸልክለኒ፧ በለ። ፊልጶስ ከኣ፡ ብኹሉ ልብኻ እንተ ኣሚንካስ፡ ይኾነልካ እዩ፡ በሎ። ንሱ ኸኣ፡ የሱስ ክርስቶስ ወዲ ኣምላኽ ምዃኑ እኣምን ኣሎኹ፡ ኢሉ መለሰሉ። ነታ ሰረገላ ደው ኬብልዋ ኸኣ ኣዘዘ፡ ፊልጶስን እቲ ስሉብን ክልቲኣቶም ናብቲ ማይ ወረዱ፡ ኣጥመቖ'ውን።"

ግብሪ ሃዋርያት 22:16
"ሕጂኸ ንምንታይ እትድንጉ፡ ተንሲእካ ተጠመቕ፡ ስም ጐይታ ጸዊዕካ ኻብ ሓጢኣትካ ተሓጸብ፡ በለኒ።"

ሮሜ 6:3-5
"ወይስ ብክርስቶስ የሱስ እተጠመቕና ዘበልና ኹላትና ብሞቱ ኸም እተጠመቕናዶ ኣይትፈልጡን ኢኹም፧እምብኣርሲ ኸምቲ ክርስቶስ

ብኽብሪ ኣቦኡ ኻብ ምዉታት ዝተንስኤ፡ ከምኡ ኸኣ ንሕና ብሓዳስ ህይወት ምእንቲ ኽንመላለስ፡ ናብ ሞት ብጥምቀት ምስኡ ተቐበርና።ሞትና ንሞቱ መሲሉ ሕቡራቱ እንተ ኰንናስ፡ ከምኡ ኸኣ ብትንሳኤኡ ኽንሓብሮ ኢና።"

ገላትያ 3:27
"ብክርስቶስ እተጠመቕኩም ዘበልኩም ንክርስቶስ ለበስኩምዎ እሞ፡ ብእምነት ብየሱስ ክርስቶስ ኵላትኩም ውሉድ ኣምላኽ ኢኹም።"

ኤፌሶን 4:5
"ሓደ ጐይታ፡ ሓንቲ እምነት፡ ሓንቲ ጥምቀት፡"

1ይ ጴጥሮስ 3:21
"እቲ ማይ ድማ ሕጂ ብተምሳሉ፡ ማለት ጥምቀት፡ የድሕነኩም ኣሎ፡ እዚ ኸኣ ብትንሳኤ የሱስ ክርስቶስ ልማኖ ሰናይ ሕሊና ናብ ኣምላኽ እዩ እምበር፡ ምሕጻብ ርስሓት ስጋ ኣይኰነን።"

ቆሎሴ 2:11-12
"ንስኻትኩም ድማ ብግዝረት ክርስቶስ ነቲ ናይ ስጋ ሰብነት ቀንጢጥኩም ብኢድ ብዘይኰነት ግዝረት ብእኡ ተገዘርኩም። ብጥምቀት'ውን ምስኡ ተቐበርኩም፡ ብግብሪ እቲ ኻብ ምዉታት ዘተንስኦ ኣምላኽ ድማ ምስኡ ተንሳእኩም።"

26. ጥምቀት ብመንፈስ-ቁዱስ

ማርቆስ 16:17-18
"ነቶም ዚኣምኑ'ውን እዚ ተኣምራት እዚ ኺስዕቦም እዩ ፥ ብስመይ ኣጋንንቲ ኼውጽኡ፡ ብሓድሽ ልሳን ከኣ ኪዛረቡ፡ ኣትማን ኪሕዙ እዮም፡ ዚቕትል እንተ ሰተዩ ኸኣ፡ ከቶ ኣይኪጐድኦምን እዩ፡ ኣእዳዎም ኣብ ሕሙማት ኬንብሩ ንሳቶም'ውን ኪሓውዩ እዮም።"

ግብሪ ሃዋርያት 2:38-39
ጴጥሮስ ከኣ፡ እቲ ተስፋ ንኣኻትኩምን ንደቅኹምን ነቶም ኣብ ርሑቕ ዘለዉ ኹሎም፡ እግዚኣብሄር ኣምላኽና ዚጽውዖም ዘበሉን እዩ እተዋህበ እሞ፡ ተነስሑ ነፍሲ ወከፍኩም ከኣ ብስም የሱስ ክርስቶስ

ንሕድገት ሓጢኣት ይጠመቕ፡ ህያብ መንፈስ ቅዱስ'ውን ክትቅበሉ ኢኹም በሎም።"

ግብሪ ሃዋርያት 11:16
"ሽዑ ነቲ፡ ዮሃንስ ብማይ ኣጥመቐ፡ ንስኻትኩም ግና ብመንፈስ ቅዱስ ክትጥመቑ ኢኹም፡ ዝብል ቃል ጐይታ ዘከርኩ።"

1ይ ቆረንጦስ 12:13
"ኣይሁድ ወይስ ጽርኣውያን፡ ባሮት ወይስ ጭዋታት እንተ ኾንና፡ ንሕና ኹላትና ሓደ ስጋ ምእንቲ ኽንከውንሲ፡ ብሓደ መንፈስ ተጠሚቕና ኢና እሞ፡ ሓደ መንፈስ ሰቴና።"

ኤፌሶን 5:18-19
"ዝርገት ኣለዎ እሞ፡ ብወይኒ ኣይትስከሩ። ግናኸ ብመዝሙርን ምስጋናን ብመንፈሳዊ ቕኔን ብልብኹም ንጐይታ እናተቐኘኹምሉን እናደረስኩምሉን ንሓድሕድኩም እናተዛራረብኩምን፡ መንፈስ ይምላእኩም።"

ግብሪ ሃዋርያት 2:4
"ኵሎም ድማ መንፈስ ቅዱስ መልኦም፡ መንፈስ ቅዱስ ኪዛረቡ ኸም ዝሃቦም'ውን ብኻልእ ቋንቋታት ኪዛረቡ ጀመሩ።"

ግብሪ ሃዋርያት 19:2-6
"ምስ ኣመንኩምሲ፡ መንፈስ ቅዱስዶ ተቐቢልኩም፧ በሎም። ንሳቶም ከኣ፡ ኣይፋልናን፡ መንፈስ ቅዱስ ከም ዘሎ እኳ ኣይሰማዕናን፡ ኢሎም መለሱሉ። ንሱ ኸኣ፡ ብኣየናይ ጥምቀት ደኣ ተጠመቕኩም፧ በሎም። ንሳቶም'ውን፡ ብናይ ዮሃንስ ጥምቀት፡ በልዎ። ሽዑ ጳውሎስ፡ ዮሃንስሲ በቲ ድሕሪኡ ዚመጽእ፡ ማለት ብየሱስ ክርስቶስ፡ ኪኣምኑ፡ ነቶም ህዝቢ እናነገረ ጥምቀት ንስሓ እዩ ዘጥመቐ፡ በሎም። እዚ ምስ ሰምዑ፡ ብስም ጐይታና የሱስ ተጠምቁ። ጳውሎስ ኢዱ ምስ ኣንበረሎም ከኣ፡ መንፈስ ቅዱስ ናባታቶም ወረደ። ሽዑ ብቛንቋታት ተዛረቡን ተነበዩን።"

ግብሪ ሃዋርያት 10:44-46
"ጴጥሮስ ገና እዚ ቓል'ዚ ኺዛረብ ከሎ፡ ኣብቶም ነቲ ቓል ዝሰምዕዎ ኹላቶም መንፈስ ቅዱስ ወረደ። እቶም ካብ ወገን ግዝረት ዝኾኑ፡ ምስ ጴጥሮስ ዝመጹ ኣመንቲ ብቛንቋታት ኪዛረቡን ንኣምላኽ ኬመስግኑን

ሰምዕዎም እሞ፡ ኣብ ኣህዛብ ድማ ህያብ መንፈስ ቅዱስ ስለ ዝፈሰሰ ተገረሙ።

ዮሃንስ 14፡16-17
"ኣነ ኸኣ ነቦ ኽልምኖ እየ፡ ንሱ ድማ ንዘለኣለም ምሳኻትኩም ዚነብር ካልእ መጸናንዒ ኺህበኩም እዩ፡ ነቲ መንፈስ ሓቂ፡ ዓለም ዘይትርእዮን ዘይትፈልጦን ስለ ዝኾነት፡ ክትቅበሎ ኣይኮነላን እዩ። ንስኻትኩም ግና፡ ምሳኻትኩም ይሓድር ኣባኻትኩም'ውን ኪነብር እዩ እሞ፡ ትፈልጥዎ ኢኹም።"

ዮሃንስ 7፡38-39
"ብኣይ ዚኣምን፡ እቲ ጽሑፍ ከም ዝበለ፡ ካብ ከብዱ ርባታት ማይ ህይወት ኪውሕዝ እዩ። የሱስ ገና ስለ ዘይከበረ መንፈስ ቅዱስ ኣይወረደን ነበረ እሞ፡ እዚ ብዛዕባ'ቲ እቶም ብእኡ ዝኣመኑ ኪቕበልዎ ዘለዎም መንፈስ እዩ እተዛረበ።"

ምሳሌ 1:23
"ናብ ተግሳጸይ ተመለሱ፡ እንሆ፡ መንፈሰይ ከፈልፍለልኩም ቃላተይ ከፍልጠኩም እየ።"

ኢሳያስ 59፡21
"ኣነስ ኪዳነይ ምሳታቶም እዚ እዩ፡ ይብል እግዚኣብሄር፡ እቲ ኣባኻ ዘሎ መንፈሰይን፡ እተን ኣብ ኣፍካ ዘንበርክወን ቃላተይን ካብ ኣፍካ ወይስ ካብ ኣፍ ደቅኻ ወይ ካብ ኣፍ ደቂ ደቅኻ ካብ ሕጂ ክሳዕ ዘለኣለም ኣይኪርሕቓን እዩ፡ ይብል እግዚኣብሄር።"

ሉቃስ 11:13
"እምብኣርሲ ንስኻትኩም እኳ ኽፉኣት ክነስኹም፡ ንደቕኹም ጽቡቕ ህያብ ምሃብ ካብ ፈለጥኩም፡ እቲ ኣብ ሰማይ ዘሎ ኣቦ ግዳ ንዚልምንዎ ክንደይ ኣብዚሑ መንፈስ ቅዱስ ዘይህቦም ፧"

ህዝቅኤል 36፡26-27
"ሓድሽ ልቢ ድማ ክህበኩም፣ ሓድሽ መንፈስ ከኣ ከሕድረልኩም፣ ናይ እምኒ ልቢ ኻብ ስጋኹም ከውጽእ፣ ናይ ስጋ ልቢ'ውን ክህበኩም እየ። ንመንፈሰይ ኣብ ውሽጥኹም ከሕድሮ፣ ብትእዛዛተይ ከመላልሰኩም፣ ፍርደይ ከሐልወኩምን ክግብረኩምን እየ።"

27. ህያባትን ረብሓን መንፈስ ቁዱስ

1ይ ቆረንጦስ 12:7-11
"ግናኸ ንነፍሲ ወከፍ ምግላጽ መንፈስ ንጥቕሚ ይውሃቦ እዩ። ንሓደስ ቃል ጥበብ ብመንፈስ ይውሃቦ እዩ፡ ነቲ ሓደ ኸኣ ቃል ፍልጠት በቲ ሓደ መንፈስ፡ ንሓደ ግና እምነት በቲ ሓደ መንፈስ፡ ንሓደ ድማ በቲ ሓደ መንፈስ ናይ ምፍዋስ ውህበት ይውሃቦ፡ ንሓደ ኸኣ ግብሪ ሓይሊ ንምግባር፡ ንሓደ ትንቢት፡ ንሓደ ምልላይ መናፍስቲ፡ ንሓደ በብዓይነቱ ዘሎ ቛንቋታት፡ ነቲ ሓደ ኸኣ ምትርጓም ቋንቋታት ይውሃቦ። እዚ ኹሉ ኸኣ ንሱ እቲ ሓደ መንፈስ ከም ዚደልዮ ገይሩ ንነፍሲ ወከፍ ገግዲኡ እናመቐለ እዩ ዚገብሮ።"

1ይ ቆረንጦስ 14:1-40
"ንፍቕሪ ስዓብዋ፡ ንመንፈሳዊ ውህበት፡ ምናዳ ግና ክትንበዩ ቕንኡ። እቲ ብቛንቋ ዚዛረብ ምስጢራት ብመንፈስ ይዛረብ ኣሎ፡ ሓደ እኳ ኣየስተውዕሎን እዩ እሞ፡ ንኣምላኽ እምበር፡ ንሰብ ኣይኰነን ዚዛረብ ዘሎ። እቲ ትንቢት ዚንበ ግና፡ ንሰብ ዚሃንጽን ዚምዕድን ዜጸናንዕን እዩ ዚዛረብ። ቋንቋታት ዚዛረብ ንርእሱ ይሃንጽ፡ ትንቢት ዚንበ ግና ንማሕበር እዩ ዚሃንጽ. . ."

1ይ ጴጥሮስ 4:10
"ነፍሲ ወከፍ ከምቲ እተቐበሎ ውህበት ጸጋ፡ ከም ሕያዎት መገብቲ ናይቲ ብዙሕ ዝዓይነቱ ጸጋ ኣምላኽ ንሓድሕድኩም ኣገልግሉ።"

1ይ ቆረንጦስ 14:39
"ኣሕዋተየ፡ ስለዚ ኽትንበዩ ሃረር በሉ፡ ብቛንቋታት ምዝራብ ድማ ኣይትኸልከሉ።"

ሮሜ 12:6
"ከምቲ እተዋህበና ጸጋ በበይኑ ዝኾነ ውህበት ጸጋ ኻብ ዚህልወናስ፡ ትንቢት እንተ ዀይኑ፡ ብልክዕ እምነትና ይኹን፡. . ."

ዮሃንስ 16:13
"እቲ መንፈስ ሓቂ ምስ መጸ ግና፡ ንሱ ዝሰምዖ ዘበለ እዩ ዚዛረብ እምበር፡ ካብ ርእሱ ኣይዛረብን እዩ እሞ፡ ንሱ ነቲ ዚመጽእ ኪፍልጠኩም፡ ናብ ኵሉ ሓቂ'ውን ኪመርሓኩም እዩ።"

1ይ ዮሃንስ 2፡27
"ንስኻትኩምሲ፡ ከምቲ ቕብኣት ብዛዕባ ኹሉ ዚምህረኩም ዘሎ፡ ሓቂ'ውን እዩ፡ ሓሶት ኣይኮነን፡ እሞ ከምቲ ንሱ ዝመሃረኩም ኳንኩም፡ ኣብኡ ኸትነብሩ ኢኹም። እምብኣርከ እቲ ካብኡ እተቐበልኩምዎ ቕብኣት ኣባኻትኩም ይነብር ኣሎ እሞ፡ ሓደ እኳ ከምህረኩም ኣየድልየኩምን እዩ።"

ሮሜ 14፡16-17
"መንግስቲ ኣምላኽሲ ብመንፈስ ቅዱስ ጽድቅን ሰላምን ሓጐስን እያ እምበር፡ ብብልዕን መስተን ኣይኮነትን እሞ፡ ነቲ ሰናይኩም ኣይተጽርፍዎ።"

ሮሜ 8:26-27
"መንፈስ ድማ ከምኡ ንድኻምና ይድግፎ እዩ። ከመይ ጌርና ኽንጽሊ ኸም ዚግብኣና፡ ኣይንፈልጥን ኢና፡ ስለዚ እቲ መንፈስ ባዕሉ እዩ ብዘይንገር እህህታ ዚልምነልና። እቲ ልቢ ዚምርምር፡ ንሱ ምእንቲ

እቶም ቅዱሳን ከም ፍቓድ ኣምላኽ ገይሩ ይልምን እዩ እሞ፡ ነቲ ሓሳብ መንፈስ'ውን እንታይ ምዃኑ ይፈልጦ እዩ።"

1ይ ቆረንጦስ 2፡12
"ንሕና ግና፡ እቲ ብኣምላኽ እተዋህበና ምእንቲ ኽንፈልጥሲ፡ ነቲ ኻብ ኣምላኽ ዚኸውን መንፈስ እምበር፡ መንፈስ ዓለም ኣይተቐበልናን።"

ሮሜ 8፡14-15
"ንስኻትኩምሲ ነቲ ብእኡ ጌርና ኣባ፡ ኣቦ፡ ኢልና እንጽውዓሉ መንፈስ ውልድነት ኢኹም እተቐበልኩም እምበር፡ መንፈስ ባርነት ከም ብሓድሽ ንፍርሃት ኣይተቐበልኩምን፡ ስለዚ እቶም ብመንፈስ ኣምላኽ ዚምርሑ ዘበሉ፡ ንሳቶም ውሉድ ኣምላኽ እዮም።"

ሮሜ 12፡6-8
"ከም'ቲ እተዋህበና ጸጋ በበይኑ ዝኾነ ውህበት ጸጋ ኻብ ዚህልወናስ፡ ትንቢት እንተ ኾይኑ፡ ብልክዕ እምነትና ይኹን። ኣገልግሎት እንተ ኾይኑ፡ ብኣገልግሎትና ንጽናዕ። ዚምህር እንተ ኾይኑ፡ ብምምሃሩ ይጽናዕ። መዓዲ እንተ ኾይኑ ብምምዓዱ፡ ዚህብ ተገሪሁ ይሃብ፡ መራሒ እንተ ኾይኑ፡ ብትግሃት ይምራሕ፡ እቲ ዚድንግጽ'ውን ብሓጐስ ይደንግጽ።"

ኤፌሶን 4፡11-13
“ኵላትና ናብ ሕብረት እምነት፡ ናብ ፍልጠት ወዲ ኣምላኽ፡ ናብ እኹል ሰብኣይ፡ ናብ ልክዕ ምልኣት ብጽሕና ክርስቶስ ክሳዕ እንበጽሕ፡ እቶም ቅዱሳን ነቲ ግብሪ ኣገልግሎት ንምህናጽ ስጋ ክርስቶስ ምሉኣት ምእንቲ ኪኾኑ ኢሉ፡ ንሱ ገሊኦም ሃዋርያት ገሊኦም ድማ ነብያት፡ ገሊኦም ከኣ ወንጌላውያን፡ ገሊኦም’ውን ጓሶትን መምህራንን ኪኾኑ ሃበ።”

ግብሪ ሃዋርያት 1፡8
“መንፈስ ቅዱስ ናባኻትኩም ምስ ዚወርድ ግና፡ ሓይሊ ኽትቅበሉ፡ ኣብ የሩሳሌምን ኣብ ኵላ ይሁዳን ኣብ ሰማርያን ክሳዕ ወሰን ምድሪ ምስክር ክትኰኑኒ ኢኹም፡ በሎም።”

ሮሜ 1፡11
“ንምጽናዕኩም ገለ መንፈሳዊ ውህበት ከመቕለኩም፡ ክርእየኩም እናፍቕ ኣሎኹ።”

28. <u>ባህርያት ክርስትያን</u>

ኤፌሶን 5፡1
“ደጊም ከም ፍቑራት ውሉድ ሰዓብቲ ኣምላኽ ኩኑ።”

ገላትያ 6፡9-10
“እንተ ዘይተጸልኣናስ፡ ብጊዜኡ ክንዓጽድ ኢና እሞ፡ ንሰናይ ግብሪ ኣይንሰልኪ። እምበኣርሲ ጊዜ ኸሎና፡ ንዅሉ ሰብ፡ ምናዳ ግና ነቶም ኣመንቲ ስድራ ቤት ሰናይ ንግበር።”

ቆሎሴ 3፡12-17
“እምብኣርሲ ኸም ሕሩያት ኣምላኽን ቅዱሳንን ፍቁራትን ኴንኩም፡ ምሕረት ልቢ፡ ለውሃት፡ ትሕትና፡ ዓቕሊ፡ ትዕግስቲ ልበሱ። ንሓድሕድኩም እናተጻወርኩም፡ እቲ ሓደ ኣብቲ ሓደ ኸሲ እንተለዎ፡ ይቕረ ተባሃሃሉ። ከምቲ ክርስቶስ ይቕረ ዝበለልኩም፡ ንስኻትኩም’ውን ከምኡ ይቕረ በሉ። ኣብ ልዕሊ እዚ ዅሉ’ውን ፍቕሪ፡ ማእሰር ፍጻሜ እያ እሞ፡ ልበስዋ። ሰላም ክርስቶስ ከኣ ኣብ ልብኹም ይግዛእ፡ ነዚ ብሓደ ስጋ ተጸዊዕኩም ኢኹም እሞ መማስውቲ ኹኑ። ብመዝሙርን ውዳሴን መንፈሳዊ ቕኔን ንሓድሕድኩም ኣስተምህሩን ምዓዱን፡

ብልብኹም'ውን ብጸጋ ንኣምላኽ እናዘመርኩም፡ ቃል ክርስቶስ ብኹሉ ጥበብ መሊኡ ይሕደርኩም። ብቓል ኰነ ወይስ ብግብሪ እትገብርዎ ዘበለ ኹሉ ብስም ጐይታና የሱስ ግበርዎ፡ ብእኡ ኸኣ ንእግዚኣብሄር ኣቦ ኣመስግንዎ።"

መዝሙር 15፡1-5
"ዎ እግዚኣብሄር፣ ኣብ ድንኳንካ ዚሓድር መን እዩ፧ ኣብቲ ኸረን ቅድስናኻ ዚነብርከ መን እዩ፧ እቲ ብቕንዕና ዚመላለስን ጽድቂ ዚገብርን ብልቡ ሓቂ ዚዛረብን፣ ብልሳኑ ዘይሓሚ፣ ንመሓዛኡ ገለ ኽፉእ ዘይገብሮ፣ ንብጻዩ ዘይጸርፎ፣ እቲ ጽዩፍ ንዑቕ ኰይኑ ዚረአዮ፣ ንፈራህቲ እግዚኣብሄር ግና ዜኽብሮም፣ ዚጐድእ እኳ እንተ ኾነ፣ ነቲ ዝመሓለሉ ዘይልውጦ፣ ገንዘቡ ብሓረጣ ዘይህብ፣ ንጕድኣት ንጹህ ከኣ መማለጃ ዘይቕበል፣ እቲ ኸምዚ ዚገብርሲ ንዘለኣለም ኣይናወጽን እዩ።"

2ይ ቆረንጦስ 5፡20-21
"ስለዚ ንሕና ኣብ ክንዲ ክርስቶስ ልኡኻት ኢና እሞ ኣምላኽ ብኣና ገይሩ ይምዕድ ኣሎ። ንሕና ብእኡ ጽድቂ ኣምላኽ ምእንቲ ኽንከውን፡ ነቲ ሓጢኣት ዘይፈለጠ ኣብ ክንዳና ሓጢኣት ገበሮ። ምስ ኣምላኽ ተዓረቑ፡ እናበልና ኣብ ክንዲ ክርስቶስ ኴንና ንልምነኩም ኣሎና።"

1ይ ጴጥሮስ 2፡9-12
"ንስኻትኩም ግና ደግነት እቲ ኻብ ጸልማት ናብቲ ዜገርም ብርሃን ዝጸውዓኩም ምእንቲ ኽትነግሩ፡ ሕሩይ ወለዶ፡ ናይ መንግስቲ ኽህነት፡ ቅዱስ ህዝቢ፡ ጥሪት ኣምላኽ ዝኾኑ ህዝቢ ኢኹም። ንስኻትኩም ቀደም ህዝቢ ዘይነበርኩም፡ ሕጂ ግና ህዝቢ ኣምላኽ ኢኹም፡ ዘይተመሓርኩም ዝነበርኩም፡ ሕጂ ግና ምሑራት ኢኹም። ኣቱም ፍቁራተይ፡ ከም ኣጋይሽን ከም ስደተኛታትን እመኽረኩም ኣሎኹ፡ ካብቲ ምስ ነፍሲ ዘዋጋእ ስጋዊ ትምኒት ርሓቑ። እቶም ከም ገበርቲ እከይ ገይሮም ዚሓምዩኹም ዘለዉ፡ ንሰናይ ግብርኹም ርእዮም በታ መዓልቲ ሓተታ ንኣምላኽ ምእንቲ ኼመስግንዎ፡ ኣብ ማእከል ኣህዛብ ኣኻይዳኹም ኣጸብቑ።"

29. <u>መንፈሳዊ ዕቤት</u>

2 ይ ጴጥሮስ 3፡18
"ብጸጋን ብፍልጠት ጐይታናን መድሓኒናን የሱስ ክርስቶስ ደኣ ዕበዩ። ንእኡ ሕጂን ንመዓልቲ ዘለኣለምን ክብሪ ይኹኖ። ኣሜን።"

1 ይ ጴጥሮስ 2፡2-3
"እግዚኣብሄር ሕያዋይ ምዃኑ ጥዒምኩም እንተ ዄንኩምሲ፡ ብእኡ ንምድሓን ምእንቲ ኽትዓብዩ፡ ከምቶም ሕጂ እተወልዱ ሕጻናት ነቲ ሕዋስ ዜብሉ መንፈሳዊ ጸባ ብሃግዎ።"

2 ይ ጢሞቴዎስ 2፡15
"ንርእስኻ እቲ ቓል ሓቂ ብቕንዕና ዜማቕል፡ ዜሕፍር ዜብሉ ፍቱን ዓያዪ ጌርካ፡ ንኣምላኽ ከተርእዮ ጽዓር።"

እብራውያን 6፡1-2
"ስለዚ ናይ ክርስቶስ መጀመርታ ነገሩ ሓዲግና፡ ብንስሓ ኻብ ምዉት ግብሪ፡ ብእምነት ብኣምላኽ፡ ብትምህርቲ ጥምቀት፡ ብምንባር ኣእዳው፡ ብትንሳኤ ምዉታት፡ ብናይ ዘለኣለም ፍርዲ'ውን ከም ብሓድሽ መሰረት ኣይንሰርት እሞ ናብ ፍጻሜ ንሕለፍ።"

2 ይ ጴጥሮስ 1:5-8
"ብትግሃት ዘበለ ተጋደሉ፡ ኣብ እምነትኩም ደግነት ወስኹ፡ ኣብቲ ደግነት'ውን ፍልጠት፡ ኣብታ ፍልጠት ከኣ ምግታእ ርእስኻ፡ ኣብቲ ምግታእ ርእስኻ ድማ ዓቕሊ፡ ኣብቲ ዓቕሊ'ውን ፍርሃት እግዚኣብሄር፡ ኣብ ፍርሃት እግዚኣብሄር ድማ ምፍቃር ኣሕዋት፡ ኣብቲ ምፍቃር ኣሕዋት'ውን ፍቕሪ ንኹሉ ሰብ። እዚ ነገር'ዚ እንተ ኣሎኩም፡ እናማዕበለ'ውን እንተ ኸደ፡ ንምፍላጥ ጐይታና የሱስ ክርስቶስ ሃካያትን ዘየፍርዩን ክትኰኑ ኣይሓድገኩምን እዩ።"

ቆሎሴ 3፡16
"ብመዝሙርን ውዳሴን መንፈሳዊ ቕኔን ንሓድሕድኩም ኣስተምህሩን ምዓዱን፡ ብልብኹም'ውን ብጸጋ ንኣምላኽ እናዘመርኩም፡ ቃል ክርስቶስ ብኹሉ ጥበብ መሊኡ ይሕደርኩም።"

2ይ ቆረንጦስ 3፡18
“ንሕና ኹላትና ግና ብቕሉዕ ገጽ ነቲ ኽብሪ ጐይታ ኸም ብመስትያት ጌርና እናጠመትናዮ፡ ከም ካብ መንፈስ ጐይታ ካብ ክብሪ ናብ ክብሪ ናብቲ ምስሊ ኣርኣያኡ ንልወጥ።”

ፊሊ.ፒ 1፡9-11
“ንኽብሪ ኣምላኽን ምስጋናኡን እቲ ብየሱስ ክርስቶስ ዚርከብ ፍረ ጽድቂ መሊእኩም፡ ክሳዕ እታ መዓልቲ ክርስቶስ መዓንቀፊ ዜብሎምን ንጹሃትን ምእንቲ ኽትኰኑ፡ እቲ ዚሓይሽ ክትምርምሩ፡ እቲ ፍቕርኹም’ውን ብፍልጠት ብምስትውዓል ዘበለ ኹሉን ኣዝዩ እናበዝሐ ኪኸይድ፡ እዚ እልምን ኣሎኹ።”

ኤፌሶን 5፡18-19
“ዝርገት ኣለዎ እሞ፡ ብወይኒ ኣይትስከሩ። ግናኸ ብመዝሙርን ምስጋናን ብመንፈሳዊ ቕኔን ብልብኹም ንጐይታ እናተቐኔኹምሉን እናደረስኩምሉን ንሓድሕድኩም እናተዛራረብኩምን፡ መንፈስ ይምላእኩም።”

30. ፍረ ምፍራይ

ዮሃንስ 15፡1-5
“ኣነ ናይ ሓቂ ጉንዲ ወይኒ እየ፡ ተኻሊኡ ኸኣ ኣቦይ እዩ። ነቲ ኣባይ ዘሎ፡ ፍረ ዘይፈሪ ዘበለ ኹሉ ጨንፈር የርሕቖ። ነቲ ፍረ ዚፈሪ ዘበለ ጨንፈር ግና፡ ኣዝዩ ምእንቲ ኺፈሪ፡ የጽርዮ። ንስኻትኩም ከኣ፡ ሳላ እቲ ዝነገርኩኹም ቃል፡ ድሮ ንጹሃት ኢኹም። ኣባይ ጽንዑ ኣነ’ውን ኣባኻትኩም። ጨንፈር ኣብቲ ጉንዲ ወይኒ እንተ ዘይጸንዔ፡ ካብ ርእሱ ኺፈሪ ኸም ዘይክእል፡ ንስኻትኩም’ውን ኣባይ እንተ ዘይጸናዕኩም፡ ከምኡ ኢኹም። እቲ ጉንዲ ወይኒ ኣነ እየ፡ ጨናፍር ከኣ ንስኻትኩም ኢኹም፡ ብጀካይ ሓንቲ እኳ ኽትገብሩ ኣይትኽእሉን ኢኹም እሞ፡ እቲ ኣባይ ዚጸንዕ ኣነ’ውን ኣብኡ፡ ንሱ እዩ ብዙሕ ፍረ ዘፈሪ።”

መዝሙር 92፡14-15
“እግዚኣብሄር ጻድቕ ምዃኑ ምእንቲ ኺውርዩስ፣ ብእርግናኦም ድማ ይፈርዩ፣ ይረውዩን ይለምዑን።”

ሆሴእ 14፡5
“ኣነ ንእስራኤል ከም ኣውሊ እኾኖ፣ ንሱ ኸም ዕምባባ ይዕምብብ፣ ከም ሊባኖስ ከኣ ሰረውሩ ይሰድድ።”

2ይ ጴጥሮስ 1፡5-8
“ብትግሃት ዘበለ ተጋደሉ፡ ኣብ እምነትኩም ደግነት ወስኹ፡ ኣብቲ ደግነት’ውን ፍልጠት፡ ኣብታ ፍልጠት ከኣ ምግታእ ርእስኻ፡ ኣብቲ ምግታእ ርእስኻ ድማ ዓቕሊ፡ ኣብቲ ዓቕሊ’ውን ፍርሃት እግዚኣብሄር፡ ኣብ ፍርሃት እግዚኣብሄር ድማ ምፍቃር ኣሕዋት፡ ኣብቲ ምፍቃር ኣሕዋት’ውን ፍቕሪ ንኹሉ ሰብ። እዚ ነገር’ዚ እንተ ኣሎኩም፡ እናማዕበለ’ውን እንተ ኸደ፡ ንምፍላጥ ጐይታና የሱስ ክርስቶስ ሃካያትን ዘየፍርዩን ክትኰኑ ኣይሓድገኩምን እዩ።”

መዝሙር 1:1-3
“ብምኽሪ ረሲኣን ዘይመላለስ፣ ኣብ መገዲ ሓጥኣን ከኣ ዘይቀውም፣ ኣብ መንበር መላገጽቲ ድማ ዘይቕመጥ፣ ብሕጊ እግዝኣብሄር ደኣ ዚፍሳህ፣ ነቲ ሕጉ’ውን ለይትን መዓልትን፣ ዚመራምሮ ሰብሲ ብጹእ እዩ። ንሱ ኸምታ ፍሬኣ በብጊዜኣ እትህብ፣ ቈጽላ ኸኣ ዘይረግፍ፣ ኣብ ወሰን ወሓዚ ማይ እተተኽለት ኦም ይኸውን። ዚገብሮ ኹሉ’ውን ይሰልጦ።”

ዮሃንስ 15፡8
“ብዙሕ ፍረ እንተ ፈሬኹም፡ ኣቦይ በዚ ይኽብር፡ ደቀ መዛሙርተይ’ውን ክትኰኑ ኢኹም።”

31. ምምስካር

ማቴዎስ 28፡18-20
“የሱስ ቀሪቡ ከም’ዚ ኢሉ ተዛረቦም፡ ኣብ ሰማይን ኣብ ምድርን ኲሉ ስልጣን ተዋሂቡኒ ኣሎ። ስለ’ዚ ኺዱ ንኹሎም ኣህዛብ ብስም ኣቦን ወድን መንፈስ ቅዱስን እናኣጥመቕኩም፡ ዝኣዘዝኩኹም ኲሉ ኺሕልዉ ኸኣ እናመሃርኩም፡ ደቀ መዛሙርቲ ግበርዎም። እንሆ ድማ፡ ኣነ ኽሳዕ መወዳእታ ዓለም ኲሉ መዓልቲ ምሳኻትኩም እየ።”

ማርቆስ 16፡15-16
“በሎም ድማ ፥ ናብ ኵላ ዓለም ኪዱ፡ ንብዘሎ ፍጥረት ከኣ ወንጌል ስበኹሉ። ዝኣመነን እተጠምቀን ኪድሕን፡ እቲ ዘይኣመነ ግና ኪኹነን እዩ።”

1ይ ጴጥሮስ 3፡15
“ንጐይታና ክርስቶስ ብልብኹም ቀድስዎ እምበር፡ ብዛዕባ እታ ኣብኻትኩም ዘላ ተስፋ ምኽንያታ ንዚሓተኩም ዘበለስ ምላሽ ንምሃብ ኵሉ ሳዕ እተዳለኹም ኩኑ፡ ግናኸ ብዓቕልን ብፍርሃትን ደኣ ይኹን።”

ሮሜ 1፡16
“ወንጌል ቅድም ንኣይሁዳዊ ኸምኡ’ውን ንጽርኣዊ፡ ንዚኣምን ዘበለ ኹሉ ሓይሊ ኣምላኽ ንምድሓን እዩ እሞ፡ ብወንጌል ኣይሓፍርን እየ።”

ግብሪ ሃዋርያት 1፡8
“መንፈስ ቅዱስ ናባኻትኩም ምስ ዚወርድ ግና፡ ሓይሊ ኽትቅበሉ፡ ኣብ የሩሳሌምን ኣብ ኲላ ይሁዳን ኣብ ሰማርያን ክሳዕ ወሰን ምድሪ ምስክር ክትኰኑኒ ኢኹም፡ በሎም።”

ኢሳያስ 43፡10
“ኣነ ኸም ዝኾንኩ ምእንቲ ኽተስተውዕሉን ክትፈልጡን ክትኣምኑንሲ፡ ንስኻትኩም ምስክረይን እቲ ዝሓረኽዎ ባርያን ኢኹም፡ ይብል እግዚኣብሄር። ቅድመይ ኣምላኽ ከቶ ኣይተደኰነን፡ ድሕረይ ከኣ ኣይኪኸውንን እዩ።”

2ይ ቆረንጦስ 5፡18-20
“እዚ ኹሉ’ውን ካብ’ቲ ባዕሉ ብክርስቶስ እተዓርቀና፡ ኣገልግሎት ዕርቂ’ውን ዝሃበና ኣምላኽ እዩ። ማለት፥ ኣምላኽ ንዓለም ምስ ርእሱ ከዓርቃ ኸሎ፡ ኣብ ክርስቶስ ነበረ እሞ፡ በደሎም ኣይሓዘሎምን፡ ኣባና ኸኣ ቃል ዕርቂ ኣንበረ። ስለ’ዚ ንሕና ኣብ ክንዲ ክርስቶስ ልኡኻት ኢና እሞ ኣምላኽ ብኣና ገይሩ ይምዕድ ኣሎ። ንሕና ብእኡ ጽድቂ ኣምላኽ ምእንቲ ኽንከውን፡ ነቲ ሓጢኣት ዘይፈለጠ ኣብ ክንዳና ሓጢኣት ገበሮ። ምስ ኣምላኽ ተዓረቑ፡ እናበልና ኣብ ክንዲ ክርስቶስ ኳንና ንልምነኩም ኣሎና።”

ማቴዎስ 5፡16
“ከምኡ ኸኣ ነቲ ጽቡቕ ግብርኹም ርእዮም፡ ኣብ ሰማያት ንዘሎ ኣቦኹም ምእንቲ ኺመስግንዎ፡ ብርሃንኩም ኣብ ቅድሚ ሰብ ይብራህ።”

32. ጸሎት

ማቴዎስ 7፡7-8
“ዝለመነ ኹሉ ይቕበል እዩ፡ ዝደለየ ድማ ይረክብ፡ ማዕጾ ዃሕዃሕ ንዘበለ’ውን ይኽፈተሉ እዩ እሞ፡ ለምኑ ይውሃበኩም። ድለዩ፡ ትረኽቡ። ማዕጾ ዃሕኳሕ ኣብሉ፡ ይኽፈተልኩም እዩ።”

ማቴዎስ 21፡22
“ኣሚንኩም ብጸሎት እትልምንዎ ዅሉ ኽምእትረኽቡ፡ ብሓቂ እብለኩም ኣሎኹ።”

ኢሳያስ 30፡19
“እቲ ህዝቢ ኣብ ጽዮን ኣብ የሩሳሌም ኪነብር እዩ እሞ፡ ድሕር’ዚ ኣይክትበክን ኢኻ፡ ምስ እተእዊ ብርግጽ ጸጋ ኺህበካ እዩ፡ ኪሰምዕ ከሎ ኸኣ ኪመልሰልካ እዩ።”

1ይ ዮሃንስ 5፡14-15
“ከምቲ ፍቓዱ ጌርና ሓደ ነገር እንተ ለመንናዮ፡ ይሰምዓና እዩ፡ እቲ ኣብኡ ዘሎና ትብዓት ድማ እዚ እዩ። ነቲ ዝለመንናዮ ዘበለ ኸም ዚሰምዓና ካብ እንፈልጥ ድማ፡ እቲ ካብኡ ዝለመንናዮ ልማኖ ድሮ ኸም ዝረኸብናዮ፡ ንፈልጥ ኢና።”

ኤርምያስ 29፡12
“ክትጽውዑኒ፡ መጺእኩም ድማ ክትልምኑኒ ኢኹም እሞ ክሰምዓኩም እየ።”

ኢሳያስ 65፡24
“ኪኸውን ድማ እዩ፡ ከይጸውዑ ኽምልስ፡ ገና ኺዛረቡ ኸለው ኸኣ ክሰምዕ እየ።”

ሉቃስ 11:9
“ኣነ ኸኣ፡ ዚልምን ዘበለ ይቕበል፡ ዚደሊ ይረክብ፡ ማዕጾ ኳሕኳሕ ንዘበለ'ውን ይኽፈተሉ እዩ እሞ፡ ለምኑ ኺውሃበኩም፡ ድለዩ ኽትረኽቡ ኢኹም፡ ማዕጾ'ውን ኳሕኳሕ ኣብሉ፡ ኪኽፈተልኩም እዩ እብለኩም ኣሎኹ”

ዮሃንስ 15:7
“ኣባይ እንተ ጸናዕኩም፡ ቃለይ'ውን ኣባኻትኩም እንተ ሓደረ፡ እትደልይዎ ዘበለ ትልምኑ እሞ ይኾነልኩም።”

ዮሃንስ 16:23-24
“በታ መዓልቲ እቲኣ ሓንቲ እኳ ኣይክትሓቱኒን ኢኹም። ነቦ ብስመይ ዝለመንኩምዎ ዘበለ ኹሉ ኸም ዝህበኩም፡ ብሓቂ፡ ብሓቂ እብለኩም ኣሎኹ። ክሳዕ ሕጂ ሓንቲ እኳ ብስመይ ኣይለመንኩምዎን። ሓጐስኩም ምሉእ ምእንቲ ኪኸውን፡ ለምኑ ኽትረኽቡ ድማ ኢኹም።”

ዮሃንስ 14:13
“ኣቦ ኣብ ወዲ ምእንቲ ኪኽብርሲ፡ ብስመይ ዝለመንኩምዎ ዘበለ ኹሉ ኽገብረልኩም እየ።”

ማቴዎስ 6:6
“ንስኻስ ክትጽሊ ኸሎኻ፡ ናብ ቤትካ እቶ፡ ማዕጾኻ ዕጾ፡ ነቲ ብሕቡእ ዘሎ ኣቦኻ ለምኖ። እቲ ብሕቡእ ዚርኢ ኣቦኻ ድማ ብግህዶ ኪኸሕሰካ እዩ።”

መዝሙር 50:15
“ብመዓልቲ ጸበባ ድማ ጸውዓኒ፣ ኣነ ኸናግፈካ እየ፣ ንስኻ'ውን ከተኽብረኒ ኢኻ።”

ኢሳያስ 58:9
“ሽዑ ኽትጽውዕ፡ እግዚኣብሄር ከኣ ኪመልሰልካ፡ ከተእዊ፡ ንሱ ድማ፡ እኔኹ፡ ኪብል እዩ።. . .”

ምሳሌ 15:29
“እግዚኣብሄር ነቶም ረሲኣን ርሑቕም እዩ፡ ንጸሎት ጻድቃን ግና ይሰምዖ።”

ማቴዎስ 18፡19-20
“ክልተ ወይ ሰለስተ ኾይኖም ብስመይ ኣብ እተኣከቡሉ ኣነ ኸኣ ኣብኡ ኣብ ማእከሎም እየ እሞ፡ ክልተ ኻባኻትኩም ኣብ ምድሪ ብዚልምንዎ ነገር ኩሉ እንተ ተሳማምዑ፡ ካብቲ ኣብ ሰማያት ዘሎ ኣቦይ ኪውሃቦም እዩ፡ ኢለ ኸም ብሓድሽ እብለኩም ኣሎኹ።”

መዝሙር 91፡15
“ኪጽውዓኒ ኣነ'ውን ክመልሰሉ፣ ብጸበባ ምስኡ ክኸውን፣ ከናግፎን ከኽብሮን እየ።”

መዝሙር 65፡2
“ኣታ ጸሎት እትሰምዕ፣ ኩሉ ስጋ ናባኻ ኺመጽእ እዩ።”

መዝሙር 34፡17
“ጻድቃን የእውዩ፣ እግዚኣብሄር ድማ ይሰምዖም፣ ካብ ኩሉ መከራኦም'ውን የናግፎም።”

ማቴዎስ 7፡11
“እምበኣርከ ንስኻትኩም እኳ፡ ክፉኣት ክነስኹም፡ ንደቅኹም ጽቡቕ ህያብ ምሃብ ካብ ፈለጥኩም፡ እቲ ኣብ ሰማይ ዘሎ ኣቦኹም ግዳ ንዚልምንዎ ክንደይ ኣብዚሑ ጽቡቕ ዘይህቦም።”

መዝሙር 55፡17
“ምሸትን ብጊሓትን ቀትርን እቝኍዝም እህህ'ውን እብል ኣሎኹ፣ ንሱ ኸኣ ድምጻይ ይሰምዕ እዩ።”

መዝሙር 145፡18-19
“እግዚኣብሄር ንዚጽውዕዎ ዅሎም፣ ብሓቂ ንዚጽውዕዎ ዅሎም ቀረባኦም እዩ። ፍቓድ እቶም ዚፈርህዎ ይፍጽም፣ ኣውያቶም ይሰምዕ የድሕኖም ከኣ።”

1ይ ዮሃንስ 3፡22
“ንትእዛዛቱ እንሕሉን ኣብ ቅድሚኡ ባህ ዜብሎ እንገብርን ስለ ዝኾንና፡ ነቲ እንልምኖ ዘበለ ካብኡ ንቕበል ኢና።”

ኤርምያስ 33፡3
“ጸውዓኒ እሞ ክመልሰልካ፡ ዘይትፈልጦ ዓብይን ስውርን ነገር ከኣ ክነግረካ እየ።”

ማርቆስ 11፡24
“ስለ ፥ እትጽልይዎን እትልምንዎን ዘበለ ኽም ዝረኸብኩም እመኑ እሞ ኪኾነልኩም እዩ፡ እብለኩም ኣሎኹ።”

33. ጾም

ማቴዎስ 6፡16-18
“ክትጸሙ ከሎኹም፡ እቶም ግቡዛት፡ ጽዋሞት ምኺኖም ብሰብ ምእንቲ ኺርአዩ፡ ገጾም የጸምልዉ እዮም እሞ፡ ከማታቶም ጽምልዋት ኣይትኹኑ። ዓስቦም ከም ዝወሰዱ ብሓቂ እብለኩም ኣሎኹ። ንስኻስ ክትጸውም ከሎኻ፡ ጽዋማይ ምኺንካ በቲ ኣብ ሕቡእ ዘሎ ኣቦኻ ደኣ እምበር፡ ብሰብ ምእንቲ ኸይትርኤ፡ ርእስኻ ተለኸ፡ ገጽካ'ውን ተሓጸብ። እቲ ብሕቡእ ዝርኢ ኣቦኻ ድማ ብግህዶ ኪኸሕሰካ እዩ።”

ኢሳያስ 58፡4-8
“እንሆ፡ ብባእስን ብምክርኻርን ብሕሱም ምውቃዕ ጒስጢትን ኢኹም እትጾሙ። ድምጽኹም ኣብ ላዕሊ ኽም ዚስማዕ ጌርኩም ሎሚ ኣይትጾሙን ኢኹም ዘሎኹም። እቲ ኣነ ዝፈትዎ ጾምን፡ እታ ሰብ ንነፍሱ ዜሕስኣላ መዓልትን ከም'ዚ ዘመሰለ ድዩ፧ ከም ሰልሰላ ርእስኻ ምድናንን፡ ክሻን ሓመኹስትን መንጸፍካ ምግባርን፡ ነዚ ዲኻ ጾምን እግዚኣብሄር ዚቕበሎ መዓልትን እትብሎ ዘሎኻ፧ እቲ ኣነ ዝፈትዎ ጾምሲ ንመኣሰር እከይ ምፍታሕ፡ ንማእሰርቲ ኣርዑት ምዝላቕ፡ ንጥቑዓት ምውጻእ ሓራ፡ ኣርዑት ዘበለ ዅሉ'ውን ምስባርዶ ኣይኮነን፧ እንጌራኻ ንጥሙይ ክትመቕል፡ ነቶም እተሰዱ ድኻታት ናብ ቤትካ ኸተእቱ፡ ዕሩቕ እንተ ርኤኻ ኽትከድኖ፡ ካብ ስጋኻ'ውን ከይትሕባእዶ ኣይኮነን፧ ሽው ብርሃንካ ኽም ወጋሕታ ዅይኑ ኺወጽእ፡ ምሕዋይካ ኸኣ ቀልጢፉ ክበቍል፡ ጽድቅኻ ድማ ቀቅድሜኻ ክኸይድ፡ ክብሪ እግዚኣብሄር'ውን ደጀንካ ኪኸውን እዩ።”

ሉቃስ 5፡33-35
“ንሳቶም ድማ፡ ደቀ መዛሙርቲ ዮሃንስ ብዙሕ ሳዕ ይጸሙ ጸሎት'ውን ይገብሩ፡ ደቀ መዛሙርቲ ፈሪሳውያን'ውን ከምኡ፡ ደቀ መዛሙርትኻ ግና ይበልዑን ይሰትዩን፥ በልዎ። የሱስ ከኣ፥ ንስኻትኩምዶ ነዕሩኽ

መርዓዊ፡ እቲ መርዓዊ ምሳታቶም ከሎ፡ ከተጹምዎም ይከኣለኩም እዩ፧ ግናኸ እቲ መርዓዊ ኻባታቶም ዚውሰደለን መዓልትታት ኪመጻ እየን እሞ በተን መዓልትታት እቲኤን ሽዑ ክጾሙ እዮም፡ በሎም።"

እዝራ 8፡21-23
"ኣነ ድማ ኣብ ቅድሚ እግዚኣብሄር ኣምላኽና ርስትና ኽነዋርድ፡ ንኣናን ንሕጻናትናን ንኹሉ ጥሪትናን ቅንዕቲ መገዲ ካብኡ ኽንልምን ኢለ፡ ኣብ ርባ ኣሃዋ ጾም ኣወጅኩ። ንንጉስ፡ ኢድ እግዚኣብሄር ኣምላኽና፡ ንዚደልይዎ ኹላቶም ንጽቡቕ፡ ስልጣኑን ኲራኡን ግና ኣብ ልዕሊ እቶም ዚሓድግዎ ኹላቶም ከም ዝኾነት ኢልናዮ ነበርና እሞ፡ ስለ'ዚ ኣብ መገዲ ኻብ ጸላእቲ ኼድሕኑና፡ ጭፍራን ፈረሰኛታትን ምልማን ሓንኽኩ (ሓፈርኩ)። ብዛዕባ እዚ ኸኣ ጾምናን ኣብ ኣምላኽና ጸሌናን፡ ንሱ ድማ ሰምዓና።"

ነህምያ 9፡1-3
"ኣብ'ዛ ወርሒ እዚ'ኣ ኣብ መበል ዕስራን ኣርባዕተን መዓልቲ፡ ደቂ እስራኤል ከሊ ተኸዲኖም፡ ሓመድ ኣብ ርእሶም ነስኒሶም ብጾም ተኣከቡ። ዘርኢ እስራኤል ካብ ኩሎም ደቂ ጓኖት ተፈልዩ። ደው ኢሎም ከኣ ብሓጢኣቶምን ብበደል ኣቦታቶምን ተናዘዙ። ኣብ'ታ ስፍራኦም ኮይኖም ደው ኢሎም፡ ራብዓይ ክፍሊ መዓልቲ መጽሓፍ ሕጊ እግዚኣብሄር ኣምላኽ ኣንበቡ፡ ራብዓይ ክፍሊ መዓልቲ ድማ ተናዘዙ፡ ንእግዚኣብሄር ኣምላኾም ከኣ ሰገዱሉ።"

ዮኤል 2፡12-5
"እምብኣርሲ ሕጂ'ውን ብጾምን ብብኸያትን ብቕዝማን ብምሉእ ልብኹም ናባይ ተመለሱ፣ ይብል እግዚኣብሄር። ንሱ ንዅራ ደንጓዩ፣ብሳህሊ ኸኣ ምሉእ፣ ብእከይ ድማ ተጣዓሳይ፣ ርሕሩሕን መሓርን እዩ እሞ፣ ክዳንኩም ኣይኮነን ልብኹም ደኣ ቕደዱ፣ ናብ እግዚኣብሄር ኣምላኽኩም'ውን ተመለሱ። ተጣዒሱ ዚምለስ እንተ ኾነ፣ ድሕሪኡ ድማ ንእግዚኣብሄር ኣምላኽኩም ብመስዋእቲ ብልዕን ብመስዋእቲ መስተን በረኸት ዚሓድግ እንተ ኾነ፣ መን ይፈልጥ ኣብ ጽዮን መለኸት ንፍሑ፣ ጾም ቀድሱ፣ ኣኼባ ጸውዑ።"

ዳንኤል 9፡3
"ብማቕን ብሓመዂስትን እናጾምኩ ከኣ ብልማኖን ብምህለላን ገጸይ ናብ እግዚኣብሄር ኣምላኺይ መለስኩ።"

ሉቃስ 2፡37
“ንሳ ሰማንያን ኣርባዕተን ዓመት ዝዕድሚኣ መበለት እያ። ካብ ቤተ መቕደስ ከይወጸት፡ ብጾምን ብጸሎትን ለይትን መዓልትን ንኣምላኽ ተገልግል ነበረት።”

ግብሪ ሃዋርያት 13፡2-3
“እዚኣቶም ንእግዚኣብሄር ኬገልግሉን ኪጾሙን ከለዉ ኸኣ፡ መንፈስ ቅዱስ፡ በርናባስን ሳውልን ነቲ ዝጸዋዕክዎም ዕዮ ፍለዩለይ፡ በሎም። ሽዑ ጾሙን ጸለዩን ኣእዳዎም ከኣ ኣንበሩሎም እሞ ሰደድዎም።”

ግብሪ ሃዋርያት 14፡23
“ኣብ መማሕበሩ ሽማግሌታት ምስ ሓረዩሎም ድማ፡ ብጾምን ብጸሎትን ናብ'ቲ ብእኡ ዝኣመኑ ጐይታ ኣማዕቈብዎም።”

34. ኣምልኾ

መዝሙር 66፡4
“ኲላ ምድሪ ኽትሰግደልካ ክትዝምረልካ'ውን እያ፣ ንስምካ ኽትዝምር እያ።”

መዝሙር 95፡6-7
“ንዑ፣ ፍግም ኢልና ንስገድ፣ ኣብ ቅድሚ እግዚኣብሄር፣ ፈጣሪና፣ ንንበርከኽ።”

መዝሙር 99፡9
“ንእግዚኣብሄር ኣምላኽና ልዕል ኣብልዎ፣ እግዚኣብሄር ኣምላኽና ቅዱስ እዩ እሞ፣ ኣብ ቅዱስ ከረኑ'ውን ስገዱ።”

ዮሃንስ 4፡23-24
“ኣምላኽ መንፈስ እዩ፡ እቶም ዚሰግድሉ ድማ ብመንፈስን ብሓቅን ኪሰግዱሉ ይግብኦም። ኣቦ ከምዚ ዝበሉ ሰገድቲ እዩ ዚደሊ እሞ፡ እቶም ናይ ሓቂ ሰገድቲ ነቦ ብመንፈስን ብሓቅን ዚሰግዱሉ ሰዓት ክትመጽእ እያ፡ ንሳ ኸኣ ሕጂ እያ።”

ራእይ 4፡10-11
“እቶም ዕስራን ኣርባዕተን ሽማግሌታት ኣብ ቅድሚ እቲ ኣብ ዝፋን ተቐሚጡ ዘሎ ፍግም ኢሎም፡ ዎ ጐይታናን ኣምላኽናን፡ ንብዘሎ ንስኻ ፈጢርካዮ፡ ስለ ፍቓድካ'ውን ኰይኑን ተፈጢሩን እዩ እሞ፡ ንስኻ ኽብርን ስብሓትን ስልጣንን ንምውሳድ ብቑዕ ኢኻ፡ እናበሉ፡ ነቲ ንዘለኣለመ ኣለም ህያው ኰይኑ ዚነብር እናሰገዱ ኣኽሊላቶም ናብ ቅድሚ እቲ ዝፋን ይድርብዩ ኣለዉ።”

ኢሳያስ 43፡21
“እቲ ንኣይ ዝደኰንክዎ ህዝቢ ምስጋናይ ኬዘንቱ እዩ።”

1ይ ጴጥሮስ 2፡9
“ንስኻትኩም ግና ደግነት እቲ ኻብ ጸልማት ናብቲ ዜገርም ብርሃን ዝጸውዓኩም ምእንቲ ኽትነግሩ፡ ሕሩይ ወለዶ፡ ናይ መንግስቲ ኽህነት፡ ቅዱስ ህዝቢ፡ ጥሪት ኣምላኽ ዝኾኑ ህዝቢ ኢኹም።”

መዝሙር 147፡1
“ሃሌሉያ። ንኣምላኽና ብመዝሙር ምውዳስ ሰናይ እዩ፣ ጥዑም እዩ እሞ፣ ምስጋና ይግባእ።”

መዝሙር 34፡1-3
“ንእግዚኣብሄር ኵሉ ጊዜ እባርኾ፣ ውዳሴኡ ንሓዋሩ ኣብ ኣፈይ እዩ።ነፍሰይ ብእግዚኣብሄር ክትሕበን እያ፣ ትሑታት እዚ ሰሚዖም ኪሕጐሱ እዮም። ንእግዚኣብሄር ምሳይ ኣዕብይዎ፣ ንስሙ ሓቢርና ልዕል ነብሎ”

መዝሙር 48፡1
“ኣብ ከተማ ኣምላኽና፣ ኣብታ ቕድስቲ ኸረኑ፣ እግዚኣብሄር ዓብይን ኣዝዩ ምስጉንን እዩ።”

35. መኣዲ ጎይታ (ቁዱስ ቁርባን)

ግብሪ ሃዋርያት 2፡42
“ብትምህርቲ ሃዋርያትን ብሕብረትን ብምቕራስ እንጌራን ብጸሎትን ጸኒዖም ነበሩ።”

1ይ ቆረንጦስ 10:16
"እታ ንሕና እንባርኻ ናይ በረኸት ጽዋእ ምስ ደም ክርስቶስ ሕብረት ዘለዋዶ ኣይኮነትን፧ እታ እንቈርሳ እንጌራስ ምስ ስጋ ክርስቶስ ሕብረት ዘለዋዶ ኣይኮነትን፧"

ሉቃስ 22:19-20
"እንጌራ ኣልዒሉ ድማ ኣመስጊኑ ቈረሱ፥ እዚ ምእንታኹም ዚውሃብ ዘሎ ስጋይ እዩ፡ እዚ ንመዘከርታይ ግበርዎ፡ ኢሉ ሃቦም። ከምኡ ድማ ድሕሪ ድራር ነታ ጽዋእ ኣልዒሉ፥ እዛ ጽዋዕ እዚኣ እቲ ምእንታኹም ብዚፈስስ ዘሎ ደመይ እተገብረ ሓድሽ ኪዳን እያ።"

1ይ ቆረንጦስ 11:23-30
"ኣነ ኻብ ጐይታ እተቐበልክዎ እየ እሞ፡ ንኣኻትኩም'ውን ዝነገርክዎ፡ ጐይታና የሱስ በታ እተታሕዘላ ለይቲ እንጌራ ኣልዓለ፡ ኣመስጊኑ ቈረሰ እሞ፡ ውሰዱ፡ ብልዑ፡ እዚ ምእንታኹም እተዋህበ ስጋይ እዩ፡ እዚ ንመዘከርታይ ግበርዎ፡ በለ። ከምኡ ኸኣ ድሕሪ ድራር ነታ ጽዋእ ኣልዓለ እሞ፡ እዛ ጽዋእ እዚኣ ብደመይ ሓድሽ ኪዳን እያ። ብትሰትይዎ መጠን ንመዘከርታይ ግበርዎ፡ በለ። ማለት፡ እዛ እንጌራ እዚኣ ብትበልዕዋ፡ እዛ ጽዋእ እዚኣ'ውን ብትሰትይዋ መጠን፡ ክሳዕ ጐይታ ዚመጽእ፡ ሞቱ ትነግሩ ኢኹም። ስለ'ዚ ኸይተገብአ እዛ እንጌራ እዚኣ ዚበልዕ ወይስ ጽዋእ ጐይታ ዚሰቲ፡ ንሱ ኣብ ናይ ጐይታ ስጋን ደምን እዩ ዚዕግብ። ግናኸ ሰብ ንርእሱ ይመርምር፡ ከምኡ ኸኣ ካብ'ዛ እንጌራ እዚኣ ይብላዕ፡ ካብ'ዛ ጽዋእ እዚኣ'ውን ይስተ። እቲ ዚበልዕን ዚሰትን ንስጋ ጐይታ እንተ ዘይለለየ፡ ንርእሱ እዩ ፍርዲ ዚበልዕን ዚሰትን። በዚ ምኽንያት እዚ እዩም ኣብ ማእከልኩም ብዙሓት ድኹማትን ሕሙማትን ዘለዉ፡ ዝደቀሱ'ውን ብዙሓት እዮም።"

1ይ ቆረንጦስ 10:20
"ኣይፋሉ፡ ኣህዛብ ዚሰውእዎ ነጋንንቲ እዩ እምበር፡ ንኣምላኽ ኣይኮነን። ምስ ኣጋንንቲ ሕብረት ኪህልወኩም ኣይፈቱን እየ። ጽዋእ ጐይታን ጽዋእ ኣጋንንትን ክትሰትዩ ኣይከኣለኩምን፡ ካብ መኣዲ ጐይታን ካብ መኣዲ ኣጋንንትን ክትምቀሉ'ውን ኣይከኣለኩምን እዩ።"

36. ምንባር ኣእዳው

ማርቆስ 16፡18
“ኣትማን ኪሕዙ እዮም፡ ዚቐትል እንተ ሰተዩ ኸኣ፡ ከቶ ኣይኪጐድኦምን እዩ፡ ኣእዳዎም ኣብ ሕሙማት ከንብሩ ንሳቶም'ውን ኪሓውዩ እዮም።”

ማርቆስ 10፡14-16
“የሱስ እዚ ምስ ረኣየ፡ ኣይፈተወሎምን እሞ፡ ሕደግዎም፡ ቈልዑ ናባይ ይምጽኡ። መንግስቲ ኣምላኽ ነዞም ከምዚኣቶም ዝበሉ እያ እሞ፡ ኣይትኽልእዎም።ንመንግስቲ ኣምላኽ ከም ቈልዓ ዘይተቐበላ ከቶ ኸም ዘይኣትዋ፡ ብሓቂ እብለኩም ኣሎኹ፡ በሎም። ሓቚፉ ኢዱ ኣንቢሩሎም ባረኾም።”

ሉቃስ 4፡40
“ጸሓይ ክትዓርብ ከላ ኸኣ፡ በበይኑ ዝኾነ ሕማም ዘለዎም ኲሎም ሕሙማት ናብኡ ኣምጽኡ። ንሱ ድማ ኣብ ነፍሲ ወከፎም ኢዱ ኣንቢሩ ኣሕወዮም።”

ግብሪ ሃዋርያት 8፡17
“ሽዑ ኣእዳዎም ኣንበሩሎም እሞ መንፈስ ቅዱስ ተቐበሉ።”

ዘዳግም 34፡9
“ንእያሱ ወዲ ነዌ ድማ፣ ሙሴ ኢዱ ስለ ዘንበረሉ፣ መንፈስ ጥበብ መልኦ። ደቂ እስራኤል ከኣ፣ ከም'ቲ እግዚኣብሄር ንሙሴ ዝኣዘዞ ገይሮም ተኣዘዝዎ።”

1 ይ ጢሞቴዎስ 4፡14
“ነቲ ብትንቢት ብምንባር ኢድ ሽማግሌታትን እተዋህበካ፡ ኣባኻ ዘሎ ውህበት ጸጋ ዕሽሽ ኣይትበሎ።”

2 ይ ጢሞቴዎስ 1፡6-7
“በዚ ምኽንያት እዚ፡ ኣምላኽሲ መንፈስ ሓይልን ፍቕርን ቅጽዓትን እምበር፡ መንፈስ ፍርሃት ኣይሃበናን እሞ፡ ነቲ ብምንባር ኢደይ ኣባኻ ዘሎ ውህበት ኣምላኽ ከተሐድሶ አዘክረካ ኣሎኹ።”

1ይ ጢሞቴዎስ 5፡22
“ብታህዋኽ ኣብ ሓደ እኳ ኢድካ ኣይተንብር፡ ኣብ ሓጢኣት ካልኦት’ውን ኣይትጸምበር። ንርእስኻ ብንጽህና ሓሉ።”

37. ትንቢት

2ይ ጴጥሮስ 1፡20-21
“ኵሉ ጽሑፍ ትንቢት ትርጉሙ ካብ ርእሱ ከም ዘይኰነ፡ ቅድሚ ዅሉ እዚ ፍለጡ። ትንቢትሲ ቅዱሳት ሰባት እዮም ብመንፈስ ቅዱስ ተመሪሖም ካብ ኣምላኽ እተዛረብዎ እምበር፡ ከቶ ብፍቓድ ሰብ ኣይመጸን።”

ኣሞጽ 3፡7-8
“እግዚኣብሄር ኣምላኽሲ ምስጢሩ ንባሮቱ ነብያት ከይገለጸሎም፣ ገለ እኳ ኣይገብርን እዩ። ኣንበሳ ጓዚሙስ መን እዩ ዘይፈርህ እግዚኣብሄር ኣምላኽ ተዛሪቡኸ መን እዩ ዘይንበ፧”

1ይ ቆረንጦስ 14፡3
“እቲ ትንቢት ዚንበ ግና፡ ንሰብ ዚሃንጽን ዚምዕድን ዜጸናንዕን እዩ ዚዛረብ።”

ዩኤል 2፡28-29
“ብድሕር’ዚ ኪኸውን እዩ፣ መንፈሰይ ናብ ልዕሊ ዅሉ ስጋ ክኽዑ እየ፣ ኣወዳትኩምን ኣዋልድኩምን ኪንበዩ፣ ኣረገውትኹም ሕልሚ ኪሓልሙ፣ ኣጕባዝኩም ከኣ ራእይ ኪርእዩ እዮም። በተን መዓልታት እቲኤንሲ ኣብ ሰብኡትን ኣንስትን ባሮት እኳ መንፈሰይ ክኽዑ እየ።”

ኤርምያስ 33፡3
“ጸውዓኒ እሞ ክመልሰልካ፡ ዘይትፈልጦ ዓብይን ስውርን ነገር ከኣ ክነግረካ እየ።”

1ይ ቆረንጦስ 14፡1-40
“ንፍቕሪ ስዓብዋ፡ ንመንፈሳዊ ውህበት፡ ምናዳ ግና ክትንበዩ ቕንኡ። እቲ ብቛንቋ ዚዛረብ ምስጢራት ብመንፈስ ይዛረብ ኣሎ፡ ሓደ እኳ ኣየስተውዕሎን እዩ እሞ፡ ንኣምላኽ እምበር፡ ንሰብ ኣይኰነን ዚዛረብ ዘሎ። እቲ ትንቢት ዚንበ ግና፡ ንሰብ ዚሃንጽን ዚምዕድን ዜጸናንዕን እዩ

ዚዛረብ። ቋንቋታት ዚዛረብ ንርእሱ ይሃንጽ፡ ትንቢት ዚንበ ግና ንማሕበር እዩ ዚሃንጽ።........."

ዘዳግም 18፡18-22
"ከማኻ ዝበለ ነብዩ ኻብ ማእከል ኣሕዋቶም ከተንስኣሎም እየ፡ ቃለይ ከኣ ኣብ ኣፉ ኽንብር እየ፡ ንሱ ድማ ዝኣዘዝክዎ ኹሉ ኺነግሮም እዩ። ይኸውን ከኣ፡ ነቲ ብስመይ ዚዛረቦ ዘረባይ ዘይሰምዕ ሰብ፡ ኣነ ኻብኡ ኽደልዮ እየ። እቲ ብድፍረቱ ብስመይ ዘይኣዘዝክዎ ቓል ዚዛረብ ነብዩ፡ ወይ ብስም ካልኦት ኣማልኽቲ ዚዛረብ፡ እቲ ነብዩ እቲ ይሙት። ብልብኻ ድማ፡ እቲ እግዚኣብሄር ዘይተዛረቦ ነገር ከመይ ጌርና ንፈልጦ፧ እንተ በልካ፡ እቲ ነብዩ ብስም እግዚኣብሄር ምስ ተዛረቦ፡ እቲ ነገር እንተ ዘይኮነ፡ እንተ ዘይመጸ፡ እዚ እግዚኣብሄር ዘይተዛረቦ ነገር ምዃኑ ምልክት ይኹንካ። እዚ እቲ ነብዩ ብድፍረት እተዛረቦ እዩ፡ ኣይትፍርሃዮ።"

1ይ ተሰሎንቄ 5፡20
"ትንቢት ኣይትንዓቑ።"

38. ንዓለም ምጽላው

ማቴዎስ 5፡13-16
"ንስኻትኩም ጨው ምድሪ ኢኹም። ጨው መቐረቱ እንተ ኸደኸ፡ ብምንታይ ይምቀር፧ ብሰብ ኪርገጽ ንግዳም ምድርባዩ እንተ ዘይኮይኑ እምበር፡ ዚጠቅም የብሉን።ንስኻትኩም ብርሃን ዓለም ኢኹም። ኣብ ከረን ዘላ ኸተማ ኽትክወል ኣይከኣላን እዩ።መብራህቲ፡ ኣብ ቤት ንዘሎ ኹሉ ኼብርህ፡ ኣብ ቀዋሚ ቐንዴል ኪሰቕልዎ እምበር፡ ኣብ ትሕቲ ኽፈር ኬንብርዎ ኣየብርሁን እዮም። ከምኡ ኸኣ ነቲ ጽቡቕ ግብርኹም ርእዮም፡ ኣብ ሰማያት ንዘሎ ኣቦኹም ምእንቲ ኼመስግንዎ፡ ብርሃንኩም ኣብ ቅድሚ ሰብ ይብራህ።"

ዳንኤል 12፡3
"እቶም ጠቢባን ከም ምንጽብራቕ ጠፈር፣ እቶም ንብዙሓት ናብ ጽድቂ ዚመርሑ ኸኣ ከም ከዋኽብቲ ንዘለኣለም ኣለም ኪበርሁ እዮም።"

ዮሃንስ 14፡12
“ኣነ ናብ ኣቦይ እኸይድ ኣሎኹ እሞ፡ እቲ ብኣይ ዚኣምን ነዚ ኣነ ዝገብሮ ዘሎኹ ግብርታት ከም ዚገብር፡ ካብኡ ዚዓብ'ውን ከም ዚገብር፡ ብሓቂ፡ ብሓቂ እብለኩም ኣሎኹ።”

ዮሃንስ 13፡34-35
“ንሓድሕድኩም ክትፋቐሩ፡ ከምቲ ኣነ ዘፍቀርኩኹም፡ ከምኡ ጌርኩም ከኣ ንሓድሕድኩም ክትፋቐሩ፡ ሓድሽ ትእዛዝ እህበኩም ኣሎኹ። ንንሓድሕድኩም ፍቕሪ እንተላትኩም፡ በዚ ደቀ መዛሙርተይ ምኳንኩም ኩሉ ኺፈልጥ እዩ።”

ቆሎሴ 3፡23-24
“ነቲ ዓስቢ ርስቲ ኻብ ጐይታ ኸም እትቕበልዎ እናፈለጥኩም፡ እትገብርዎ ዘበለ ንሰብ ዘይኰነስ ንጐይታ ኸም እትገብርዎ ጌርኩም፡ ካብ ልቢ ግበርዎ፥ ንጐይታና ክርስቶስ ኢኹም እትግዝእዎ ዘሎኹም።”

39. ራእይ ምህላው

ምሳሌ 29፡18
“ራእይ ዜልቦ እንተ ኾነ፡ ህዝቢ ስዲ ይኸይድ፡ ሕጊ ዚሕሉ ግና ብጹእ እዩ።”

ኣንባቆም 2፡2-3
“እግዚኣብሄር ድማ፣ እቲ ራእይ ንምዱብ ጊዜ እዩ፣ ናብ መወዳእታ ይቕልጥፍ ኣሎ፣ ኣይሕሱን ከኣ እዩ። ብርግጽ ኪመጽእ ኣይኪድንጕን ድማ እዩ እሞ፣ እንተ ደንጐየ እኳ ተጸበዮ። ስለ'ዚ ብጕያ ክንበብሲ፣ ነቲ ራእይ ጽሓፎ፣ ኣብ ሰሌዳታት'ውን ቅረጾ፣ ኢሉ መለሰለይ።”

ኤርምያስ 29፡11
“ኣነ ዝሓስበልኩም ዘሎኹ ሓሳብ እፈልጦ እየ፡ መፈጸምታን ተስፋን ክህበኩምሲ፡ ሓሳብ ደሓን እምበር፡ ናይ ክፋእ ኣይኰነን፡ ይብል እግዚኣብሄር።”

ፊሊጲ 4፡8-9
“ብዝተረፈስ፡ ኣሕዋተየ፡ ሓቂ ዘበለ፡ ርዝነት ዘለዎ ዘበለ፡ ቅኑዕ ዘበለ፡ ንጹህ ዘበለ፡ ተፈታዊ ዘበለ፡ ጽቡቕ ወረ ዘለዎ ዘበለ፡ ገለ ደግነት እንተ ኾይኑ፡ ገለ ንእዶ'ውን እንተ ኾይኑ፡ ብእኡ ሕሰቡ። ነቲ ካባይ

እተመሃርኩምዎን እተቐበልኩምዎን ዝሰማዕኩምዎን ኣባይ'ውን ዝርኤኹምዎን እዚ ግበርዎ እሞ ኣምላኽ ሰላም ምሳኻትኩም ኪኸውን እዩ።"

40. እምነት

እብራውያን 11:1
"እምነት ግና ነቲ ተስፋ ዚግበር ነገር ርግጽ ምግባር፡ ናይቲ ዘይርአ ነገር ምርዳእ እያ።"

እብራውያን 11:6
"ብዘይ እምነት ግና ንኣምላኽ ኬስምርዎ ኣይከኣልን እዩ። እቲ ናብ ኣምላኽ ኪመጽእ ዚደሊ፡ ንሱ ኸም ዘሎን ነቶም ዚደልይዎ ዓስቢ ኸም ዚህቦምን፡ ኪኣምን ይግብኦ እዩ።"

ያዕቆብ 1:5-6
"ሓደ ኻባኻትኩም ጥበብ እንተ ጐደሎቶ ግና፡ ነቲ ኸየስተሓፈረ ንዅሉ ብልግሲ ዚህብ ኣምላኽ ይለምኖ፡ ኪውሃቦ'ውን እዩ። እቲ ዚጣራጠርሲ ኸምቲ ንፋስ ዚደፍኦን ዚመልሶን ማዕበል ባሕሪ እዩ ዚመስል እሞ፡ ከይተጣራጠረ ደኣ ብእምነት ይለምን።"

ቆሎሴ 2:6-7
"ደጊም ከምቲ ንጐይታና ክርስቶስ የሱስ እተቐበልኩምዎ፡ ከምኡ ኢልኩም ብእኡ ተመላለሱ። ኣብኡ ተሰሪትኩምን ተሃኒጽኩምን ብምስጋና መሊእኩም፡ ከምቲ እተመሃርኩምዎ ኺንኩም ብእምነት ጽንዑ።"

ኤፌሶን 2:8
"ሓደ እኳ ኸይምካሕሲ፡ ካብ ግብሪ ኣይኰነን እሞ፡ ብእምነት ብጸጋ ኢኹም ዝደሓንኩም፡ እዚ ኸኣ ውህበት ኣምላኽ እዩ እምበር፡ ካባኻትኩም ኣይኰነን።"

ገላትያ 5:22-23
"እቲ ፍረ መንፈስ ግና ፍቕሪ፡ ሓጐስ፡ ዕርቂ፡ ዓቕሊ፡ ለውሃት፡ ሕያውነት፡ እምነት፡ ህድኣት፡ ይኣኽለኒ ምባል እዩ። ነዚ ኸምዚ ዘመሰለ ዚጻረሮ ሕጊ የልቦን።"

ማርቆስ 11፡22፡24
“የሱስ ድማ መለሰ በሎም’ውን፡ ብኣምላኽ እመኑ። ዝኾነ ይኹን እቲ ዝበሎ ኸም ዚኸውን ዚኣምን እምበር፡ ብልቡ ዘይዋላወል፡ ነዚ ኸረን፡ ተንሲእካ ናብ ባሕሪ ጥሓል፡ እንተ በሎ፡ ንእኡ ኸም ዚኾነሉ፡ ብሓቂ እብለኩም ኣሎኹ። ስለ ፥ እትጽልይዎን እትልምንዎን ዘበለ ኸም ዝረኸብኩም እመኑ እሞ ኪኸነልኩም እዩ፡ እብለኩም ኣሎኹ።”

ኤፌሶን 3፡17-19
“ክርስቶስ ኣብ ልብኹም ብእምነት ምእንቲ ኺሓድር፡ ኣብ ፍቕሪ ሱር ሰዲድኩምን ተሰሪትኩምን፡ ምስ ኵሎም ቅዱሳን ምግፋሑን ምንዋሑን ምዕማቚን ቀኖመቱን እንታይ ምዃኑ ምስትውዓል ክትክእሉ፡ እሞ ነታ ንፍልጠት ሓለፍ እትብላ ፍቕሪ ክርስቶስ ክትፈልጥዋ፡ ክሳዕ ኵሉ ምልኣት ኣምላኽ ምእንቲ ኽትመልኡ፡ እጽሊ ኣሎኹ።”

እብራውያን 12፡2
“ናብቲ፡ ሕፍረት ንዒቑ፡ ስለቲ ኣብ ቅድሚኡ ዘሎ ሓጐስ ኢሉ መስቀል እተዓገሰ ኣብ የማን ኣምላኽ እተቐመጠን ጀማር እምነትናን ደምዳሚኣን የሱስ ንጠምት።”

ማርቆስ 9፡23
“የሱስ ከኣ . . . ንዚኣምን ኵሉ ይከኣል እዩ፡ በሎ”

41. <u>ፈውሲ</u>

ያዕቆብ 5፡14-16
“ኣብ ማእከልኩምከ ዝሓመመዶ ኣሎ፧ ንሽማግሌታት ማሕበር ይጸውዕ፡ ንሳቶም ከኣ ብስም እግዚኣብሄር፡ ዘይቲ እናለኸይዎ፡ ኣብ ልዕሊኡ ይጸልዩ። እታ ናይ እምነት ጸሎት ድማ ነቲ ሕሙም ከተድሕኖ እያ፡ ጐይታ’ውን ከተንስኦ እዩ። ሓጢኣት ገይሩ እንተ ኾይኑ’ውን ኪሕደገሉ እዩ። እምብኣርሲ፡ ምእንቲ ኽትፍወሱ፡ ንሓድሕድኩም ሓጢኣትኩም ተኣመኑ፡ ምእንቲ ንሓድሕድኩም’ውን ጸልዩ። ጸሎት ጻድቕ ብግብራ ብዙሕ ተስልጥ እያ።”

ኤርምያስ 17፡14
“ዎ እግዚኣብሄር፡ ውዳሰይ ንስኻ ኢኻ እሞ፡ ኣሕውየኒ፡ ክሓዊ ድማ እየ፡ ኣድሕነኒ፡ ክድሕን’ውን እየ።”

ዘጽኣት 23፡25
“ንእግዚኣብሄር ኣምላኽኩም ኣገልግሉ፡ ንሱ ኸኣ እንጌራኻን ማይካን ኪባርኽልካ እዩ። ሕማም ከኣ ካብ ማእከልካ ኽርሕቕ እየ።”

ማቴዎስ 11፡28
“ኣቱም ኲልኹም እትጽዕሩን ጾር ዝኸበደኩምን፡ ኣነ ኸዕርፈኩም ናባይ ንዑ።”

ማቴዎስ 4፡23-24
“የሱስ ድማ ኣብ ኲላ ገሊላ፡ ኣብ ቤት ጸሎቶም እናመሃረ ወንጌል መንግስቲ’ውን እናሰበኸ፡ ኲሉ ሕማምን ኣብ ህዝቢ ዘሎ ኩሉ ድናሰን እናሕወየ ይዘውር ነበረ። ወሪኡ’ውን ኣብ ኲላ ሶርያ ወጸ። ንዅሎም ሕሙማት ከኣ፡ በብዓይነቱ ሕማም ዘለዎምን ቃንዛን ኣጋንንቲ ዘለዎምን ሕማም ባርያ በብወርሒ ዚለዓሎምን መጻጉዓትን ናብኡ ኣምጽኡሉ፡ ንሱ ድማ ኣሕወዮም።”

1ይ ጴጥሮስ 2፡24
“ንሓጢኣት መዊትናስ ንጽድቂ ምእንቲ ኽንነብር፡ ንሱ ባዕሉ ንሓጢኣትና ኣብ ስጋኡ ኣብ ዕንጨይቲ ጾሮ፡ ብቕስሉ ኢኹም ዝሓዌኹም።”

ኢሳያስ 53፡4-5
“ብሓቂ ንሱ ንሕማምና ጾሮ፡ ንስቓይና ኸኣ ኣብ ነፍሱ ጸዓኖ፡ ንሕና ግና ከም እተወቕዔን ብእግዚኣብሄር ከም እተቐዝፈን ከም እተዋረደን ጌርና ኣቋጸርናዮ። ንሱ ግና ብሰሪ ገበንና ቈሰለ፡ ብሰሪ ኣበሳና ድማ ተኸትከተ፡ ንሕና ሰላም ምእንቲ ኽንረክብ፡ መቕጻዕቲ ናብኡ ወረደ፡ ንሕና’ውን ብስምብራቱ ሓዌና።”

ኢሳያስ 41፡10
“ምሳኻ እየ እሞ፡ ኣይትፍራህ፡ ኣነ ኣምላኽካ እየ እሞ፡ ኣይትሸበር፡ ከበርትዓካ፡ ክረድኣካ፡ ብየማነይቲ ኢድ ጽድቀይ’ውን ክድግፈካ እየ።”

ምሳሌ 4፡20-22
“ወደየ፡ ናብ ቃላተይ ኣቕልብ፡ እዝንኻ ናብ ዘረባይ ኣድንን። ንዝረኽበን ህይወቱ፡ ንብዘሎ ስጋኡ ኸኣ ፈውሱ እየን እሞ፡ ካብ ቅድሚ ዓይንኻ ኣይተርሕቀን፡ ኣብ ውሽጢ ልብኻ ዕቘረን።”

መዝሙር 107፡19-21
“ሽዑ ብመከራኦም ናብ እግዚኣብሄር ኣእወዩ፣ ንሱ’ውን ካብ ጸበባኦም ኣናገፎም። ቃሉ ልኢኹ ኣሕወዮም፣ ካብ ጕድጓዶም ከኣ ኣናገፎም።ንእግዚኣብሄር ስለ ሳህሉን ስለ’ቲ ንደቂ ሰብ ዝገበሮ ተኣምራቱን የመስግንዎ።”

መዝሙር 30፡2
“ዎ እግዚኣብሄር ኣምላኸይ፣ ኣነ ናባኻ ኣእዌኹ፣ ንስኻ’ውን ኣጥዔኻኒ።”

መዝሙር 103፡2-5
“ነፍሰይ፣ ንእግዚኣብሄር ባርኺ፣ ነቲ እተገብረልኪ ሰናይ ኵሉ ኸኣ ኣይትረስዒ፣ ንሱ ንዅሉ ኣበሳኺ ዚሓድገልኪ፣ ንዅሉ ሕማምኪ ዚፍውስ፣ ንህይወትኪ ካብ ጥፍኣት ዚብጀዋ፣ ብሳህልን ምሕረትን ዚኽልለኪ፣ ንድሌትኪ ብጽቡቕ ነገር ዜጽግብ እዩ፣ ንእስነትኪ’ውን ከም ንስሪ ትሕደስ።”

42. ይቕረ ምባል

ማቴዎስ 5፡44-45
“ኣነ ግና እብለኩም ኣሎኹ፡ ጸላእትኹም ፍተዉ፡ ንዚረግሙኹም መርቑ። ውሉድ እቲ ኣብ ሰማያት ዘሎ ኣቦኹም ምእንቲ ክትኰኑ፡ ንሱ ንኽፉኣትን ንሕያዎትን ጸሓይ የብርቕ፡ ንጻድቃንን ንሓጥኣንን ድማ ዝናም የዝንም እዩ እሞ፡ ንዚጸልኡኹም ጽቡቕ ግበሩ፡ ስለቶም ዚጸርፉኹምን ዚሰጉኹምን ጸልዩ።”

ማርቆስ 11፡25
“ደው ኢልኩም ክትጽልዩ ከሎኹም ድማ፡ እቲ ኣብ ሰማይ ዘሎ ኣቦኹም በደልኩም ምእንቲ ኺሓድገልኩም፡ ኣብ ብጻይኩም ገለ እንተ ኣሎኩም፡ ሕደጉሉ።”

ማቴዎስ 6፡14
“ንሰብ በደሎም እንተ ሓደግኩምሎም፡ ንኣኻትኩም ድማ ናይ ሰማይ ኣቦኹም ኪሓድገልኩም እዩ።”

ሮሜ 12:20-21
"ጸላኢኻ እንተ ጠመየ ግና ኣብልዓዮ፡ እንተ ጸምኤ'ውን ኣስትዮ። እዚ ብምግባርካ ጉሁር ሓዊ ኣብ ርእሱ ኽትእከብ ኢኻ። ነቲ እከይ ደኣ ብሰናይ ጌርካ ስዓሮ እምበር፡ በቲ እከይ ኣይትሰዓር።"

ሉቃስ 6፡35-38
"ግናኸ ንጸላእትኹም ኣፍቅሩ ጽቡቕ ከኣ ግበሩ፡ ክትፍደዩ ኸይተጸቤኹም ኣለቅሑ። እግዚኣብሄር ንዘየመስግኑን ንሕሱማትን ርሑሩሕ እዩ እሞ፡ ዓስብኹም ብዙሕ ኪኸውን እዩ፡ ውሉድ እቲ ልዑል'ውን ክትኰኑ ኢኹም። ከምቲ ኣቦኹም ርሑሩሕ ዝኾነ፡ ርሑሩሓት ኩኑ። ኣይትፍረዱ ኣይክትፍረዱን ኢኹም፡ ኣይትኹነኑ ኣይክትኰነኑን ድማ ኢኹም፡ ሕደጉ ኺሕደገልኩም እዩ። ሃቡ ኺውሃበኩም እዩ። በቲ እትሰፍሩሉ መስፈሪ ኺስፈረልኩም እዩ እሞ፡ ጽቡቕ እተሰጕደ፡ ንኽኑኽ እተፋረወ መስፈሪ ኣብ ሕቝፍኹም ኪህቡኹም እዮም።"

ምሳሌ 20፡22
"እከይ ኪፈዲ ኣይትበል፡ ንእግዚኣብሄር ተጸበዮ እሞ፡ ንሱ ኼድሕነካ እዩ።"

ሉቃስ 17፡3-4
"ንርእስኹም ተጠንቀቑ። ሓውካ እንተ በደለካ፡ ግንሓዮ፡ እንተ ተጣዕሰ፡ ሕደገሉ። ኣብ መዓልቲ ሾብዓተ ሳዕ እንተ በደለካ፡ ተጥዒሰ እናበለ ኸኣ ኣብ መዓልቲ ሾብዓተ ሳዕ ናባኻ እንተ ተመልሰ፡ ሕደገሉ።"

ቆሎሴ 3፡13
"ንሓድሕድኩም እናተጻወርኩም፡ እቲ ሓደ ኣብቲ ሓደ ኸሲ እንተለዎ፡ ይቕረ ተባሃሃሉ። ከምቲ ክርስቶስ ይቕረ ዝበለልኩም፡ ንስኻትኩም'ውን ከምኡ ይቕረ በሉ።"

ኤፌሶን 4፡31-32
"ብዘሎ መሪርን ነድርን ኲራን ታዕታዕን ጸርፍን ምስ ኲሉ ኽፍኣት ዘበለ ካባካትኩም ይርሓቕ። ግናኸ ከምቲ ኣምላኽ ብክርስቶስ ይቕረ ዝበለልኩም፡ ንሓድሕድኩም ተላዋህትን ተዳናገጽትን ኲንኩም፡ ይቕረ ተባሃሃሉ።"

43. ዕጋበት

ምሳሌ 15:15
“ኵለን ዕለታት እቲ ሕዙን ክፉኣት እየን፡ ሕጉስ ልቢ ዘለዎ ግና ኲሉ ጊዜ ደስ ዜብል መኣዲ እዩ።”

ምሳሌ 14:30
“ዓቃል ልቢ ንስጋ ህይወቱ እዩ፡ ቅንኢ ግና ነዕጽምቲ ቍንቍኔኡ እዩ።”

1ይ ጢሞቴዎስ 6:6
“ግናኸ ኣምልኾ ምስ ይኣኽለኒ ምባል ዓብዩ ረብሓ እዩ።”

ምሳሌ 23፡ 17-18
“ብርግጽ ዓስቢ ኣሎ፡ ትጽቢትካ ኸኣ ከንቱ ኣይኪኸውንን እዩ እሞ፡ ልብኻ ዅሉ መዓልቲ ፍርሃት እግዚኣብሄር ይሃልዎ እምበር፡ ብሓጢኣተኛታት ኣይቕናእ።”

44. ቅንዕና

ዘሌዋውያን 19፡11
“ኣይትስረቑን ኣይትጠብሩን፡ ሓደ እኳ ንብጻዩ ኣይትሓስዉ።”

ዘሌዋውያን 19፡35
“ብፍርዲ ኾነ፡ ብመለክዒ እመት ኰነ፡ ብሚዛን ኰነ፡ ብምስ ኾነ፡ ኣይትዓምጹ።”

ምሳሌ 11፡1
“ሓሳዊ ሚዛን ኣብ ቅድሚ እግዚኣብሄር ፍንፉን እዩ፡ ቅኑዕ ሚዛን ግና ባህ የብሎ።”

ዘዳግም 25፡ 15-16
“ኣብታ እግዚኣብሄር ኣምላኽካ ዚህበካ ምድሪ ዕድሜኻ ምእንቲ ኺነውሕሲ፡ ድልድልን ቅኑዕን ሚዛን ይሃሉኻ፡ ድልድልን ቅኑዕን

መስፈሪ ድማ ይሃሉኻ። እዚ ዚገብር ኩሉን ዓመጻ ዚገብር ኩሉን ኣብ እግዚኣብሄር ኣምላኽካ ፍንፉን እዩ።”

መዝሙር 37፡21-22
“እቶም ብሩኻቱ ንሃገር ኪወርስዋ፣ እቶም ንሱ ዚረግሞም ግና ኪጸንቱ እዮም እሞ፣ ረሲእ ይልቃሕ ኣይመልስን'ውን፣ ጻድቕ ግና ርሕሩሕ እዩ እሞ ይህብ።”

1ይ ተሰሎንቄ 4፡6-7
“ኣምላኽሲ ንቕድስና እምበር፡ ንርኽሰት ኣይጸውዓናን እሞ፡ እግዚኣብሄር ብኸሉ እዚ ነገርዚ ሕነ ዚፈዲ ስለ ዝኾነ፡ ንሕና'ውን፡ ቀደም ከም ዝበልናኩምን ዝመስከርናልኩምን፡ ሓደ እኳ ንሓዉ በዚ ነገርዚ ኣየናሽዎን ኣይበለጸሉን።”

ቆሎሴ 3፡9-10
“ንስኻትኩም፡ ነቲ ኣረጊት ሰብ ምስ ግብሩ ቐንጢጥኩም፡ ከምቲ ምስሊ እቲ ዝፈጠሮ ጌርኩም፡ ነቲ ንፍልጠት ዚሕደስ ሓድሽ ሰብ ዝለበስኩም፡ ንሓድሕድኩም ኣይትተሓሳሰዉ።”

ዘሌዋውያን 25፡17
“ኣነ እግዚኣብሄር ኣምላኽኩም እየ እሞ፡ ሓደ እኳ ንብጻዩ ኣይዓምጽ፡ ንኣምላኽካ ደኣ ፍራህ።”

ኢሳያስ 33፡15-16
“እቲ ብጽድቂ ዚመላለስን ቅንዕና ዚዛረብን፡ ረብሓ ምጭቋን ዚንዕቕ፡ መማለዲ ኸይቅበል ድማ ኢዱ ዚንዝንዝ፡ ብናይ ምኽዓው ደም ከይሰምዕ ከኣ ኣእዛኑ ዚውትፍ፡ እከይ ከይርኢ'ውን ኣዒንቱ ዚዕምትሲ፡ ንሱ ኣብ በሪኽ ኪነብር፡ ኣኻውሕ እምባታት ከኣ ጸግዑ ክኸውን፡ እንጌራኡ ኪረከብ ማዩ'ውን ንሓዋሩ ኣይኪነጽፍን እዩ።”

ምሳሌ 16፡8
“ካብ ብዙሕ እቶት ምስ ዓመጻ፡ ሒደት ምስ ጽድቂ ይሓይሽ።”

45. ተስፋ

መዝሙር 42፡11
“ነፍሰየ፣ ንምንታይ ትጕህዩ፤ ንምንታይሲ ኣብ ውሽጠይ ትህውኽኒ ኣሎኺ፧ ንምድሓን ገጸይን ኣምላኸይን ገና ኽመስግኖ እየ እሞ፣ ተስፋኺ ኣብ ኣምላኽ ግበሪ።”

1ይ ጴጥሮስ 1፡21
“ንስኻትኩም፡ እምነትኩምን ተስፋኹምን ናብ ኣምላኽ ምእንቲ ኪኸውን፡ በቲ ኻብ ምዉታት ዘተንስኦ ክብሪ'ውን ዝሃቦ ኣምላኽ ኣሚንኩም ኣሎኹም።”

1ይ ጴጥሮስ 1፡13
“ስለዚ ሓቛቑ ልብኹም ተዓጢቕኩም እናተጠንቀቕኩም፡ ነቲ ብምግሃድ የሱስ ክርስቶስ እትረኽብዎ ጸጋ ምሉእ ተስፋ ግበሩ”

ቆሎሴ 1፡27
“. . . ክርስቶስ ኣባኻትኩም፡ ተስፋ ኽብሪ እዩ።”

መዝሙር 31፡24
“ኣቱም ብእግዚብሄር ተስፋ እትገብሩ ኹሉኹም፣ በርትዑ፣ልብኹም'ውን ይጽናዕ።”

መዝሙር 71፡5
“ዎ እግዚኣብሄር ኣምላኸ፣ ተስፋይን ካብ ንእስነተይ ጀሚርካ እምንቶይን ንስኻ ኢኻ፡”

1ይ ጴጥሮስ 1፡3
“እቲ ንዘይሓልፍን ዘይረክስን ዘይጽምሉን ኣብ ሰማያት ተኣርኒብልኩም ዘሎ ርስቲ፡ ብናይ የሱስ ክርስቶስ ትንሳኤ ካብ ምውታት ብዝሒ ምሕረት ንህያው ተስፋ ብሓድሽ ዘወለደና ኣምላኽ፡ ኣቦ ጐይታና የሱስ ክርስቶስ ይባረኽ፡”

ሮሜ 15፡13
“ብሓይሊ መንፈስ ቅዱስ ኣዚኹም ብተስፋ ምእንቲ ኽትህብትሙስ፡ እቲ ናይ ተስፋ ኣምላኽ ኲሉ ሓጐስን ሰላምን ዘበለ ብእምነት ይምላእኩም።”

46. ምቕባል ጋሻን ምትሕግጋዝን

1ይ ጴጥሮስ 4፡9-10
“ብዘይ ምዕዝምዛም ንሓድሕድኩም ግሽነት ተቓባበሉ። ነፍሲ ወከፍ ከምቲ እተቐበሎ ውህበት ጸጋ፡ ከም ሕያዎት መገብቲ ናይቲ ብዙሕ ዝዓይነቱ ጸጋ ኣምላኽ ንሓድሕድኩም ኣገልግሉ።”

ያዕቆብ 2፡15-16
“ሓው ወይስ ሓብቲ እንተ ዓረቑ፡ ናይ ዕለት ምግቢ’ውን እንተ ሰኣኑ፡ እሞ ንስጋኦም ዜድሊ ከይሃብኩምዎምሲ፡ ሓደ ካባኻትኩም፡ ብሰላም ኪዱ፡ ሙቑ፡ ጽገቡ፡ እንተ በሎም፡ እንታይ ይጠቕም፧”

ሮሜ 12፡13
“ብዜድልዮም ንቕዱሳን ኣማቕሉ፡ ንምቕባል ጋሻ ተቓዳደሙ።”

ማርቆስ 9፡41
“ናይ ክርስቶስ ስለ ዝኾንኩም፡ ጣሳ ማይ ዝሑል ብስመይ ዜስትየኩም ዘበለ፡ ዓስቡ ኸም ዘይስእን፡ ብሓቂ እብለኩም ኣሎኹ።”

ግብሪ ሃዋርያት 20፡35
“ነቲ ጐይታና የሱስ ባዕሉ፡ ካብ ምቕባልሲ ምሃብ ኣዝዩ ይባርኽ፡ ዝበሎ ቓል እናዘከርካ፡ ከምዚ ጌርካ፡ ምዕያይን ንድኹማት ምእላይን ከም ዚግባእ፡ ብኹሉ ኣርኤኹኹም።”

1ይ ዮሃንስ 3፡ 17-18
“ግናኸ ዝኾነ ይኹን ጥሪት እዛ ዓለም እዚኣ ዘለዎ እሞ ሓዉ ተሸጊሩ ኸሎ እናረኣዮስ ድንጋጹ ዚዓጽወሉ፡ ፍቕሪ ኣምላኽ ከመይ ኢላ ኣብኡ ትነብር፧ ኣቱም ደቀየ፡ ብግብርን ብሓቅን እምበር፡ ብቓልን ብልሳንን ኣይንፋቐር።”

ማቴዎስ 25፡35-40
“ጠምየ ነበርኩ እሞ፡ ኣብላዕኩምኒ። ጸሚኤ፡ ኣስቴኹምኒ። ገይሽ፡ ተቐበልኩምኒ። ዓሪቐ፡ ከደንኩምኒ። ሓሚመ፡ በጻሕኩምኒ። ተኣሲረ፡ መጻእኩምኒ። ሽዑ እቶም ጻድቃን ይመልስሉ፡ ጐይታይ፡ መኣዝ ጠሚኻ ርኢናካ እሞ ኣብላዕናካ፧ ወይ ጸሚእካስ ኣስቴናካ፧ መኣዝከ ጋሻ ኰንካ ርኢናካ ኣሞ ተቐበልናካ፧ ወይ ዓሪቕካስ ከደንናካ፧ መኣዝከ ሓሚምካ ርኢናካ ወይ ተኣሲርካስ በጻሕናካ፧ ይብሉ። እቲ ንጉስ ከኣ፡ እቲ ኻብዞም ናእሽቱ ኣሕዋተይ ንሓደ ዝገበርኩምሉ ንኣይ ከም ዝገበርኩምለይ፡ ብሓቂ እብለኩም ኣሎኹ፡”

እብራውያን 13፡2
“ገሊኣቶም ከይፈለጡ ብእኡ ንመላእኽቲ ኸም ኣጋይሽ ተቐቢሎም ኣለዉ እሞ፡ ምቕባል ኣጋይሽ ኣይትረስዑ።”

47. ትሕትና

ማቴዎስ 18፡4
“እቲ ኸምዚ ቈልዓ'ዚ ርእሱ ዜትሕት፡ ንሱ እዩ ኣብ መንግስተ ሰማያት ዚበልጽ።”

መዝሙር 10፡17
“ዎ እግዚኣብሄር፣ መሬታዊ ሰብ ንምግፋዕ ከይቕጽል፣ ንዘኽታምን ንጥቑዕን ክትብይነሎምሲ፣ ነእዛንካ ተድንነን፣ ንሃረርታ ትሑታት ትሰምዖ፣ ንልቦም ተበርትዖ ኢኻ።”

ማቴዎስ 23፡11-12
“እቲ ኻባኻትኩም ዚበልጽሲ ግዙእኩም ይኹን። ርእሱ ዘልዓለ ኺሓስር፡ ርእሱ ዘትሓተ ኸኣ ልዕል ኪብል እዩ።”

ኢሳያስ 57፡15
“ስለዚ እቲ ንዘለኣለም ዚነብር ልዑልን ዕዙዝን ቅዱስ ዝስሙን ከምዚ ይብል ኣሎ፡ ኣብቲ ልዑልን ቅዱስን ስፍራ እነብር ኣሎኹ፡ ግናኸ ንመንፈስ ትሑታት ህያው ክገብሮ፡ ንልቢ ድቑሳት ከኣ ህያው ክገብሮስ፡ ምስቲ ድቑስን ትሑትን መንፈስ ዘለዎ ሰብ ድማ እነብር ኣሎኹ።”

ምሳሌ 16፡19
"ምስቶም ዕቡያት ዘመተ ኻብ ምክፋልሲ፡ ምስቶም መሳኪን ደኣ ብመንፈስ ትሑት ምዃን ይሓይሽ።"

ምሳሌ 3፡34
"ንሱ ንመላገጽቲ የላግጸሎም፡ ንትሑታት ግና ጸጋ ይህቦም።"

ያዕቆብ 4፡6
"ንሱ ግና ኣብዚሑ ጸጋ ይህብ። ስለዚ ድማ፡ ኣምላኽ ንዕቡያት ይጻረሮም፡ ንትሑታት ግና ጸጋ ይህቦም፡ ይብል።"

ምሳሌ 22፡4
"ዓስቢ ትሕትናን ፍርሃት እግዚኣብሄርሲ ሃብትን ክብረትን ህይወትን እዩ።"

ማቴዎስ 5፡5
"ዓቃላት፡ ንምድሪ ኺወርስዋ እዮም እሞ፡ ብጹኣን እዮም።"

ምሳሌ 15፡33
"ፍርሃት እግዚኣብሄር ናይ ጥበብ ትምህርቲ እዩ፡ ንኽብረት ከኣ ትሕትና ትቕድማ።"

ምሳሌ 29፡23
"ንሰብ ትዕቢት የዋርዶ፡ ብመንፈሱ ትሑት ዝኾነ ግና ክብረት ይረክብ።"

መዝሙር 149፡4
"እግዚኣብሄር ንህዝቡ ብሂግዎም እዩ እሞ፡ ንትሑታት ብምድሓን ይስልሞም።"

1ይ ጴጥሮስ 5፡6
"ደጊም ብጊዜኡ ንሱ ልዕል ምእንቲ ኼብለኩም፡ ኣብ ትሕቲ እታ ጽንዕቲ ኢድ ኣምላኽ ትሕት በሉ።"

መዝሙር 25፡9
“ንትሑታት ብፍርዲ ኺመርሖም፣ ንትሑታት'ውን መገዱ ኺስተምህሮም እዩ።”

መዝሙር 37፡11
“ትሑታት ግና ንምድሪ ኺወርስዋ እዮም፣ ብብዝሒ ሰላም ከኣ ደስ ኪብሎም እዩ።”

48. ትብዓት

መዝሙር 27:14
“ብእግዚኣብሄር ተተሰፎ፣ በርትዕ፣ ልብኻ ቀጥ ይበል፣ ኣጆኻ፣ እወ፣ ብእግዚኣብሄር ተስፋ ግበር ።”

መዝሙር 31፡24
“ኣቱም ብእግዚኣብሄር ተስፋ እትገብሩ ኹሉኹም፣ በርትዑ፣ ልብኹም'ውን ይጽናዕ።”

ኢያሱ 1፡9
“ጽናዕ፡ ትባዕ፡ ኢለዶ ኣይኣዘዝኩኻን፧ እግዚኣብሄር ኣምላኽካ፡ ኣብ እትኸዶ ኹሉ ምሳኻ እዩ እሞ፡ ኣይትፍራህ ኣይትሸበር ከኣ።”

ኢሳያስ 43፡1
“ሕጂ ግና ኣታ ያእቆብ፡ እቲ ዝፈጠርካ፡ ኣታ እስራኤል ድማ፡ እቲ ዝደኰነካ እግዚኣብሄር ከምዚ ይብል፡ ተበጅየካ እየ እሞ፡ ኣይትፍራህ፡ ብስምካ ጸዊዐኩኻ፡ ንስኻ ናተይ ኢኻ።”

መዝሙር 23:4
“በትርኻን ምርኩስካን የጸናንዓኒ እዩ፣ ንስኻ ምሳይ ኢኻ እሞ፣ ብርባርባ ድነ ሞት እኳ እንተ ኸድኩ፣ ከፉእ ኣይፈርህን እየ።”

ኢሳያስ 40፡29
“ንድኹም ሓይሊ ይህብ፡ ንስኑፍ ከኣ ብርታዔ ይውስኽ።”

2ይ ነገስት 6:16
"...ካብቶም ምሳታቶም ዘለዉስ ምሳና ዘለው ይበዝሑ እዮም እሞ፡ ኣይትፍራህ፡"

ፊሊ.ፒ 4:13
"በቲ ሓይሊ ዚህበኒ ብክርስቶስ ንዅሉ ክኽእሎ እየ።"

1ይ ቆረንጦስ 16:13
"ንቐሑ፡ ኣብ እምነት ጽንዑ፡ ሰብኡት ኩኑ፡ በርትዑ።"

49. ሓጎስ

ኢሳያስ 55:12
"ብሓጐስ ክትወጹ፡ ብሰላም ድማ ክትስነዩ ኢኹም እሞ፡ ኣኽራንን ኰረቢትን ቀቅድሜኹም እልል ኪብሉልኩም፡ ኲሎም ኣእዋም መሮር'ውን ኬጣቕዑልኩም እዮም።"

መዝሙር 89:15-16
"እቲ እልልታ ዚፈልጥ ህዝቢ ብጹእ እዩ፣ ዎ እግዚኣብሄር፣ ብብርሃን ገጽካ ይመላለሱ። ብስምካ ምሉእ መዓልቲ ይሕጐሱ፣ ብጽድቕኻ'ውን ልዕል ይብሉ።"

መዝሙር 4:7
"ካብቲ እቶም እኽሎምን ወይኖምን ምስ በዝሐ ዚሕጐስዎ ኣብሊጽካ ኣብ ልበይ ሓጐስ ኣንበርካ።"

መዝሙር 126:5-6
"ብንብዓት ዚዘርኡ ብእልልታ ይዓጽዱ። ዘርኢ ተሰኪሙ ብብኽያት ይወፍር፣ እንዳእቱ ተሰኪሙ ብእልልታ ይምለስ።"

መዝሙር 97:11-12
"ብርሃን ንጻድቃን፣ ደስታ ኸኣ ንቕኑዓት ልቢ ተዘርኤ። ኣቱም ጻድቃን፣ ብእግዚኣብሄር ተሓጐሱ፣ ንቕዱስ ስሙ'ውን ኣመስግንዎ።"

መዝሙር 16፡11
“ንመገዲ ህይወት ትሕብረኒ፣ ኣብ ቅድሚ ገጽካ ናይ ሓጐስ ጽጋብ፣ ኣብ የማናይካ'ውን ንዘለኣለም ብጽእና ኣሎ።”

ዮሃንስ 15፡11
“ሓጐሰይ ኣባኻትኩም ምእንቲ ኺጸንዕ፡ ሓጐስኩም'ውን ኪፍጸምሲ፡ እዚ ነገርኩኹም።”

1ይ ጴጥሮስ 1፡8-9
“ነዚ ኸይርኤኩምዎ እተፍቅርዎ፡ ሕጂ'ውን ከይርኤኹምዎ ብእኡ እትኣምኑ ዘሎኹም፡ ነቲ መደምደምታ እምነትኩም፡ ንሱ ድማ ምድሓን ንፍሳትኩም፡ ምስ ረኸብኩምዎ፡ ብዘይንገርን ክቡርን ሓጐስ ትሕጐሱ ኢኹም።”

ዕንባቆም 3፡18
“ኣነ ግና ብእግዚኣብሄር ባህ ክብል፣ ብኣምላኽ ምድሓነይ እልል ክብል እየ።”

ኢሳያስ 51፡11
“እቶም እግዚኣብሄር እተበጀዎም ኪምለሱ፡ እልል እናበሉ ናብ ጽዮን ኪመጹ እዮም፡ ዘለኣለማዊ ሓጐስ ከኣ ርእሶም ኪኸልል እዩ፡ ደስታን ሓጐስን ኪረኽቡ እዮም፡ ጓህን እህህታን ኪሃድም እዩ።”

መዝሙር 33፡21
“ኣብ ቅዱስ ስሙ ኣዕቂኑብና ኢና እሞ፣ ልብና ብእኡ ይሕጐስ ኣሎ።”

ነህምያ 8፡10
“ሓጎስ እግዚኣብሄር ሓይልኹም እዩ እሞ፡ ኣይትጕሃዩ፡”

ኢሳያስ 61፡10
“ከምቲ ኣኽሊል ኣብ ርእሱ ዝደፍኤ መርዓዊ፡ ከምታ ብስልማት እተሰለመት መርዓት፡ እግዚኣብሄር ልብሲ ምድሓን ኣልቢሱኒ፡ ብመርገፍ ጽድቂ'ውን ኣጐልቢቡኒ እዩ እሞ፡ ብእግዚኣብሄር ኣዝየ እሕጐስ፡ ነፍሰይ ብኣምላኽይ ባህ ይብላ ኣሎ።”

መዝሙር 63፡5-7
“ረዲኤተይ ንስኻ ኢኻ፣ ኣብ ትሕቲ ጽላል ኣኽናፍካ እሕጕስ ኣሎኹ እሞ፣ ኣብ ምድቃሰይ ክዝክረካ፣ ብለይቲ እናነቓሕኩ ክሓስበካ ከለኹ፣ ነፍሰይ ከም ብስብሕን ኣንጕዕን ትጸግብ፣ ኣፈይ’ውን ብኽናፍር እልልታ ኺመስግነካ እዩ።”

መዝሙር 68፡3
“ጻድቃን ግና ይሕጐሱ፣ ኣብ ቅድሚ ኣምላኽ ደስ ይብሎም፣ ባህ ኢልዎም ድማ እልል ይብሉ።”

ፊሊ.ፒ 4፡4
“ብጐይታ ኹሉ ሳዕ ተሓጐሱ፡ ደጊመ፤ ተሓጐሱ፡ እብል ኣሎኹ።”

50. ነዊሕ ህይወት (ዕድመ)

ዘዳግም 5፡33
“ኣብታ እትወርስዋ ምድሪ ምእንቲ ብህይወት ክትነብሩ፡ ኪጽብቐልኩም’ውን ዕድሜኹም ድማ ኪነውሕ፡ በታ እግዚኣብሄር ኣምላኽኩም ዝኣዘዘኩም ኵላ መገዲ ኺዱ።”

ምሳሌ 3፡1-2
“ወደየ፡ ምንዋሕ መዓልትታትን ዓመታት ህይወትን ሰላምን ኪውሰኸልካ እዩ እሞ፡ ንሕገይ ኣይትረስዓዮ፡ ልብኻ’ውን ንትእዛዛተይ ይሓልወን።”

ዘዳግም 6፡2
“ንስኻን ወድኻን ደቂ ደቅኻን ምሉእ ዕድሜኻ ንእግዚኣብሄር ኣምላኽካ ምእንቲ ኽትፈርህ፡ ዕድሜኻ ድማ ምእንቲ ኺነውሕ፡ እዚ ኣነ ዝእዝዘካ ዘሎኹ ኹሉ ትእዛዛቱን ሕጋጋቱን ሓሉ።”

መዝሙር 91፡16
“ነዊሕ ዕድመ ኽጽግቦ፣ ምድሓነይ’ውን ክርእዮ እየ።”

ምሳሌ 10፡27
“ንእግዚኣብሄር ምፍራህ ዕድመ የንውሕ፡ ዓማታት ረሲእ ግና ኺሓጽራ እየን።”

ምሳሌ 9፡11
“ዕለታትካ ብኣይ እየን ዚበዝሓ፡ ዓመታት ዕድሜኻ'ውን ኪውሰኻልካ እየን . . .”

ኤፌሶን 6፡2-3
“ኣቦኻን ኣዴኻን ኣኽብር፡ ጽቡቕ ኪኾነልካ፡ ኣብ ምድሪ'ውን ዕድሜኻ ኺነውሕ፡ እዚ ተስፋ ዘለዎ ቐዳማይ ትእዛዝ እዩ።”

51. ፍቕሪ

1ይ ዮሃንስ 4፡7-8
“ኣቱም ፍቁራተይ፡ ፍቕሪ ኻብ ኣምላኽ እያ እሞ፡ ንሓድሕድና ንፋቐር። ዜፍቅር ዘበለ ኹሉ ኻብ ኣምላኽ እተወልደ እዩ፡ ንኣምላኽ'ውን ይፈልጦ እዩ።ኣምላኽ ፍቕሪ እዩ እሞ፡ እቲ ዘየፍቅር ንኣምላኽ ኣይፈልጦን እዩ።”

1ይ ቆረንጦስ 13:1-8
“ብቛንቋታት ሰብን መላእኽትን እንተ ዝዛረብ፡ ፍቕሪ ኻብ ዘይትህልወኒ፡ ከም ዜድሂ ኣስራዚ ወይስ ጭልጭል ከም ዚብል ጸናጽል ምኾንኩ። ትንቢት እንተ ዚህልወኒ፡ ኩሉ ምስጢራትን ኩሉ ፍልጠትን እንተ ዝፈልጥ፡ ኣኽራን ክሳዕ ዘግዕዝ ከኣ ኩሉ እምነት እንተ ዚህልወኒ፡ ፍቕሪ ኻብ ዘይትህልወኒ፡ ከንቱ ምኾንኩ ነይረ። ኩሉ ገንዘበይ ከኣ ንድኻታት እንተ ዝዕድል፡ ስጋይ'ውን ንምንዳድ ኣሕሊፈ እንተ ዝህብ፡ ፍቕሪ ኻብ ዘይትህልወኒ፡ ሓንቲ እኳ ኣይጠቕመንን እዩ። ፍቕሪ ዓቃል እያ፡ ፍቕሪ ለዋህ እያ፡ ፍቕሪ ኣይትቐንእን፡ ፍቕሪ ኣይትጀሃርን ኣይትንፋሕን፡ ኣይተስተሓፍርን፡ ናታ ኣይትደልን፡ ኣይትምረርን፡ ኣይትቕየምን እያ፡ ብሓቂ ትሕጐስ እምበር፡ ብዓመጽ ባህ ኣይብላን። ኩሉ ትጻውር፡ ኩሉ ትኣምን፡ ኩሉ ተስፋ ትገብር፡ ኩሉ ትዕገስ። ፍቕሪ ከቶ ኣይተቛርጽን እያ፡”

1ይ ዮሃንስ 4:10-12
“ኣምላኽ ባዕሉ ስለ ዘፍቀረና፡ ብናይ ሓጢኣትና መተዓረቒ ኪኸውን ኢሉ ድማ ወዱ ስለ ዝሰደደልና እዩ እምበር፡ ንሕና ንኣምላኽ ስለ

ዘፍቀርናዮ ኣይኮነን፡ እታ ፍቕሪ በዚ እያ። ኣቱም ፍቁራተይ፡ ኣምላኽ ከምዚ ገይሩ ኻብ ኣፍቀረናስ፡ ንሕና'ውን ንሓድሕድና ኽንፋቐር ይግብኣና እዩ። ሓደ እኳ ንኣምላኽ ዝረኣዮ ከቶ የልቦን፡ ንሓድሕድና እንተ ተፋቐርና፡ ኣምላኽ ኣባና ይነብር፡ ፍቕሩ'ውን ኣባና ትፍጸም።"

ዮሃንስ 15፡12-14
"ከምቲ ኣነ ዘፍቀርኩኹም፡ ንሓድሕድኩም ክትፋቐሩ፡ ትእዛዘይ እዚ እዩ። ሰብ ንህይወቱ ኣብ ክንዲ ኣዕሩኹ በጃ ኼሕልፍ፡ ካብዚ ዚዓቢ ፍቕሪ የልቦን። ንስኻትኩም እዚ ዝኣዘዝኩኹም ዘበለ ኹሉ እንተ ገበርኩም፡ ኣዕሩኽይ ኢኹም።"

ዮሃንስ 13፡34-35
"ንሓድሕድኩም ክትፋቐሩ፡ ከምቲ ኣነ ዘፍቀርኩኹም፡ ከምኡ ጌርኩም ከኣ ንሓድሕድኩም ክትፋቐሩ፡ ሓድሽ ትእዛዝ እህበኩም ኣሎኹ። ንሓድሕድኩም ፍቕሪ እንተላትኩም፡ በዚ ደቀ መዛሙርተይ ምዃንኩም ኩሉ ክፈልጥ እዩ።"

ማርቆስ 12፡30-31
"ንእግዚኣብሄር ኣምላኽካ ብምሉእ ልብኻን ብኹሉ ነፍስኻን ብኹሉ ሓሳብካን ብኹሉ ሓይልኻን ኣፍቕሮ። እታ ቀዳመይቲ ትእዛዝ እዚኣ እያ። እታ ኻልኣይታ እትመስላ ድማ ፥ ንብጻይካ ኸም ነፍስኻ ኣፍቕሮ፡ እያ። ካብ እዚኣተን እትዓቢ ካልእ ትእዛዝ የልቦን።"

1ይ ዮሃንስ 4፡16፥19-20
"ንሕና'ውን ነታ ኣምላኽ ኣባና ዘላቶ ፍቕሪ ፈሊጥናያን ኣሚንናያን ኣሎና። ኣምላኽ ፍቕሪ እዩ፡ እቲ ኣብ ፍቕሪ ዚነብር ከኣ ኣብ ኣምላኽ ይነብር፡ ኣምላኽ'ውን ኣብኡ ይነብር።ንሱ ቅድም ኣፍቂሩና እዩ እሞ፡ ንሕና'ውን ነፍቅር ኢና። ነቲ ዝረኣዮ ሓዉ ዘየፍቅሮስ፡ ነቲ ዘይረኣዮ ኣምላኽ ኬፍቅሮ ኣይከኣሎን እዩ እሞ፡ ንሓዉ እናጸልኣስ፡ ንኣምላኽ ኤፍቅሮ እየ፡ ዚብል እንተሎ፡ ንሱ ሓሳዊ እዩ።"

ኤርምያስ 31፡3
"እግዚኣብሄር ካብ ርሑቕ ተራእየኒ፡ ብናይ ዘለኣለም ፍቕሪ ኣፍቀርኩኺ፡ ስለ'ዚ ኸኣ ብምሕረት ሰሓብኩኺ።"

52. <u>ክርስትያናዊ ፍቕሪ</u>

ዮሃንስ 13፡34-35
"ንሓድሕድኩም ክትፋቐሩ፡ ከምቲ ኣነ ዘፍቀርኩኹም፡ ከምኡ ጌርኩም ከኣ ንሓድሕድኩም ክትፋቐሩ፡ ሓድሽ ትእዛዝ እህበኩም ኣሎኹ። ንንሓድሕድኩም ፍቕሪ እንተላትኩም፡ በዚ ደቀ መዛሙርተይ ምዃንኩም ኵሉ ኺፈልጥ እዩ።"

ሮሜ 12፡9-10
"ፍቕሪ ብዘይግብዝና ትኹን። ንኽፉኣት ፈንፍንዎ ኣብ ሰናይ ልገቡ። ንሓድሕድኩም ብምኽብባር እናተቓዳደምኩም፡ ብፍቕሪ ኣሕዋት ንሓድሕድኩም ብለውሃት ተፋቐሩ።"

1ይ ተሰሎንቄ 4፡9
"ብናይ ፍቕሪ ሕውነት ግና፡ ንስኻትኩም ባዕላትኩም ንሓድሕድኩም ንምፍቃር ካብ ኣምላኽ ተምሂርኩም ኢኹም እሞ፡ ክንጽሕፈልኩም ኣየድልየኩምን እዩ።"

1ይ ዮሃንስ 2፡10
"እቲ ንሓዉ ዜፍቅሮ ኣብ ብርሃን እዩ ዚነብር፡ መዓንቀፊ'ውን ኣብኡ የልቦን።"

1ይ ጴጥሮስ 1፡22
"ንሓቂ እናተኣዘዝኩምዎን፡ ግብዝና ንዜብላ ፍቕሪ ኣሕዋት ንነፍስኹም ኣጽርዩ፡ ብንጹህ ልቢ ንሓድሕድኩም ብሓቂ ተፋቐሩ፡"

1ይ ዮሃንስ 4፡7-8
"ኣቱም ፍቁራተይ፡ ፍቕሪ ኻብ ኣምላኽ እያ እሞ፡ ንሓድሕድና ንፋቐር። ዜፍቅር ዘበለ ኹሉ ኻብ ኣምላኽ እተወልደ እዩ፡ ንኣምላኽ'ውን ይፈልጦ እዩ። ኣምላኽ ፍቕሪ እዩ እሞ፡ እቲ ዘየፍቅር ንኣምላኽ ኣይፈልጦን እዩ"

1ይ ዮሃንስ 3፡18
"ኣቱም ደቀየ፡ ብግብርን ብሓቅን እምበር፡ ብቓልን ብልሳንን ኣይንፋቐር።"

1ይ ዮሃንስ 4:11
"ኣቱም ፍቁራተይ፡ ኣምላኽ ከም'ዚ ገይሩ ኻብ ኣፍቀረናስ፡ንሕና'ውን ንሓድሕድና ኽንፋቐር ይግብኣና እዩ።"

ቆሎሴ 3:12-13
"እምብኣርሲ ኸም ሕሩያት ኣምላኽን ቅዱሳንን ፍቁራትን ኴንኩም፡ ምሕረት ልቢ፡ ለውሃት፡ ትሕትና፡ ዓቕሊ፡ ትዕግስቲ ልበሱ። ንሓድሕድኩም እናተጻወርኩም፡ እቲ ሓደ ኣብቲ ሓደ ኽሲ እንተለዎ፡ ይቕረ ተባሃሃሉ። ከምቲ ክርስቶስ ይቕረ ዝበለልኩም፡ ንስኻትኩም'ውን ከምኡ ይቕረ በሉ። ኣብ ልዕሊ እዚ ዅሉ'ውን ፍቕሪ፡ ማእሰር ፍጻሜ እያ እሞ፡ ልበስዋ።"

53. ምእዛዝ

ዘዳግም 30:15-16
"ርአ፡ ሎሚ ህይወትን፡ ሞትን፡ ጽቡቕን ክፉእን ኣብ ቅድሜኻ ኣንቢረልካ ኣሎኹ። ብህይወት ምእንቲ ኽትነብርን ክትበዝሕን፡ ኣብታ ኽትወርሳ እትኣትዋ ዘሎኻ ሃገር፡ እግዚኣብሄር ኣምላኽካ ምእንቲ ኺባርኸካ ድማ፡ ንእግዚኣብሄር ኣምላኽካ ኽተፍቅሮ፡ ብመገዱ ኽኣ ክትከይድ ትእዛዛቱን ሕጋጋቱን ፍርድታቱን ድማ ክትሕሉ፡ ኣነ ሎሚ እእዝዘካ ኣሎኹ።"

ኢሳያስ 48:17-18
"እግዚኣብሄር፡ እቲ ተበጃዊኻ ናይ እስራኤል ቅዱስ፡ ከምዚ ይብል፡ ነቲ ዚጠቕም ዝምህረካን፡ በታ እተኸደላ መገዲ ዝመርሓካን ኣነ እግዚኣብሄር ኣምላኽካ እየ። ኣየ፡ ትእዛዛተይ ሰሚዕካ እንተ ትኸውንሲ፡ ሰላምካ ኸም ወሓዚ፡ ጽድቕኻ'ውን ከም ማዕበል ባሕሪ ምኾነ ነይሩ።"

ኤርምያስ 7:23
"ዝኣዘዝክዎምሲ እዚ ደኣ እዩ፡ ድምጻይ ስምዑ፡ ኣነ ኸኣ ኣምላኽኩም ክኸውን እየ፡ ንስኻትኩም ድማ ህዝበይ ክትኰኑ ኢኹም። ጽቡቕ ምእንቲ ኽትረኽቡ'ውን፡ በቲ ኣነ ዝእዝዘኩም ዘበለ ዅሉ መገድታት ተመላለሱ።"

ዘዳግም 6፡18
“ከምቲ እግዚኣብሄር እተዛረቦ፡ ምእንቲ ኺጽብቐልካ፡ ንዅሎም ጸላእትኻ ኻብ ቅድሜኻ ኪሰጎም፡ ናብታ እግዚኣብሄር ነቦታትካ ዝመሓለሎም ጽብቕቲ ምድሪ ኸኣ ክትኣቱን ክትርስተያን ኣብ ቅድሚ እግዚኣብሄር ቅኑዕን ጽቡቕን ግበር።”

ዘዳግም 6፡3
“ስለዚ፡ ዎ እስራኤል፡ ስማዕ፡ ከምቲ እግዚኣብሄር ኣምላኽ ኣቦታትካ ዝበለካ፡ ኪጽብቐልካን ኣብታ ጸባን መዓርን እተውሕዝ ሃገርን ድማ ኣዚኻ ኽትበዝሕን፡ ክትገብሮ ተጠንቀቕ።”

ዘዳግም 7፡12
“ኪኸውን ድማ እዩ፡ እዚ ፍርድታት እዚ ሰሚዕካ ስለ ዝሓሎኻዮን ስለ ዝገበርካዮን፡ ንኣኻ ድማ እግዚኣብሄር ኣምላኽካ እቲ ነቦታትካ ዝመሓለሎም ኪዳንን ምሕረትን ኪሕልወልካ እዩ፡”

ዘዳግም 5፡29
“እሞ ንኣታቶምን ንደቆምን ንዘለኣለም ምእንቲ ኺጽብቐሎም፡ ኪፈርሁንን ኲሉ ትእዛዛተይ ኪሕልዉን፡ ንሓዋሩ እዚ ልቢ እዚ እንተ ዚህልዎም መን ምሃበ።”

ዘዳግም 29፡9
“እምበኣር እትገብርዎ ዅሉ ምእንቲ ኺሰልጠኩምሲ፡ ቃላት እዚ ኺዳን እዚ ሓልውዎን ግበርዎን።”

ፊሊ.ፒ 4፡9
“ነቲ ኻባይ እተመሃርኩምዎን እተቐበልኩምዎን ዝሰማዕኩምዎን ኣባይ’ውን ዝርኤኹምዎን እዚ ግበርዎ እሞ ኣምላኽ ሰላም ምሳኻትኩም ኪኸውን እዩ።”

ማቴዎስ 5፡19
“እምብኣርሲ ኻብዘን ናእሽቱ ትእዛዛት ሓንቲ ዝሰዓረ፡ ከምኡ’ውን ንሰብ ዝመሃረ፡ ኣብ መንግስተ ሰማያት ንእሽቶ ክበሃል እዩ። እናገበረ ዚምህር ግና፡ ንሱ ኣብ መንግስተ ሰማያት ዓብዪ ክበሃል እዩ።”

ዮሃንስ 14፡23
“የሱስ ከኣ፥ ዜፍቅረኒ እንተሎ፡ ቃለይ ይሕሉ እዩ፡ ኣቦይ ድማ የፍቅሮ፡ ናብኡ’ውን ንመጽእ ኣብኡ ኸኣ ማሕደር ክንገብር ኢና።”

ሮሜ 8፡28
“ንቶም ንኣምላኽ ዜፍቅሩ፡ ከም ምኽሩ’ውን እተጸውዑ ግና ኵሉ ንሰናዮም ከም ዚድግፎም፡ ንፈልጥ ኢና።”

ዮሃንስ 15፡10
“ከምቲ ኣነ ትእዛዛት ኣቦይ ዝሓሎኹ፡ ኣብ ፍቕሩ’ውን ጸኒዔ ዘሎኹ፡ ከምኡ ኸኣ ንስኻትኩም ትእዛዛተይ እንተ ሓሎኹም፡ ኣብ ፍቕረይ ክትጸንዑ ኢኹም።”

ዮሃንስ 5፡24
“እቲ ንቓለይ ዚሰምዖን በቲ ዝለኣኸኒ ዚኣምንን ናይ ዘለኣለም ህይወት ኣላቶ። ንሱ ኻብ ሞት ናብ ህይወት ተሳገረ እምበር፡ ናብ ፍርዲ ኸም ዘይበጽሕ፡ ብሓቂ፡ ብሓቂ እብለኩም ኣሎኹ።”

1ይ ዮሃንስ 2፡17
“ዓለም ትሐልፍ እያ፡ ፍትወታ ኸኣ፡ እቲ ንፍቓድ ኣምላኽ ዚገብር ግና ንዘለኣለም ይነብር።”

ዮሃንስ 8፡51
“ቃለይ ዚሕሉ እንተሎ፡ ንዘለኣለም ሞት ከም ዘይርኢ፡ ብሓቂ፡ ብሓቂ እብለኩም ኣሎኹ፡ ኢሉ መለሰሎም።”

ያዕቆብ 1፡25
“እቲ ኣብቲ ምሉእ ሕጊ፡ ንሱ ድማ ሕጊ ሓርነት፡ ኣጸቢቑ ዚጥምትን ዚጸንዕን፡ ግብሪ ዚገብር እምበር፡ ዘይርስዕ ሰማዒ ግና፡ እዚ ብግብሩ ብጹእ ኪኸውን እዩ።”

1ይ ዮሃንስ 3፡22
“ንትእዛዛቱ እንሕሉን ኣብ ቅድሚኡ ባህ ዜብሎ እንገብርን ስለ ዝኾንና፡ ነቲ እንልምኖ ዘበለ ኻብኡ ንቕበል ኢና።”

ማቴዎስ 12፡50
“ፍቓድ እቲ ኣብ ሰማያት ዘሎ ኣቦይ ዚገብር ዘበለ ዅሉ፡ ንሱ ሓወይን ሓብተይን ኣደይን እዩ፡”

ማቴዎስ 7፡21
“ፍቓድ እቲ ኣብ ሰማይ ዘሎ ኣቦይ ዚገብር እምበር፡ ጐይታይ፡ ጐይታይ፡ ዚብለኒ ኹሉ፡ መንግስተ ሰማይ ዚኣቱ ኣይኮነን።”

መዝሙር 106፡3
“ፍርዲ ዚሕልዉ፣ ኵሉ ጊዜ ጽድቂ ዚገብሩ ብጹኣን እዮም።”

1ይ ሳሙኤል 15፡22
“ሳሙኤል ከኣ፡ ንእግዚኣብሄርሲ ዚሓርር መስዋእትን መስዋእቲ ሕሩድን ከም ምስማዕ ደሃይ እግዚኣብሄር ገይሩዶ የሐጕሶ እዩ፧ እንሆ፡ ምስማዕ ካብ መስዋእቲ፡ ጽን ምባል ድማ ካብ ስብሒ ደዓውል ይበልጽ።”

ዮሃንስ 14፡21
“እቲ ትእዛዛተይ ዘለዎ እሞ ዚሕልዎ፡ ንሱ እዩ ዜፍቅረኒ። ነቲ ዜፍቅረኒ ድማ ኣቦይ የፍቅሮ እዩ፡ ኣነ'ውን ኤፍቅሮ ርእሰይ ከኣ እገልጸሉ።”

54. ትዕግስቲ

ያዕቆብ 5፡7-8
“እምብኣርሲ፡ ኣሕዋተየ፡ ክሳዕ ምጽኣት ጐይታ ተዓገሱ። እንሆ፡ ሓረስታይ ነቲ ኽቡር ፍረ ምድሪ ይጽበዮ፡ ኣኽዛን ማይ ጽብሓትን ክሳዕ ዚረክብ'ውን ይዕገስ እዩ። ንስኻትኩም ከኣ፡ ምጽኣት ጐይታ ቐረባ እዩ እሞ፡ ተዓገሱ፡ ልብኹም'ውን ኣጽንዑ።”

1ይ ጴጥሮስ 2፡20
“ሓጢኣት እናገበርኩም መውቃዕቲ እንተ ተዓገስኩም፡ እንታይ ትምክሕቲ ኣለዎ፡ ሰናይ እናገበርኩም መከራ እንተ ተዓገስኩም ግና፡ እዚ ኣብ ቅድሚ ኣምላኽ ቅቡል እዩ።”

ገላትያ 6:9
"እንተ ዘይተጸልኣናስ፡ ብጊዜኡ ክንዓጽድ ኢና እሞ፡ ንሰናይ ግብሪ ኣይንሰልኪ።"

እብራውያን 10፡23
"እቲ ተስፋ ዝሃበና እሙን እዩ እሞ፡ ነታ እሙንቶ ተስፋና ብዘይ ምንቕናቕ ነጽንዓያ።"

ማቴዎስ 24፡13
"እቲ ኽሳዕ መወዳእታ ዚዕገስ ግና ኪድሕን እዩ።"

እብራውያን 6፡11-12
"ነቶም ብእምነትን ብትዕግስትን ነታ ተስፋ ዚወርስዋ ምእንቲ ኽትመስልዎም እምበር፡ ድንዙዛት ከይትኾኑስ፡ ነፍሲ ወከፍኩም ክሳዕ መወዳእታ ንምምላእ ተስፋኡን ንምጽንዓን እዚ ትግሃት እዚ ኼርኢ፡ ንደሊ ኣሎና።"

እብራውያን 10፡36
"ፍቓድ ኣምላኽ እናገበርኩም፡ ነታ ተስፋ ምእንቲ ኽትረኽብዋስ፡ ትዕግስቲ የድልየኩም እዩ።"

ያዕቆብ 1፡2-4
"ኣሕዋተየ፡ በበይኑ ዝኾነ ፈተና እንተ በጽሓኩም፡ ንዅሉ ኸም ሓጐስ ቍጸርዎ። እቲ ምፍታን እምነትኩም ትዕግስቲ ኸም ዚገብር ፈሊጥኩምሲ፡ ብሓንቲ እኳ ኸይጐደልኩም ፍጹማትን ምሉኣትን ምእንቲ ኽትኰኑ፡ እታ ትዕግስቲ ፍጹም ግብሪ ይሃልዋ።"

ሮሜ 5:3-5
"ግናኽ ብጸበባ ድማ ንመካሕ እምበር፡ እቲ ጸበባስ ትዕግስቲ ኸም ዜምጽእ ስለ ዝፈለጥና፡ በዚ ጥራይ ኣይኰነን። ትዕግስቲ ድማ ምፍታን፡ እቲ ምፍታን'ውን ተስፋ፡ በቲ እተዋህበና መንፈስ ቅዱስ ፍቕሪ ኣምላኽ ኣብ ልብና ስለ ዝፈሰሰ፡ እታ ተስፋ ድማ ኣይተሕፍርን እያ።"

55. ሰላም

ኢሳያስ 57፡19
“ኣነ ፍረ ኸናፍር ክፈጥር እየ፡ ሰላም፡ ሰላም ነቲ ኣብ ርሑቕን ኣብ ቀረባን ዘሎ ይኹን፡ ኣነ'ውን ከሕውዮ እየ፡ ይብል እግዚኣብሄር”

ቆሎሴ 3፡15
“ሰላም ክርስቶስ ከኣ ኣብ ልብኹም ይግዛእ፡ ነዚ ብሓደ ስጋ ተጸዊዕኩም ኢኹም እሞ መማስውቲ ኹኑ።”

ፊሊፒ 4፡7
“እቲ ኻብ ኵሉ ኣእምሮ ዚበልጽ ሰላም ኣምላኽ ድማ ንልብኹምን ሓሳብኩምን ብክርስቶስ የሱስ ኪሕልዎ እዩ።”

ኢሳያስ 32፡17
“ግብሪ ጽድቅስ ሰላም፡ ፍረ ጽድቂ'ውን ህድኣትን ደሓንን ንዘለኣለም ኪኸውን እዩ።”

መዝሙር 37፡37
“ንፍጹም ሰብሲ ጠምቶ፣ እዚ ሰብ እዚ ዳሕራዩ ሰላም እዩ እሞ፣ ነዚ ቕኑዕ ርአዮ።”

2 ይ ተሰሎንቄ 3፡16
“እምብኣርስ ኣምላኽ ሰላም ባዕሉ ብኹሉ ወገን፡ ኵሉ ሳዕ ሰላም ይሃብኩም። ጐይታ ምስ ኵላትኩም ይኹን።”

ዮሃንስ 14፡27
“ሰላም እሓድገልኩም፡ ሰላመይ'ውን እህበኩም ኣሎኹ። እቲ ኣነ ዝህበኩም ዘሎኹስ፡ ከምቲ ዓለም እትህቦ ኣይኮነን። ልብኹም ኣይሸበርን ኣይሰምብድን።”

56. ዓስቢ ብቕንዕና ምምልላስ

መዝሙር 84፡11
"እግዚኣብሄር ኣምላኽሲ ጸሓይን ዋልታን እዩ እሞ፡እግዚኣብሄር ጸጋን ክብርን ይህብ፣ ነቶም ብቕንዕና ዚመላለሱ ሰናይ ዘበለ ኣይኸልኦምን እዩ።"

መዝሙር 34፡10
"ኵራኵር ኣናብስ ይስእኑን ይጠምዩን፣ ንእግዚኣብሄር ዚደልይዎ ግና ሰናይ ዘበለ ከቶ ኣይጐድሎምን።"

ምሳሌ 13፡21
"ንሓጥኣን ሕሰም የባርሮም፡ ጻድቃን ግና ብሰናይ ይፍደዩ።"

ምሳሌ 12፡2
"ደጊ ሰብ ካብ እግዚኣብሄር ሞገስ ይቕበል፡ ተንኰለኛ ግና ይኹንኖ።"

ማቴዎስ 6፡33
"ቅድም መንግስቲ ኣምላኽን ጽድቁን ድለዩ፡ እዚ ኹሉ ድማ ይውሰኸልኩም።"

ምሳሌ 11፡28
"ብሃብቱ ዚእመን ይወድቕ፡ ጻድቃን ግና ከም ቈጽሊ ይልምልሙ።"

መዝሙር 58፡11
"ሰባት ከኣ፣ ብሓቂ ንጻድቕሲ ፍረ ኣለዎ፣ ብሓቂ ኣብ ምድሪ ዚፈርድ ኣምላኽ ኣሎ፣ ኪብሉ እዮም።"

መዝሙር 5፡12
"ንጻድቕ ትባርኾ ኢኻ እሞ፣ ዎ እግዚኣብሄር፣ ከም ብዋልታ ብጸጋ ትኸቦ።"

ኢሳያስ 3፡10
"ንጻድቕ፡ ፍረ ግብሩ ክበልዕ እዩ እሞ፡ ተዓዊትካ በልዎ።"

መዝሙር 23፡6
“ብሓቂ ሳህልን ምሕረትን ብዅሉ ዕድመይ ኪስዕባኒ እየን፣ ኣብ ቤት እግዚኣብሄር ከኣ ንዘለኣለም ክነብር እየ።”

57. ዓወት

ምሳሌ 15፡6
“ኣብ ቤት ጻድቕ ብዙሕ መዝገብ ኣሎ፡ ኣብ እቶት ረሲኣን ግና ህውከት ኣሎ።”

ምሳሌ 22፡4
“ዓስቢ ትሕትናን ፍርሃት እግዚኣብሄርሲ ሃብትን ክብረትን ህይወትን እዩ።”

ኢሳያስ 30፡23
“ንሱ ኸኣ ነቲ ኣብ ምድሪ ዝዘራእካዮ ዘርኢ ዝናም ኪህብ፡ ካብቲ ምድሪ ዚርከብ እንጌራ ድማ ጥዑምን ኣኽልታርፍን ኪኸውን እዩ፡ በታ መዓልቲ እቲኣ ማልካ ኣብ ርሒብ ሽኻታት ኪጓሰያ እየን።”

ዘዳግም 28፡11-14
“ኣብታ እግዚኣብሄር ንኣኻ ኪህበካ፡ ነቦታትካ ዝመሓለሎም ምድሪ ኣብ ፍረ ኸርስኻን ኣብ ፍረ ማልካን ኣብ ፍረ ምድርካን እግዚኣብሄር ብጽቡቕ ኬብዝሓካ እዩ። ዝናም ምድርኻ ብጊዜኡ ምእንቲ ኺህብ እሞ፡ ኵሉ ተግባር ኢድካ ድማ ኪባርኽ፡ እግዚኣብሄር እቲ ጽቡቕ መዝገቡ፡ ሰማይ፡ ኪኸፍተልካ እዩ።ንብዙሓት ህዝብታት ከተለቅሕ ኢኻ፡ ንስኻ ግና ገለ እኳ ኣይትልቃሕን ኢኻ። ነዚ ኣነ ሎሚ ዝእዝዘካ ዘሎኹ ትእዛዛት እግዚኣብሄር ኣምላኽካ ኽትሕልዎን ክትገብሮን እንተ ሰማዕካዮ፡ ካብዚ ኣነ ሎሚ ዝእዝዘኩም ዘሎኹ ዅሉ ነገር ንየማን ወይ ንጸጋም እንተ ዘየግለስካ፡ ንኻልኦት ኣማልኽቲ ኽተገልግሎም ደድሕሪኦም እንተ ዘይሰዓብካ ድማ፡ እግዚኣብሄር ርእሲ እምበር፡ ጭራ ኣይገብረካን፡ ብላዕሊ ጥራይ ትኸውን እምበር፡ ብታሕቲ ኣይትኸውንን።”

መክብብ 5፡19-20
“ኣምላኽ ነቲ ሃብትን ጥሪትን ዝሃቦ ሰብ ካብኡ ኺበልዕን ግዲኡ ኺወስድን ብጻዕሩ ኺሕጎስን እንተ ኣሰልጠኖ፡ ኣምላኽ ናይ ልቡ ሓጎስ

ስለ ገዛሃቦ፡ ነተን መዓልትታት ህይወቱ ኣዝዩ ኣይኪዝክረንን እዩ እሞ፡ እዚ'ውን ውህበት ኣምላኽ እዩ።"

2ይ ጴጥሮስ 1፡3
"እቲ ብፍልጠት ክብሩን ደግነቱን ዝጸውዓና ኣምላኻዊ ሓይሉ ንህይወትን ንፍርሃት እግዚኣብሄርን ዚኸውን ኵሉ ካብ ዚህበና. . ."

ምሳሌ 8፡18-19
"ሃብትን ክብረትን ነባሪ ጥሪትን ጽድቅን ኣባይ ኣሎ። ፍረይ ካብ ወርቂ ኤረ ኻብ ጽሩይ ወርቂ ደኣ፡ ረብሓይ ከኣ ካብ ሕሩይ ብሩር ይበልጽ።"

መዝሙር 112፡3
"ሃብትን ጽጋብን ኣብ ቤቱ እዩ፣ ጽድቁ'ውን ንዘለኣለም ይነብር።"

ዘዳግም 11፡15
"ኣብ ግራሁኻ ድማ ንማልካ ሳዕሪ ኽህበን እየ፡ ክትበልዕን ክትጸግብን ኢኻ።"

መዝሙር 128፡2
"ዕዮ ኣእዳውካ ኽትበልዕ ኢኻ እሞ፣ ብጹእ ኢኻ፣ ደሓን'ውን ክትረክብ ኢኻ።"

ኢሳያስ 65፡21-23
"ኣባይቲ ኺሰርሑን ኪነብሩለንን እዮም፡ ኣታኽልቲ ወይኒ ኺተኽሉ፡ ፍሬኡ'ውን ኪበልዑ እዮም። ዕድመ ህዝበይ ከም ዕድመ ኦም ኪኸውን፡ ሕሩያተይ ድማ ጻማ ግብሪ ኣእዳዎም ኪበልዑ እዮም እሞ፡ ካልኦት ዚነብሩሉ ኣባይቲ ኣይኪሰርሑን፡ ካልኦት ፍሬኡ ዚበልዕዎ ኸኣ ኣይኪተኽሉን እዮም። ንሳቶም ዘርኢ እቶም ብሩኻት እግዚኣብሄር እዮም፡ ተርፎም ከኣ ምሳታቶም ኪነብር እዩ እሞ፡ ንኸንቱ ኣይኪጽዕሩን፡ ብድንገት ዚሞቱ ደቂ ኣይኪውለዱን እዮም።"

ዘዳግም 28፡2-6
"ቃል እግዚኣብሄር ኣምላኽካ እንተ ሰሚዕካስ፡ እዚ ኹሉ በረኸት ኪመጸካን ኪረኽበካን እዩ። ንስኻ ኣብ ከተማ ብሩኽ ትኸውን፡ ንስኻ ኣብ መሮር ድማ ብሩኽ ትኸውን። ፍረ ኸርስኻን ፍረ ምድርካን ፍረ ማልካን ምውላድ ላምካን ምፍራይ ኣባጊዕካን ከኣ ብሩኽ ይኸውን።

መሶብካን መልወሲካን ብሩኽ ይኸውን። ንስኻ ኣብ ምእታውካ ብሩኽ ትኸውን። ንስኻ ኣብ ምውጻእካ'ውን ብሩኽ ትኸውን።"

58. ሓቂ፡ ቃል ሓቂ

መዝሙር 119፡160
"ብዘሎ ቓልካ ሓቂ እዩ፣ ኵሉ ፍርዲ ጽድቅኻ ድማ ንዘለኣለም ይነብር"

ዮሃንስ 17፡17-19
"በቲ ሓቂ ቐድሶም፡ ቃልካ ሓቂ እዩ። ከም'ቲ ንኣይ ናብ ዓለም ዝለኣኽካኒ፡ ከምኡ'ውን ኣነ ናብ ዓለም ለኣኽክዎም። ንሳቶም ብሓቂ ምእንቲ ኪቕደሱስ፡ ኣነ ርእሰይ ስሊኦም እቕድስ ኣሎኹ።"

ኤፌሶን 1፡13-14
"ንስኻትኩም'ውን ብእኡ ቓል ሓቂ፡ ናይ ምድሓንኩም ወንጌል፡ ምስ ሰማዕኩም ብኡኡ'ውን ምስ ኣመንኩም፡ ብናይ ተስፋ መንፈስ ቅዱስ ተሓተምኩም። ንሱ ንምድሓን ጥሪቱ፡ ንውዳሴ ክብሩ፡ ዕርቡን ርስትና እዩ።"

ያዕቆብ 1፡18
"በዅሪ ፍጥረቱ ምእንቲ ክንከውን ኢሉ እዩ ኸም ፍቓዱ ብቓል ሓቂ ዝወለደና።"

መዝሙር 25፡5
"ንስኻ ኣምላኽ ምድሓነይ ኢኻ እሞ፣ ብሓቅኻ ምርሓንን ኣስተምህረንን። ኵሉ መዓልቲ እጽበየካ ኣሎኹ።"

መዝሙር 43፡3
"ብርሃንካን ሓቅኻን ልኣኽ፣ ንሳተን ይምርሓኒ፣ ናብ ቅድስቲ ከረንካን ናብ ማሕደራትካን የብጽሓኒ።"

መዝሙር 86፡11
"ዎ እግዚኣብሄር፣ ብሓቅኻ ምእንቲ ኽመላለስ፣ መገድኻ ምሃረኒ፣ ስምካ ኽፈርህሲ፣ ንልበይ ኣዳልዎ።"

ዮሃንስ 1፡14
“እቲ ቓል ስጋ ኾነ፡ ጸጋን ሓቅን መሊእዎ ኸኣ ኣባና ሓደረ። ክብረቱ ድማ ከም ክብሪ ናይቲ ሓደ ወዲ ነቦኡ ርኤና።”

ዮሃንስ 1፡16-17
“ሕጊ ብሙሴ ተዋሂቡ እዩ እሞ፡ ጸጋን ሓቅን ግና ብየሱስ ክርስቶስ መጸ። እምብኣርከ ንሕና ኹላትና ኻብ ምልኣቱ ጸጋ ኣብ ልዕሊ ጸጋ ተቐበልና።”

ዮሃንስ 8፡31-32
“ስለ’ዚ የሱስ ነቶም ብእኡ ዝኣመኑ ኣይሁድ፡ ንስኻትኩም ኣብ ቃለይ እንተጸናዕኩም፡ ብሓቂ ደቀ መዛሙርተይ ኢኹም። ንሓቂ ኽትፈልጥዋ ኢኹም፡ እታ ሓቂ ድማ ሓራ ኽተውጽኣኩም እያ፡ በሎም።”

1ይ ዮሃንስ 3፡18
“ኣቱም ደቀየ፡ ብግብርን ብሓቅን እምበር፡ ብቓልን ብልሳንን ኣይንፋቐር።”

59. ጥበብ

ያዕቆብ 1፡5
“ሓደ ካባኻትኩም ጥበብ እንተ ጐደሎቶ ግና፡ ነቲ ኸየስተሐፈረ ንዅሉ ብልግሲ ዚህብ ኣምላኽ ይለምኖ፡ ክውሃቦ’ውን እዩ።”

መዝሙር 32፡8
“ኣነ ኽምህረካ፣ ነታ እትኸደላ መገዲ ድማ ከርእየካ እየ፣ ዓይነይ ናባኻ ኣቢለ’ውን ክመኽረካ እየ።”

መክብብ 2፡26
“ነቲ ባህ ዜብሎ ሰብሲ ጥበብን ፍልጠትን ሓጎስን ይህቦ እዩ፥”

መክብብ 7፡11-12
“ጽላል ጥበብ ከም ጽላል ገንዘብ እዩ፡ ግናኸ ጥቕሚ ፍልጠትሲ እታ ጥበብ ንወናኒኣ ብህይወት ምንባር እዩ እሞ፡ ጥበብ ከም ርስቲ ጽብቕቲ እያ፡ ኤረ ነቶም ጸሓይ ዚርእዩስ ኣዝያ ትጠቕሞም እያ።”

ምሳሌ 2፡6
“እግዚኣብሄር ጥበብ ይህብ እዩ እሞ፡ ፍልጠትን ምስትውዓልን ካብ ኣፉ እየን ዚወጻ።”

ምሳሌ 28፡5
“እኩያት ሰባትሲ ቅንዕና ኣየስተውዕሉን፡ እቶም ንእግዚኣብሄር ዚደልይዎ ግና ኩሉ የስተውዕሉ።”

ምሳሌ 9፡10
“መጀመርታ ጥበብ ንእግዚኣብሄር ምፍራሕ እዩ፡ ነቲ ቅዱስ ምፍላጥ ከኣ ምስትውዓል እዩ።”

ምሳሌ 23፡12
“ልብኻ ናብ ተግሳጽ ፡ ኣእዛንካ ድማ ናብ ቃላት ፍልጠት ኣቕልብ።”

ምሳሌ 16፡16
“ካብ ምጥራይ ወርቂ ክንደይ ኰን ምጥራይ ጥበብ ይበልጽ። ካብ ምጥራይ ብሩርሲ ምጥራይ ምስትውዓል ክንደይ ኰን ይኸብር።”

ምሳሌ 13፡20
“ምስ ጠቢባን ዚመላለስ ጠቢብ ይኸውን፡ ምስ ዓያሱ ዚመላለስ ግና ሕሱም ይኸውን።”

60. ቃል ኣምላኽ

ራእይ 1፡3
“እቲ ዘመን ቀረባ እዩ እሞ፡ እቲ ነዚ ቓል ትንቢት እዚ ዜንብብን እቶም ዚሰምዕዎን፡ ነቲ ኣብኡ ተጽሒፉ ዘሎ’ውን ዚሕልውዎን ብጹኣን እዮም።”

2ይ ጴጥሮስ 1፡19
“ኣዝዩ ዝጸንዔ ቓል ትንቢት ከኣ ኣሎና፡ ምድሪ ኽሳዕ ዚወግሕ፡ ኰኾብ ጽባሕ’ውን ኣብ ልብኹም ክሳዕ ዚወጽእ፡ ኣብቲ ስፍራ ጸልማት ከም ዜብርህ መብራህቲ ጌርኩም እንተ ኣስተብሃልኩምሉ፡ ሰናይ ትገብሩ ኣሎኹም።”

እብራውያን 4፡12
“ቃል ኣምላኽ ህያውን መስለጥን እዩ እሞ፡ ካብ ክልተ ዝኣፉ ሰይፊ ዚበልሕ እዩ፡ ነፍስን፡ መንፈስን፡ መፈላልዮን ኣካላትን ኣንጉዕን ክሳዕ ዚፈላሊ ዚሰጥም፡ ኣብ ምሕላንን ሓሳብ ልብን ከኣ ዚፈርድ እዩ።”

መዝሙር 119፡130
“ምኽፋት ቃልካ የብርህ፣ ንገርህታት ኣእምሮ ይህብ።”

መዝሙር 119፡105
“ቃልካ ንእግረይ መብራህቲ፣ ንመገደይ ብርሃን እዩ።”

ሮሜ 10፡17
“እምብኣርሲ እምነት ካብ ምስማዕ እያ፡ ምስማዕ'ውን ብቓል ክርስቶስ እዩ።”

1ይ ጴጥሮስ 2፡2-3
“እግዚኣብሄር ሕያዋይ ምዃኑ ጥዒምኩም እንተ ኄንኩምሲ፡ ብእኡ ንምድሓን ምእንቲ ኽትዓብዩ፡ ከምቶም ሕጂ እተወልዱ ሕጻናት ነቲ ሕዋስ ዜብሉ መንፈሳዊ ጸባ ብሃግዎ።”

ዘዳግም 11፡18
“እምበኣር ነዚ ቓላተይ እዚ ኣብ ልብኹምን ኣብ ነፍስኹምን ኣንብርዎ፡ ንምልክት ከኣ ኣብ ኣእዳውኩም እሰርዎ፡ ኣብ መንኅ ኣዒንትኹም ድማ ክታብ ይኹን።”

ኢያሱ 1፡8
“ነቲ ኣብኡ እተጻሕፈ ምእንቲ ተጠንቂቕካ ኽትገብሮስ፡ መዓልትን ለይትን ኣስተንትኖ እምበር፡ እዚ መጽሓፍ ሕጊ እዚ ኻብ ኣፍካ ኣይትፍለ። ሽዑ መገድኻ ተቕንዕ እሞ፡ ሽዑ ድማ ኪሰልጠካ እዩ።”

ያዕቆብ 1፡21-25
“ስለዚ ንርኽሰት ዘበለን ብዝሒ ኽፍኣትን ኣርሕቑ፡ ነቲ ንነፍስኹም ኬድሕና ዚከኣሎ ትኹል ቃል'ውን ብገርህነት ተቐበልዎ። ገበርቲ ቓል ኩኑ፡ ርእስኹም እናጠበርኩም ሰማዕቲ ጥራይ ኣይትኹኑ። ሓደ እኳ ሰማዕ ቃል ኰይኑ ገባሪ እንተ ዘይኰነ፡ ንሱ ነቲ ንገጽ ፍጥረቱ ብመስትያት ዚርኢ ሰብኣይ እዩ ዚመስል። ነፍሱ ይርኢ እሞ፡ ይኸይድ

ብኡብኡ'ውን ከመይ ምዃኑ ይርስዖ። እቲ ኣብቲ ምሉእ ሕጊ፡ ንሱ ድማ ሕጊ ሓርነት፡ ኣጸቢቑ ዚጥምትን ዚጸንዕን፡ ግብሪ ዚገብር እምበር፡ ዘይርስዕ ሰማዒ ግና፡ እዚ ብግብሩ ብጹእ ኪኸውን እዩ።"

2ይ ጢሞቴዎስ 3፡14-17
"ንስኻ ግና ካብ እንመን ከም እተመሃርካ ፈሊጥካ፡ ነተን ካብ ቍልዕነትካ ጀሚርካ ብእምነት ብክርስቶስ የሱስ ንምድሓን ኬለብማኻ ዚኽእላ ቅዱሳት ጽሑፋት ፈሊጥካ፡ በቲ እተምሃርካዮን እተረዳእካዮን ጽናዕ። እቲ ናይ ኣምላኽ ሰብ፡ ንሰናይ ግብሪ ዘበለ ፈጺሙ ተዳልዩ፡ ፍጹም ምእንቲ ኪኸውንሲ፡ መንፈስ ኣምላኽ ዝነፈሶ ዘበለ ጽሑፍ ንትምህርቲ፡ ንተግሳጽ፡ ንምቕናዕ፡ ንጽድቂ ዚኸውን ምእዳብ ይጠቅም እዩ።"

1ይ ጴጥሮስ 1፡23
"ብህያው ንዘለኣለም ብዚነብር፡ ካብ ቃል ኣምላኽ ካብ ዘይጠፍእ ዘርኢ እምበር፡ ካብ ጠፋኢ ዘርኢ ኣይኰንኩምን ከም ብሓድሽ እተወለድኩም፡"

ግብረ ሃዋርያት 20:32
"ሕጂ ድማ ንኣምላኽን ነቲ ኺሃንጸኩምን ምስ ኲላቶም ቅዱሳን ኬረስትየኩምን ዚኽእል ቃል ጸጋኡን ኤማሕጽነኩም ኣሎኹ።"

61. ፍልጠት ምውሳኽ

ምሳሌ 18፡15
"ልቢ ለባም ሰብ ፍልጠት የጥሪ፡ እዝኒ ጠቢባን ከኣ ፍልጠት ትደሊ።"

2ይ ጴጥሮስ 1:5
"ብትግሃት ዘበለ ተጋደሉ፡ ኣብ እምነትኩም ደግነት ወስኹ፡ ኣብ'ቲ ደግነት'ውን ፍልጠት፡"

ኢሳይስ 54፡13
"ኲላቶም ደቅኺ ብእግዚኣብሄር ኪምሃሩ እዮም፡ ሰላም ደቅኺ'ውን ዓብዩ ክኸውን እዩ።"

ኢሳያስ 28፡9-10
"ንመን ደኣ ፍልጠት ኪምህር እዩ፧ ንመንከ እዩ ነታ መልእኽቲ ኽም ዜስተውዕላ ዚገብሮ፧ ነቶም ጸባ ኣዲኦም ዝሓደጉ፡ ካብ ጡብ እተፈልዩ ድዩ፧ ትእዛዝ ኣብ ልዕሊ ትእዛዝ፡ ትእዛዝ ኣብ ልዕሊ ትእዛዝ፡ ባህሊ ኣብ ልዕሊ ባህሊ፡ ባህሊ ኣብ ልዕሊ ባህሊ፡ ሒደት ኣብ'ዚ፡ ሒደት ኣብ'ቲ እዩ።"

2ይ ጢሞቴዎስ 2፡15
"ንርእስኻ እቲ ቓል ሓቂ ብቕንዕና ዜማቕል፡ ዜሕፍር ዜብሉ ፍቱን ዓያዪ ጌርካ፡ ንኣምላኽ ከተርእዮ ጽዓር።"

ምሳሌ 1፡5-6
"እቲ ጠቢብ ንምሳሌን ትርጓሜን ዘረባ ጠቢባንን ዓሚቝ ሓሳባቶምን ኪስተውዕልሲ፡ ነዚ ይስማዕ ፍልጠቱ'ውን ይወስኽ፡ እቲ ለባም ከኣ ምኽሪ የጥሪ።"

ሆሴእ 4፡6
"ህዝበይ ሰኣን ፍልጠት ይጠፍእ። ፍልጠት ስለ ዝኣቤኻ፣ ኣነ ድማ ካህን ከይትኾነኒ ኽኣብየካ እየ። ሕጊ ኣምላኽካ ስለ ዝረሳዕካ፣ ኣነ ኸኣ ንደቅኻ ኽርስዖም እየ።"

ምሳሌ 23፡12
"ልብኻ ናብ ተግሳጽ ፡ ኣእዛንካ ድማ ናብ ቃላት ፍልጠት ኣቕልብ።"

መዝሙር 32፡8-9
"ኣነ ክምህረካ፣ ነታ እትኸደላ መገዲ ድማ ከርእየካ እየ፣ ዓይነይ ናባኻ ኣቢለ'ውን ክመኽረካ እየ። ከም'ቶም ኣእምሮ ዘይብሎም፣ ናባኻ ምቕራብ ስለ ዝኣበየ፣ ብልባብን ብልጓምን ዚግርሑ ኣፍራስን ኣባቕልን ኣይትኹኑ።"

መዝሙር 119፡66
"ትእዛዛትካ ኣሚነ ኣሎኹ እሞ፣ ሰናይ ምስትውዓልን ፍልጠትን ምሃረኒ።"

ዘዳግም 28፡13-14
“ነዚ ኣነ ሎሚ ዝእዝዘካ ዘሎኹ ትእዛዛት እግዚኣብሄር ኣምላኽካ ኽትሕልዎን ክትገብሮን እንተ ሰማዕካዮ፡ ካብ'ዚ ኣነ ሎሚ ዝእዝዘኩም ዘሎኹ ዅሉ ነገር ንየማን ወይ ንጸጋም እንተ ዘየግለስካ፡ ንኻልኦት ኣማልኽቲ ኽተገልግሎም ደድሕሪኦም እንተ ዘይሰዓብካ ድማ፡ እግዚኣብሄር ርእሲ እምበር፡ ጭራ ኣይገብረካን፡ ብላዕሊ ጥራይ ትኸውን እምበር፡ ብታሕቲ ኣይትኸውንን።”

1ይ ቆረንጦስ 8፡2
“ሓደ እኳ ገለ ኽም ዚፈልጥ ዚመስሎ እንተሎ፡ ነቲ ዚፈልጦ ገና ኽም'ቲ ዝግብኦ ገይሩ ኣይፈልጦን እዩ።”

1ይ ጢሞቴዎስ 4፡12
“ነቶም ኣመንቲ ብቓል፡ በካይዳ፡ ብፍቕሪ፡ ብእምነት፡ ብንጽህና'ውን ኣርኣያ ኹኖም እምበር፡ ነታ ንእስነትካ ሓደ እኳ ኣይንዓቃ።”

ምሳሌ 4፡1
“ኣቱም ቈልዑ፡ ተግሳጽ ወላዲ ስምዑ፡ ልቦና ኽትፈልጡ ኸኣ ኣቕልቡ”

እዝራ 7፡10
“እዝራ ሕጊ እግዚኣብሄር ንምምርማርን ንምግባርን፡ ስርዓትን ፍርድን ከኣ ኣብ እስራኤል ኪምህርንሲ ልቡ ኣዳለወ።”

ቆሎሴ 3፡16
“ብመዝሙርን ውዳሴን መንፈሳዊ ቕኔን ንሓድሕድኩም ኣስተምህሩን ምዓዱን፡ ብልብኹም'ውን ብጸጋ ንኣምላኽ እናዘመርኩም፡ ቃል ክርስቶስ ብዅሉ ጥበብ መሊኡ ይሕደርኩም።”

ኤርምያስ 33፡3
“ጸውዓኒ እሞ ክምልሰልካ፡ ዘይትፈልጦ ዓብይን ስውርን ነገር ከኣ ከነግረካ እየ።”

62. ምስትንታን

እያሱ 1፡8
"ነቲ ኣብኡ እተጻሕፈ ምእንቲ ተጠንቂቕካ ክትገብሮስ፡ መዓልትን ለይትን ኣስተንትኖ እምበር፡ እዚ መጽሓፍ ሕጊ እዚ ካብ ኣፍካ ኣይተፍለ። ሽዑ መገድኻ ተቕንዕ እሞ፡ ሽዑ ድማ ኪሰልጠካ እዩ።"

መዝሙር 1፡1-3
"ብምኽሪ ረሲኣን ዘይመላለስ፣ ኣብ መገዲ ሓጥኣን ከአ ዘይቀውም፣ ኣብ መንበር መላገጽቲ ድማ ዘይቕመጥ፣ ብሕጊ እግዝኣብሄር ደአ ዚፍሳህ፣ ነቲ ሕጉ'ውን ለይትን መዓልትን ዚመራምሮ ሰብሲ ብጹእ እዩ። ንሱ ከም'ታ ፍሬኣ በብጊዜኣ እትህብ፣ ቈጽላ ኸኣ ዘይረግፍ፣ ኣብ ወሰን ወሓዚ ማይ እተተኽለት ኦም ይኸውን። ዚገብሮ ኹሉ'ውን ይሰልጦ።"

መዝሙር 63፡5-7
"ረዲኤተይ ንስኻ ኢኻ፣ ኣብ ትሕቲ ጽላል ኣኽናፍካ እሕጕስ ኣሎኹ እሞ፣ ኣብ ምድቃሰይ ክዝክረካ፣ ብለይቲ እናነቓሕኩ ክሓስበካ ከለኹ፣ ነፍሰይ ከም ብስብሕን ኣንጕዕን ትጸግብ፣ ኣፈይ'ውን ብሽናፍር እልልታ ከመስግነካ እዩ።"

መዝሙር 119፡15-16
"ንትእዛዛትካ ኤስተንትኖ፣ ንመገድኻ'ውን እቋመቶ ኣሎኹ። ብስርዓታትካ ባህ እብል፣ ንቓልካ ኣይክርስዖን እየ።"

መዝሙር 77፡11-12
"ናይ ቀደም ተኣምራትካ ክሓስብ እየ እሞ፣ ንግብርታት እግዚኣብሄር ክዝክሮ እየ፣ ንብዘሎ ግብርታትካ ድማ ከስተንትኖ፣ ንዕዮኻ'ውን ክምርምሮ እየ።"

መዝሙር 111፡2
"ግብሪ እግዚኣብሄር ዓብዩ እዩ፣ እቶም ብእኡ ዚሕጐሱ ኹሎም ይምርምርዎ እዮም።"

መዝሙር 143፡5
"ናይ ቀደም መዓልትታት እዝክር፣ ኲሉ ተግባርካ ኤስተንትን፣ ግብሪ ኣእዳውካ እሓስብ ኣሎኹ።"

መዝሙር 119፡148
“ንቓልካ ክስተንትንሲ፣ ኣዒንተይ ነቶም ናይ ለይቲ ሓለውቲ ቐደማኦም።”

ፊሊ.ጲ. 4፡8
“ብዝተረፈስ፡ ኣሕዋተየ፡ ሓቂ ዘበለ፡ ርዝነት ዘለዎ ዘበለ፡ ቅኑዕ ዘበለ፡ ንጹህ ዘበለ፡ ተፈታዊ ዘበለ፡ ጽቡቕ ወረ ዘለዎ ዘበለ፡ ገለ ደግነት እንተ ኾይኑ፡ ገለ ንእዶ'ውን እንተ ኾይኑ፡ ብእኡ ሕሰቡ።”

መዝሙር 119፡55
“ዎ እግዚኣብሄር፣ ብለይቲ ስምካ ሓሰብኩ፣ ሕግኻ'ውን ሓሎኹ።”

መዝሙር 119፡11
“ንኣኻ ምእንቲ ከይብድልሲ፣ ንቓልካ ኣብ ልበይ ዓቚርክዎ።”

ዘፍጥረት 24፡63
“ይስሃቅ ድማ ኣጋ ምሸት ኣብ መሮር ኰይኑ ብሓሳቡ ክስተንትን ወጺኡ ነበረ። ኣዒንቱ ከኣ ቋሕ ኣበለ፡ እንሆ፡ ኣግማል ክመጻ ረአየ።”

63. ሃብቲ

1ይ ጢሞቴዎስ 6፡17-19
“ነቶም ኣብዛ ዓለም እዚኣ ዘለዉ ሃብታማት ከይዕበዩ፡ በቲ ኽንሕጐስ ኢሉ ኹሉ ብልግሲ ዚሃበና ኣምላኽ እምበር፡ በዚ ሓላፊ ሃብቲ ኸይእመኑ ኣዝዞም። ገበርቲ ሰናይ ኪኾኑ፡ ብሰናይ ግብሪ ኺህብትሙ፡ ለጋሳትን መማቐልትን ኪኾኑ፡ ናይ ሓቂ ህይወት ምእንቲ ኺረኽቡስ፡ ነቲ ዚመጽእ ዘሎ ጊዜ ጽቡቕ መሰረት ንርእሶም ኪእክቡ ኣዝዞም።”

ዘዳግም 8፡18
“ከምዚ ናይ ሎሚ ነቲ ነቦታትካ ዝመሓለሎም ኪዳን ኬቕውም፡ ሃብቲ ኽትድልብ ሓይሊ ዚህበካስ፡ ንሱ እዩ እሞ፡ ንእግዚኣብሄር ኣምላኽካ ዘክር።”

መዝሙር 9፡18
“ድኻስ ንሓዋሩ ኣይኪርሳዕን እዩ እሞ፣ ተስፋ መስኪን ንዘለኣለም ኣይኪጠፍእን እዩ።”

1ይ ዜና 29፡12
“ሃብትን ክብረትን ካባኻ እየን ዚመጻ፡ ንስኻ ድማ ኣብ ልዕሊ ኹሉ ትገዝእ፡ ሓይልን ስልጣንን ከኣ ኣብ ኢድካ እዩ። ንዝኾነ ዘበለ ዓብዩን ጽኑዕን ምግባሩ ድማ ኣብ ኢድካ እዩ።”

ምሳሌ 11፡28
“ብሃብቱ ዚእመን ይወድቕ፡ ጻድቃን ግና ከም ቈጽሊ ይልምልሙ።”

ምሳሌ 28፡20
“እሙን ሰብ ኣዝዩ ይባረኽ፡ እቲ ኽህብትም ኢሉ ዚህወኽ ግና ከይተቐጽዔ ኣይተርፍን።”

ምሳሌ 11፡4
“ብመዓልቲ ቊጥዓ ሃብቲ ኣይጠቅምን፡ ጽድቂ ግና ካብ ሞት የናግፍ።”

1ይ ጢሞቴዎስ 6፡7
“ማለት፥ ናብ ዓለም ሓንቲ እኳ ኣየምጻእናን እሞ ሓንቲ ኽንወስድ ኣይከኣለናን እዩ።”

ምሳሌ 15፡16
“ካብ ዓብዩ መዝገብ ምስ ህውከትሲ፡ ሒደት ምስ ፍርሃት
እግዚኣብሄር ይሓይሽ።”

መዝሙር 41፡1
“ንድኻ ዚሓልየሉ ብጹእ እዩ፣ እግዚኣብሄር ብመዓልቲ መከራ የናግፎ።”

64.መግብን ክዳንን

ዮኤል 2፡26
“ሙብልዕ ክትበልዑ ክትጸግቡ'ውን ኢኹም፣ ነቲ ተኣምራት ዝገበረልኩም ስም እግዚኣብሄር ኣምላኽኩም ድማ ከተመስግንዎ ኢኹም። ህዝበይ'ውን ንዘለኣለም ኣይሓንኽን።”

መዝሙር 147፡14
“ኣብ ወሰናትኪ ሰላም ይገብር። ብስብሒ ስርናይ የጽግበኪ።”

መዝሙር 111፡5
“ንዚፈርህዎ ምግቢ ይህቦም፣ ኪዳኑ ንዘለኣለም ይዝክር።”

ምሳሌ 13፡25
“ጻድቕ ክሳዕ ዚጸግብ ይበልዕ፡ ከብዲ ሓጥኣን ግና ይጠሚ።”

መዝሙር 132፡15
“ንሲሳያ ኣጸቢቐ ኽባርኾ፣ ንድኻታታ እንጌራ ኽጽግቦም እየ።”

ማቴዎስ 6፡31-33
“እምበርከ እንታይ ንበልዕ፡ እንታይ ንሰቲ፡ እንታይ ንኽደን፡ ኢልኹም ኣይትጨነቑ። ነዚ ኹሉስ ኣህዛብ ይደልይዎ እዮም እሞ፡ ንኣኻትኩም እዚ ኹሉ ኸም ዜድልየኩም፡ ናይ ሰማይ ኣቦኹም ይፈልጥ እዩ። ቅድም መንግስቲ ኣምላኽን ጽድቁን ድለዩ፡ እዚ ኹሉ ድማ ይውሰኸልኩም።”

65. ምሃብ

መዝሙር 41:1-3
“ንድኻ ዚሓልየሉ ብጹእ እዩ፣ እግዚኣብሄር ብመዓልቲ መከራ የናግፎ። እግዚኣብሄር ይሕልዎ ብህይወት'ውን የንብሮ። ንሱ ኣብ ምድሪ ብጹእ ይኸውን። ናብ ፍቓድ ጸላእቱ ኣይተሕልፎን ኢኻ። ኣብ መደቀሲ ድናሴኡ ኸሎ፣ እግዚኣብሄር ይድግፎ። ንስኻ ብሕማሙ ንብዘላ ዓራቱ ተንጽፈሉ።”

መዝሙር 112፡9
“ዘረወ፣ ንድኻታት ሃበ፣ ጽድቁ ንዘለኣለም ይነብር፣ ቀርኑ ብኽብሪ ልዕል ኪብል እዩ።”

ኢሳያስ 58፡10
“ካብ ናብ ነፍስኻ ንጥሙይ እንተ መቓልካ፡ ንጭንቕቲ ነፍሲ እንተ ኣጽገብካ፡ ሽዑ ብርሃንካ ኣብ ጸልማት ኪወጽእ፡ ጸልማትካ'ውን ከም ቀትሪ ኪኸውን እዩ።”

መዝሙር 37፡25-26
“ንእሽቶ ነበርኩ፣ ኣሪገ ኸኣ እኔኹ፣ ግናኸ ጻድቕ ተሓዲጉን፣ ዘርኡ እንጌራ ኺልምኑን ከቶ ኣይርኤኹን።ኩሉ መዓልቲ ርሕሩሕ እዩ እሞ የለቅሕ፣ ዘርኡ'ውን ብሩኽ እዩ።”

ዘዳግም 14፡29
“እግዚኣብሄር ኣምላኽካ ብኹሉ እትገብሮ ግብሪ ኢድካ ምእንቲ ኺባርኽካስ፡ እቲ ምሳኻ ግደን ርስትን ዜብሉ ሌዋውን እቶም ኣብ ውሽጢ ደጌኻ ዘለዉ ስደተኛን ዘኽታምን መበለትን ይምጽኡ እሞ ይብልዑን ይጽገቡን።”

ኢሳያስ 58፡7-8
“እንጌራኻ ንጥሙይ ክትመቅል፡ ነቶም እተሰዱ ድኻታት ናብ ቤትካ ኽተእቱ፡ ዕሩቕ እንተ ርኤኻ ኽትከድኖ፡ ካብ ስጋካ'ውን ከይትሕባእዶ ኣይኮነን፧ ሽው ብርሃንካ ኸም ወጋሕታ ኹይኑ ኺወጽእ፡ ምሕዋይካ ኸኣ ቀልጢፉ ኺበቍል፡ ጽድቕኻ ድማ ቀቅድሜኻ ኪኸይድ፡ ክብሪ እግዚኣብሄር'ውን ደጀንካ ኪኸውን እዩ።”

ምሳሌ 11:24-25
“ገለ ይብትን እሞ ይውሰኸሉ። ገለ ኸኣ ብዘይግባእ ይቘጥብ፡ ኣዝዩ ኸኣ ይነዲ። ለጋስ ነፍሲ ኣዝያ ትጸግብ፡ እቲ ዜርዊ ኸኣ ንርእሱ ይረዊ።”

ምሳሌ 14:21
“እቲ ንብጻዩ ዚንዕቕ ሓጢኣት ይገብር፡ ንድኻ ዚርሕርሓሉ ግና ብጹእ እዩ።”

ማቴዎስ 6:3-4
“ንስኻስ፡ ምጽዋትካ ብሕቡእ ኪኸውን፡ እቲ ብሕቡእ ዚርኢ ኣቦኻ ድማ ብግህዶ ኪኸሕስካ፡ ክትምጽውት ከሎኻ የማነይትኻ እትገብሮ፡ ጸጋመይትኻ ኣይትፍለጦ።”

ምሳሌ 19:17
“እቲ ንድኻ ዚርሕርሓሉ ንእግዚኣብሄር የለቅሖ፡ ንሱ'ውን ብሰናይ ግብሪ ኺፈድዮ እዩ።”

ማቴዎስ 25:34-40
“ሽው እቲ ንጉስ ኣብ የማኑ ንዘለዉ ይብሎም፡ ኣቱም ናይ ኣቦይ ብሩኻት፡ ንዑ፡ እቲ ኻብ ምስራት ዓለም እተዳለወልኩም መንግስቲ ውረሱ። ጠምየ ነበርኩ እሞ፡ ኣብላዕኩምኒ። ጸሚኤ፡ ኣስቴኹምኒ።

ገይሸ ተቐበልኩምኒ። ዓሪቀ፡ ከደንኩምኒ። ሓሚመ፡ በጺሕኩምኒ። ተኣሲረ፡ መጺእኩምኒ። ሽዑ እቶም ጻድቃን ይምልስሉ፡ ጐይታይ፡ መኣስ ጠሚኻ ርኤናካ እሞ ኣብላዕናካ፧ ወይ ጸሚእካስ ኣስቴናካ፧ መኣስከ ጋሻ ኴንካ ርኤናካ እሞ ተቐበልናካ፧ ወይ ዓሪቕካስ ከደንናካ፧ መኣስከ ሓሚምካ ርኤናካ ወይ ተኣሲርካስ በጺሕናካ፧ ይብሉ። እቲ ንጉስ ከኣ፡ እቲ ኻብዞም ናእሽቱ ኣሕዋተይ ንሓደ ዝገበርኩምሉ ንኣይ ከም ዝገበርኩምለይ፡ ብሓቂ እብለኩም ኣሎኹ፡ ኢሉ ይምልሰሎም።

ምሳሌ 22:9
"እቲ ርሕሩሕ ቈላሕታ ዘለዎ ንድኻ ኻብ ኣንጌራኡ ይህቦ እሞ፡ ይባረኽ።"

ሉቃስ 6:38
"ሃቡ ኺውሃበኩም እዩ። በቲ እትሰፍሩሉ መስፈሪ ኺስፈረልኩም እዩ እሞ፡ ጽቡቕ እተሰጐደ፡ ንኽኑኽ እተፋረወ መስፈሪ ኣብ ሕቝፍኹም ኪህቡኹም እዮም።"

መክበብ 11:1
"ንእንጌራኻ ናብ ልዕሊ ማይ ስደዶ፡ ከመይሲ ድሕሪ ብዙሕ መዓልታት ክትረኽቦ ኢኻ።"

ሉቃስ 12:33-34
"ኣብቲ መዝገብኩም ዘለዎ ኣብኡ ድማ ልብኹም ይኸውን እዩ እሞ፡ ጥሪትኩም ሸጡ ምጽዋት'ውን ሃቡ፡ ሰራቒ ኣብ ዘይቀርቦ፡ ነቐዝ ኣብ ዘየጥፍኦ ዘይበሊ ማሕፉዳን ዘይጐድል መዝገብን ኣብ ሰማይ ዕቈሩ።"

ምሳሌ 28:27
"ንድኻ ዚህብ ገለ ኣይጐድሎን፡ ነቲ ኣዒንቱ ዝዕምቶ ግና ብዙሕ መርገም ይወርዶ።"

ሉቃስ 14፡13-14
"ምሳሕ እንተ ገበርካስ፡ ድኻታትን ቈራያትን ሓንካሳትን ዕዉራትን ደኣ ጸውዕ። ዚፈድዩኻ የብሎምን እሞ ብጹእ ክትከውን፡ ብትንሳኤ ጻድቃን'ውን ክትፍደ ኢኻ፡ በሎ።"

2ይ ቆረንጦስ 9:6-11
“እቲ ቈጢቡ ዚዘርእ ቈጢቡ ይዓጽድ፡ እቲ ብበረኸት ዚዘርእ ግና ብበረኸት እዩ ዚዓጽድ። ኣምላኽ ሕጉስ ወሃቢ እዩ ዚፈቱ እሞ፡ ነፍሲ ወከፍ ብጓሂ ወይስ ብግዲ ዘይኰነስ፡ ከምቲ ብልቡ ዝሐለኖ ይሃብ፡ ከምቲ እቲ ጽሑፍ፡ ዘረወ ንድኻታት’ውን ሃበ፡ ጽድቁ ንዘለኣለም ይነብር፡ ዚብሎ፡ ኣምላኽ ከኣ፡ ምእንቲ ብዅሉ ዅሉ ሳዕ ዚኣክል ኵሉ ሒዝኩም ንሰናይ ግብሪ ዅሉ ጸብለል ክትብሉ፡ ጸጋ ዘበለ ኣባኻትኩም ጸብለል ኬብል ይኽእሎ እዩ፡ ግናኸ እቲ ንዘራኢ፡ ዘርእን ምግቢ ዚኸውን እንጌራ ዚዕድል፡ ንሱ ዘርእኹም ኪዕድለኩምን ኬበርክተልኩምን፡ ንፍረ ጽድቕኹም’ውን ኬብቍሎን እዩ፡ ንስኻትኩም ከኣ ብዅሉ በቲ ብኣታትና ገይሩ ንኣምላኽ ምስጋና ዚዓዪ ልግሲ ኽትህብትሙ ኢኹም።”

1ይ ጢሞቴዎስ 6፡ 17-19
“ነቶም ኣብዛ ዓለም እዚኣ ዘለዉ ሃብታማት ከይዕበዩ፡ በቲ ኽንሕጐስ ኢሉ ዅሉ ብልግሲ ዚሃበና ኣምላኽ እምበር፡ በዚ ሓላፊ ሃብቲ ኽይኣመኑ ኣዝዞም። ገበርቲ ሰናይ ኪኾኑ፡ ብሰናይ ግብሪ ኺህብትሙ፡ ለጋሳትን መማቕልትን ኪኾኑ፡ ናይ ሓቂ ህይወት ምእንቲ ኺረኽቡስ፡ ነቲ ዚመጽእ ዘሎ ጊዜ ጽቡቕ መሰረት ንርእሶም ኪእክቡ ኣዝዞም።”

66.ስራሕ

2ይ ዜና 15፡7
“ንስኻትኩም ግና እቲ ዕዮኹም ዓስቡ ኺረክብ እዩ እሞ፡ ጽንዑ፡ ኣእዳውኩም’ውን ዘርጋሕጋሕ ኪብላ ኣይትሕደጉ።”

ዘዳግም 28፡12
“ዝናም ምድርኻ ብጊዜኡ ምእንቲ ኺህብ እሞ፡ ኵሉ ተግባር ኢድካ ድማ ኪባርኽ፡ እግዚኣብሄር እቲ ጽቡቕ መዝገቡ፡ ሰማይ፡ ኪኸፍተልካ እዩ። ንብዙሓት ህዝብታት ከተለቅሕ ኢኻ፡ ንስኻ ግና ገለ እኳ ኣይትልቃሕን ኢኻ።”

1ይ ቆረንጦስ 15፡58
"ስለዚ፡ ፍቁራት ኣሕዋተየ፡ ጻዕርኹም ብጐይታ ኸንቱ ኸም ዘይኰነ ፈሊጥኩም፡ ብዕዮ ጐይታ ጽኑዓት፡ ዘይትናቓነቑ፡ ኲሉ ጊዜ ዕዙዛት ኩኑ።"

ቆሎሴ 1፡10
"ብሰናይ ግብሪ ዘበለ ኹሉ፡ ፍረ እናፈረኹምን ብፍልጠት ኣምላኽ እናዓቤኹምን ብዅሉ ንእግዚኣብሄር ባህ ከተብሉ ንእኡ ብቑዓት ኴንኩም ክትመላለሱ፡ ንጽሊ ኣሎና።"

ቆሎሴ 3፡23-24
"ነቲ ዓስቢ ርስቲ ኻብ ጐይታ ከም እትቕበልዎ እናፈለጥኩም፡ እትገብርዎ ዘበለ ንሰብ ዘይኰነስ ንጐይታ ኸም እትገብርዎ ጌርኩም፡ ካብ ልቢ ግበርዎ፥ ንጐይታና ክርስቶስ ኢኹም እትግዝእዎ ዘሎኹም።"

1ይ ተሰሎንቄ 4፡11-12
"ከምቲ ዝኣዘዝናኩም፡ ካብ ሓደ እኳ ገለ ኸይደሌኩም፡ ምስቶም ብወጻኢ ዘለዉ ብቕንዕና ምእንቲ ኽትመላለሱ፡ ክትሃድኡን ዕዮ ርእስኹም ክትገብሩን፡ በእዳውኩም'ውን ክትዓዩንሲ ክብረት ክትቈጽርዎ፡ ንምዕደኩም ኣሎና።"

እብራውያን 6፡10-12
"ኣቱም ፍቁራተይ፡ ኣምላኽ ነቲ ነቶም ቅዱሳን ዘገልገልኩምዎምን እተገልግልዎም ዘሎኹምን ግብርኹም ንስሙ'ውን ዝገበርኩምዎ ፍቕርኹም ዚርስዕ ገፋዒ ኣይኰነን እሞ፡ ብኣኻትኩምሲ፡ ከምዚ እኳ እንተ ተዛረብና፡ ዚሓይሽን ንምድሓን ብዚኸውንን ንእመን ኣሎና። ነቶም ብእምነትን ብትዕግስትን ነታ ተስፋ ዚወርስዋ ምእንቲ ኽትመስልዎም እምበር፡ ድንዙዛት ከይትኾኑስ፡ ነፍሲ ወከፍኩም ክሳዕ መወዳእታ ንምምላእ ተስፋኡን ንምጽንዓን እዚ ትግሃት እዚ ኺርኢ፡ ንደሊ ኣሎና።"

ምሳሌ 14:23
"ኣብ ዕዮ ዘበለ ረብሓ ኣሎ፡ ዘረባ ኸናፍር ግና ናብ ረሲእነት ጥራይ የብጽሕ።"

ምሳሌ 22፡29
“ኣብ ዕዮኡ ፈጣን ዝኾነ ሰብዶ ርኢኻ ትፈልጥ፧ ንሱ ኣብ ቅድሚ ነገስታት እዩ ዚቐውም፡ ኣብ ቅድሚ ታሕቶት ሰባት ኣይቀውምን።”

2ይ ተሰሎንቄ 3፡9-13
“ምሳኻትኩም ከሎና’ውን፡ ገለ ሰብ ኪዓዩ ዘይፈቱ እንተ ኾይኑስ ኣይብላዕ’ውን፡ ኢልና ኣዘዝናኩም እሞ፡ ንኣና ምእንቲ ኽትመስሉ ደኣ፡ ንርእስና ኣርኣያ ጌርና ሃብናኩም እምበር፡ መሰል ስለ ዜብልና ኣይኰንናን። ማለት፡ ሓያሎ ካባኻትኩም ብዘይ ስርዓት ከም ዚመላለሱ፡ ዙረት እምበር፡ ሓንቲ እኳ ከም ዘይዓዩ፡ ንሰምዕ ኣሎና። ነዞም ከምዚኣቶም ዘመስሉ፡ ብህድኣት እናዓየዩ እንጌራኦም ኪበልዑ፡ ብጐይታና የሱስ ክርስቶስ ንእዝዞምን ንምዕዶምን ኣሎና። ኣቱም ኣሕዋትና፡ ንስኻትኩም ግና ሰናይ ንምግባር ኣይትሰልከዩ።”

ምሳሌ 10፡4
“ብህክይቲ ኢድ ዚዓዩ ይደኪ ኢድ ትጉሃት ግና ትህብትም።”

67. ገንዘብ

ምሳሌ 13፡11
“ብኸምኡ እተረኽበ ገንዘብ እናጐደለ ይኸይድ፡ ብኢድ ዚእከብ ግና እናበዝሐ ይኸይድ።”

ማቴዎስ 6፡19-21
“መዝገብካ ኣብ ዘለዎ፡ ኣብኡ ድማ ልብኻ ኣሎ። ስለዚ ብልዒ ኣብ ዘይበልዮ፡ ነቐዝ ኣብ ዘየንቅዞ፡ ሰረቕቲ ኾዒቶም ኣብ ዘይሰርቅዎ ኣብ ሰማይ ደኣ መዝገብ ግበሩ እምበር፡ ብልዒ ኣብ ዚበልዮ፡ ነቐዝ ኣብ ዜንቅዞ፡ ሰረቕቲ ኾዒቶም ኣብ ዚሰርቅዎ ኣብ ምድሪ ንኣኻትኩም መዝገብ ኣይትግበሩ።”

ሚልክያስ 3፡10
“ኣብ ቤተይ ምግቢ ኪኸውንሲ፣ ዕሽር ዘበለ ኹሉ ናብ ቤት መዝገብ ኣምጽእዎ፣ ሽዑ መሳኹቲ ሰማይ እንተ ዘይከፈተልኩም፣ በረኸት ድማ ብዘይ ልክዕ እንተ ዘየፍሲሰልኩም፣ በዚ ተዐዘቡኒ፣ ይብል እግዚኣብሄር ጐይታ ሰራዊት።”

እብራውያን 13፡5
“ንሱ ባዕሉ፡ ኣይክሐድገካን ዕሽሽ’ውን ከቶ ኣይብለካን እየ፡ ኢሉ እዩ እሞ፡ ንብረትኩም ብዘይ ፍቕሪ ገንዘብ ይኹን፡ በቲ ዘሎኹም ዕገቡ።”

ማቴዎስ 6፡24
“ንኽልተ ጐይተት ኪግዛእ ዚኽእል የልቦን። ወይ ነቲ ሓደ ጸሊኡ፡ ነቲ ሓደ ይፈቱ። ወይ ከኣ ነቲ ሓደ ተኣዚዙ፡ ነቲ ሓደ ይንዕቕ። ንኣምላኽን ንገንዘብን ክትግዝኡ ኣይኮነልኩምን እዩ።”

ሉቃስ 3፡14
“ዓቀይቲ’ውን፥ ንሕናኸ እንታይ ንግበር፤ ኢሎም ሓተትዎ። ንሱ ኸኣ፥ ንሓደ እኳ ኣይትግፍዑ፡ ብሓሶት’ውን ኣይትኸሰሱ፡ ደደመወዝኩም ከኣ ይእከልኩም፡ በሎም።”

ዘጽኣት 22፡25
“ካብ ህዝበይ ምሳኻ ንዚነብር ድኻ ገንዘብ እንተ ኣለቃሕካ ከም በዓል ሓረጣ ኣይትኹኖ ሓረጣ’ውን ኣይትጽዓኖ።”

1ይ ጢሞቴዎስ 6፡10-11
“እቲ ፍቕሪ ገንዘብሲ ሱር ኵሉ ኽፍኣት እዩ እሞ፡ ገሊኦም ንእኡ እናተመጣጠሩ ኻብ እምነት ዘምበሉ፡ ናብ ርእሶም’ውን ብዙሕ ስቓይ ኣምጽኡ። ኣታ ናይ ኣምላኽ ሰብ፡ ንስኻ ግና ካብ’ዚ ህደም እሞ ደድሕሪ ጽድቂ፡ ኣምልኾ፡ እምነት፡ ፍቕሪ፡ ትዕግስቲ፡ ህድኣት ሰዓብ።”

1ይ ጢሞቴዎስ 6፡17-19
“ነቶም ኣብ’ዛ ዓለም እዚኣ ዘለዉ ሃብታማት ከይዕበዩ፡ በቲ ኽንሕጐስ ኢሉ ዅሉ ብልግሲ ዚሃበና ኣምላኽ እምበር፡ በዚ ሓላፊ ሃብቲ ኸይእመኑ ኣዝዞም። ገበርቲ ሰናይ ኪኾኑ፡ ብሰናይ ግብሪ ኺህብትሙ፡ ለጋሳትን መማቕልትን ኪኾኑ፡ ናይ ሓቂ ህይወት ምእንቲ ኺረኽቡስ፡ ነቲ ዚመጽእ ዘሎ ጊዜ ጽቡቕ መሰረት ንርእሶም ኪእክቡ ኣዝዞም።”

ማቴዎስ 6፡1-4
“ጽድቅኹም፡ ኣብ ቅድሚ ሰብ ምእንቲ ኽትርኣዩ፡ ከይትገብሩ ተጠንቀቑ። እንተ ዘይኮነስ፡ ኣብ’ቲ ኣብ ሰማያት ዘሎ ኣቦኹም ዓስቢ የብልኩምን። እምብኣርከ ንስኻ ኽትምጽውት ከሎኻ፡ ከም’ቲ እቶም ግቡዛት፡ ብሰብ ምእንቲ ኺንኣዱ፡ ኣብ ኣባይቲ ጸሎትን ኣብ ኣደባብያትን ዚገብርዎ፡ ኣብ ቅድሜኻ መለኸት ኣይትንፋሕ። ዓስቦም

ከም ዝወሰዱ፡ ብሓቂ እብለኩም ኣሎኹ። ንስኻስ፡ ምጽዋትካ ብሕቡእ ኪኸውን፡ እቲ ብሕቡእ ዚርኢ ኣቦኻ ድማ ብግህዶ ኪኽሕስካ፡ ክትምጽውት ከሎኻ የማነይትኻ እትገብሮ፡ ጸጋመይትኻ ኣይትፍለጦ።"

ማርቆስ 12፡41-44
"የሱስ ድማ ኣብ መንጽር ሳጹን ምጽዋት ተቐሚጡ፡ እቶም ሰብ ኣብቲ ሳጹን ምጽዋት ከመይ ገይሮም ገንዘብ ከም ዜውድቑ ረአየ። ብዙሓት ሃብታማት ብዙሕ ኣውደቑ። ሓንቲ ድኻ መበለት ከኣ መጺኣ ኽልተ ለብጦን፡ ሓደ ቆድራንቴን ዚኣክል፡ ኣውደቐት። ንደቀ መዛሙርቱ ጸዊዑ ኸኣ ፥ እዛ ድኻ መበለት እዚኣ ካብ'ዞም ኣብ'ዚ ሳጹን ምጽዋት ዘውደቑ ኹሎም ዚበዝሕ ከም ዘውደቐት፡ ብሓቂ እብለኩም ኣሎኹ። ኵሎም ካብ ተረፎም እዮም ዘውደቑ እሞ፡ እዚኣ ግና ካብ ድኽነታ ዘለዋ ዘበለ ኹሉ ምግባ እያ ዝሃበት፡ በሎም።"

ራእይ 3፡17-18
"ሃብታምን ፈሳስን እየ፡ ሓንቲ ዝደልያ ነገር እኳ የብለይን ብምባልካ፡ ሕሱርን ዜደንግጽን ነዳይን ዕዉርን ዕሩቕን ምዃንካ ኣይትፈልጥን ኢኻ ዘሎኻ። ምእንቲ ኽትህብትም ብሓዊ ዝጸረየ ወርቂ ካባይ ክትዕድግ፡ ሕፍረት ዕርቃንካ ምእንቲ ኸይቅላዕን ክትክደንን ከኣ ጻዕዳ ኽዳውንቲ፡ ምእንቲ ኽትርኢ ነዒንትኻ ኽትኵሓለሉ'ውን ኵሕሊ ካባይ ክትዕድግ እመኽረካ ኣሎኹ።"

መክብብ 7፡11-12
"ጽላል ጥበብ ከም ጽላል ገንዘብ እዩ፡ ግናኸ ምብላጽ(ጥቕሚ) ፍልጠትሲ እታ ጥበብ ንመጥረዩኣ (ንወናኒኣ) ብህይወት ምንባር እዩ እሞ፡ ጥበብ ከም ርስቲ ጽብቕቲ እያ፡ ኤረ ነቶም ጸሓይ ዚርእዩስ ኣዝያ ትጠቕሞም እያ።"

ማቴዎስ 13፡22
"እቲ ኣብ እሾኽ እተዘርኤ ኸኣ ነዚ ቓል ዚሰምዖ እዩ፡ ጓሂ እዛ ዓለም እዚኣን ምዕሻው ሃብትን ግና ነቲ ቓል ይሓንቆ፡ ከይፈረየ'ውን ይተርፍ"

2ይ ዜና 1፡11-12
"ኣምላኽ ድማ ንሰሎሞን፡ እዚ ኣብ ልብኻ ስለ ዝነበረ፡ ነዚ ኣብ ልዕሊኡ ዘንገስኩኻ ህዝበይ ምፍራድ ምእንቲ ኽትክእልስ፡ ጥበብን ፍልጠትን ኪውሃበካ ስለ ዝለመንካ እምበር፡ ሃብትን መዛግብትን

ክብረትን ወይ ነፍሲ ጸላእትኻ ወይ ነዊሕ ዕድመ ኻብ ዘይለመንካስ፡ ጥበብ ፍልጠትን ተዋሂቡካ ኣሎ። ድማ ቅድሜኻ ንዝኾነ ዘበለ ንጉስ ከምኡ ዝበለ ዘይነበሮ፡ ብድሕሬኻ ዚትንስእ ዘበለ'ውን ከምኡ ዝበለ ዘይረኽቦ፡ ሃብትን መዛግብትን ክብረትን ክህበካ እየ፡ በሎ።"

ዘዳግም 28፡12
"ዝናም ምድርኻ ብጊዜኡ ምእንቲ ክህብ እሞ፡ ኵሉ ተግባር ኢድካ ድማ ኪባርኽ፡ እግዚኣብሄር እቲ ጽቡቕ መዝገቡ፡ ሰማይ፡ ኪኸፍተልካ እዩ። ንብዙሓት ህዝብታት ከተለቅሕ ኢኻ፡ ንስኻ ግና ገለ እኳ ኣይትልቃሕን ኢኻ።"

1ይ ሳሙኤል 2፡7
"እግዚኣብሄር የድኪ፡ የሀብትም ከኣ፡ ትሕት የብል፡ ክብ ድማ የብል።"

ምሳሌ 3፡9-10
"ብጥሪትካን ብኹሉ በዅሪ ፍርያትካን፡ ንእግዚኣብሄር ኣኽብሮ። ሽዑ ቆፋፉኻ ብብዝሒ ኺመልእ፡ መጽመቕኻ ኸኣ ብኹልዒ ወይኒ ኪቕጸጽ እዩ።"

ምሳሌ 23፡4
"ሃብታም ክኸውን ኢልካ ኣይትጽዓር፡ ንጥበብካ ኣብኡ ኣይተውዕሎ።"

ኤርምያስ 9፡23-24
"ጥበበኛ ብጥበቡ ኣይተሓበን፡ ሓያል ከኣ ብሓይሉ ኣይተሓበን፡ ሃብታም'ውን ብሃብቱ ኣይተሓበን፡ ይብል እግዚኣብሄር። ዚሕበንሲ እዚ እዩ ባህ ዜብለኒ እሞ፡ ኣነ ኣብ ምድሪ ምሕረትን ፍርድን ጽድቅን ዝገብር እግዚኣብሄር ምዃነይ ብምስትውዓሉን ብምፍላጡን ደኣ ይተሓበን፡ ይብል እግዚኣብሄር።"

68. ግዜ

ኤፌሶን 5፡15-17
"እምብኣርሲ ቕንያቱ ኽፉእ እዩ እሞ፡ ጊዜ ዓዲግኩም፡ ከም ለባማት እምበር፡ ከም ዓያሱ ዘይኮነ ከመይ ብጥንቃቐ ኽም እትመላለሱ፡ ተመልከቱ። ምእንትዚ እቲ ፍቓድ ጐይታ እንታይ ምዃኑ ኣስተውዕሉ እምበር፡ ዓያሱ ኣይትኹኑ።"

ቆሎሴ 4:5
“ግዜ እናዓደግኩም፡ ምስቶም ኣብ ወጻኢ ዘለዉ ብጥበብ ተመላለሱ።”

2ይ ጴጥሮስ 3:8-9
“ግናኸ፡ ኣቱም ፍቁራተይ፡ ኣብ እግዚኣብሄር ሓንቲ መዓልቲ ኸም ሽሕ ዓመት፡ ሽሕ ዓመት'ውን ከም ሓንቲ መዓልቲ ምዃኑ፡ እዛ ሓንቲ ነገር እዚኣ ኣይትሰወርኩም።ጐይታስ፡ ኲላቶም ናብ ንስሓ ኪበጽሑ እምበር፡ ሓደ እኳ ኪጠፍእ ዘይፈቱ ስለ ዝኾነ፡ ምእንታኻትኩም ይዕገስ ኣሎ እምበር፡ ከምቲ ንገሊኣቶም ዝድንጉ ዚመስሎም፡ ንተስፋኡ ኣየደንጉዮን እዩ።”

ምሳሌ 20፡13
“ድኻ ምእንቲ ከይትኸውን፡ ድቃስ ኣይትፍቶ፡ ነዒንትኻ ቋሕ ኣብለን፡ ሽው እንጌራ ኽትጸግብ ኢኻ።”

69.ሓገዝ ኣብ ግዜ ሽግር

መዝሙር 37፡39
“ምድሓን ጻድቃን ግና ካብ እግዚኣብሄር እዩ፣ ንሱ ብዘመን ጸገም መኸወሊኦም እዩ።”

መዝሙር 146፡8
“እግዚኣብሄር ነዒንቲ ዕውራት ይኸፍተን፥ እግዚኣብሄር ንዝደነኑ የቕንዖም፣ እግዚኣብሄር ንጻድቃን የፍቅሮም፣”

ዮሃንስ 16፡33
“ኣባይ ሰላም ምእንቲ ኽትረኽቡ፡ እዚ ነገርኩኹም። ኣብ ዓለም ጸበባ ኣለኩም። ግናኸ ኣጆኹም፡ ኣነ ንዓለም ስዒረያ እየ፡”

መዝሙር 37፡24
“እግዚኣብሄር ብኢዱ ይድግፎ እዩ እሞ፣ እንተ ተዓንቀፈ እኳ ፈጺሙ ኣይኪወድቕን እዩ።”

መዝሙር 32፡7
“ንስኻ ኸውለይ ኢኻ፣ ካብ ጸበባ ትሕልወኒ፣ ብእልልታ ምድሓን ትኸበኒ፣”

መዝሙር 42፡11
“ነፍሰየ፣ ንምንታይ ትጒህዪ፡ ንምንታይሲ ኣብ ውሽጠይ ትህውኺ ኣሎኺ፡ ንምድሓን ገጸይን ኣምላኸይን ገና ኸመስግኖ እየ እሞ፣ ተስፋኺ ኣብ ኣምላኽ ግበሪ።”

ደጉዓ ኤርምያስ 3፡31-33
“እግዚኣብሄርሲ ንዘለኣለም ኣይውግድን እዩ እሞ፡ እንተ ኣጒሃየ እኳ፡ ከምቲ ብዝሒ ጸጋኡ ይርሕርሕ እዩ። ንደቂ ኣዳም ዜዋርዶምን ዜጒህዮምንሲ ብፍታው ልቡ ኣይኰነን።”

መዝሙር 91፡1-16
“ኣብ ጸግዒ እቲ ልዑል ዚሐድር፣ ኣብ ጽላል እቲ ዅሉ ዚኽእል ይነብር። ንእግዚኣብሄር፣ ጸግዔይን ዕርደይን ዝውከሎ ኣምላኸይን እዩ፣ እብሎ ኣሎኹ። ካብ መጻወድያ ሃዳናይ፣ ካብ ዜጥፍእ ፌራ ኼናግፈካ እዩ እሞ፣ ብግልግሌኡ ኼጒልብበካ፣ ኣብ ትሕቲ ኣኽናፉ ኸኣ መጸግዒ ኽትረክብ ኢኻ፣ ሓቁ ዋልታን ጸግዕን እዩ። ካብ ስምባድ ለይቲ፣ ካብቲ ብመዓልቲ ዚውርወር ፍላጻ፣ ካብቲ ብጸልማት ዚኸይድ ፌራ፣ ብቐትሪ ዜባድም ሕማም ኣይክትፈርህን ኢኻ። ኣብ ጥቓኻ ሽሕ፣ ኣብ የማንካ'ውን እልፊ ኺወድቁ እዮም፣ ኣባኻ ግና ኣይኪበጽሕን እዩ። ብዓንትኻ ጥራይ ክትጥምቶ፣ ረሲኣን ዚረኽብዎ መስጣ'ውን ክትርኢ ኢኻ። ጐይታይ፣ ንስኻ መዕቈብየይ ኢኻ፣ ኢልካ ኢኻ እሞ፣ ንልዑልሲ መጸግዒኻ ስለ ዝገበርካዮ፣ እከይ ዘበለ ኣይኪረኽበካን፣ ስቓይ'ውን ኣብ ድንኳንካ ኣይኪቐርብን እዩ። ኣብ ኵሉ መገድኻ ኺሕልዉኻ፣ ንመላእኽቱ ኺእዝዘልካ እዩ እሞ፣ እግርኻ ብእምኒ ኸይትዕንቀፍሲ፣ ኣብ ልዕሊ ኣእዳዎም ኪጸሩኻ እዮም። ኣብ ልዕሊ ኣንበሳን ተመንን ክትከይድ፣ ሽደን ኣንበሳን ገበልን ክትረግጽ ኢኻ። ኣጥቢቑ ስለ ዘፍቀረኒ፣ ከናግፎ፣ ንስመይ ስለ ዝፈለጠ፣ ከልዕሎ እየ። ኪጽውዓኒ ኣነ'ውን ክመልሰሉ፣ ብጸበባ ምስኡ ክኸውን፣ ከናግፎን ከኽብሮን እየ። ነዊሕ ዕድመ ኸጽግቦ፣ ምድሓነይ'ውን ከርእዮ እየ።”

መዝሙር 31፡23
“ኣቱም ቅዱሳኑ ዅሉኹም፣ ንእግዚኣብሄር ኣፍቅርዎ። እግዚኣብሄር ንእሙናት ይሕልዎም፣ ንዕቡይ ከኣ ኣብዚሑ ይፈድዮ እዩ።”

መዝሙር 28:7
"እግዚኣብሄርሲ ሓይለይን ዋልታይን እዩ፣ ልበይ ብእኡ ተወኪሉ፣ ኣነ'ውን ተረዲኤ፣ ስለዚ ልበይ ይፍሳህ ኣሎ፣ ብመዝሙረይ ድማ ክውድሶ እየ።"

ናሆም 1:7
"እግዚኣብሄር ሰናይ እዩ፣ ብመዓልቲ ጸበባ ዕርዲ እዩ፣ ነቶም ኣብኡ እተማዕቈቡ ድማ ይፈልጦም እዩ።"

መዝሙር 22:24
"ንጸበባ እቲ ጥቑዕ ኣይነዓቕን፣ ኣየዋረዶን እዩ እሞ፣ ናብኡ ምስ ኣእወየስ፣ ሰምዖ እምበር፣ ንገጹ ኻብኡ ኣይከወሎን።"

መዝሙር 9:9
"እግዚኣብሄርሲ ንጥቑዓት እምባ፣ ብጊዜ ጸበባ እምባ እዩ።"

መዝሙር 138:7
"ብማእከል መከራ እኳ እንተ ኸድኩ፣ ንስኻ ህያው ትገብረኒ፣ ኢድካ ኣብ ኲራ ጸላእተይ ትዝርግሕ፣ የማነይቲ ኢድካ'ውን ተድሕነኒ።"

መዝሙር 18:28
"ንመብራህተይ ተድምቕ ኢኻ እሞ፣ እግዚኣብሄር ኣምላኽይ ንጸልማተይ የብርሆ እዩ።"

መዝሙር 34:19
"ናይ ጻድቕ መከራ ብዙሕ እዩ፣ እግዚኣብሄር ግና ካብ ኲሉ የናግፎ።"

መዝሙር 18:2
"እግዚኣብሄርሲ ኸውሔይ፣ ዕርደይ፣ መናገፍየይ፣ ኣምላኸይ፣ ዝሃድመሉ ጸግዔይ፣ ዋልታይ፣ ቀርኒ ምድሓነይ፣ ልዕል ዝበለ ኸውለይ እዩ።"

መዝሙር 9፡11-12
"እቲ ሕነ ደም ዚፈዲ ዘኪርዎም፣ ንኣውያት ጥቑዓት ከኣ ኣይርስዖን እዩ እሞ፣ ነቲ ኣብ ጽዮን ዚነብር እግዚኣብሄር ዘምሩሉ፣ ኣብ ማእከል ኣህዛብ ግብርታቱ ንገሩ።"

70. ምንጋፍ ካብ ጸበባ

ፊሊ.ፒ 4፡6-7
"ድሌትኩም ዘበለስ ብጸሎትን ልማኖን ምስናይ ምስጋና ኣብ ኣምላኽ ይፈለጥ ኣምበር፡ ብገለ እኳ ኣይትጨነቑ። እቲ ኻብ ኵሉ ኣእምሮ ዚበልጽ ሰላም ኣምላኽ ድማ ንልብኹምን ሓሳብኩምን ብክርስቶስ የሱስ ኪሕልዎ እዩ።"

መዝሙር 46:1-3
"ኣምላኽ ንኣና መዕቈብን ሓይልን፣ ብጸበባ ፍጡን ረድኤትን እዩ።ስለዚ ምድሪ እንተ ተገልበጠት፣ ኣኽራን ኣብ መዓሙቕ ባሕሪ እንተ ተናወጹ፣ ማያቱ እንተ ሃመመን እንተ ዓፈረን፣ ኣኽራን ብነድሮም እንተ ኣንቀጥቀጡ፣ ንሕናስ ኣይንፈርህን ኢና።"

መዝሙር 9፡9
"እግዚኣብሄርሲ ንጥቑዓት እምባ፣ ብጊዜ ጸበባ እምባ እዩ።"

መዝሙር 32፡7
"ንስኻ ኸውለይ ኢኻ፣ ካብ ጸበባ ትሕልወኒ፣ ብእልልታ ምድሓን ትኸበኒ።"

መዝሙር 91፡15
"ኪጽውዓኒ ኣነ'ውን ክመልሰሉ፣ ብጸበባ ምስኡ ክኸውን፣ ከናግፎን ከኸብሮን እየ።"

2 ይ ቆረንጦስ 4፡8-9
"ብዅሉ ወገን ንጽቀጥ፡ ግናኸ ኣይጸበናን፡ እንገብሮ ይጠፍኣና፡ ግናኸ ተስፋ ኣይንቕብጽን ኢና፡ንስጐጕ፡ ድርቡያት ግና ኣይኮንናን። ይደፍኡና፡ ግናኸ ኣይንጠፍእን ኢና።"

ሮሜ 8፡28
“ነቶም ንኣምላኽ ዜፍቅሩ፡ ከም ምኽሩ'ውን እተጸውዑ ግና ኩሉ ንሰናዮም ከም ዚድግፎም፡ ንፈልጥ ኢና።”

ማቴዎስ 6፡31-32
“እምበርከ እንታይ ንበልዕ፡ እንታይ ንሰቲ፡ እንታይ ንኽደን፡ ኢልኹም ኣይትጨነቑ። ነዚ ኹሉስ ኣህዛብ ይደልይዎ እዮም እሞ፡ ንኣኻትኩም እዚ ኹሉ ኸም ዜድልየኩም፡ ናይ ሰማይ ኣቦኹም ይፈልጥ እዩ።”

1ይ ጴጥሮስ 5፡7
“ንሱ ይሓልየልኩም እዩ እሞ፡ ንኹሉ ሓልዮትኩም ኣብኡ ኣውድቕዎ።”

71. ምቾትን ረዲኤትን

መዝሙር 138-7
“ብማእከል መከራ እኳ እንተ ኸድኩ፣ ንስኻ ህያው ትገብረኒ፣ ኢድካ ኣብ ኩራ ጸላእተይ ትዝርግሕ፣ የማነይቲ ኢድካ'ውን ተድሕነኒ።”

ናሆም 1፡7
“እግዚኣብሄር ሰናይ እዩ፣ ብመዓልቲ ጸበባ ዕርዲ እዩ፣ ነቶም ኣብኡ እተማዕቈቡ ድማ ይፈልጦም እዩ።”

መዝሙር 46፡1-3
“ኣምላኽ ንኣና መዕቈብን ሓይልን፣ ብጸበባ ፍጡን ረድኤትን እዩ። ስለዚ ምድሪ እንተ ተገልበጠት፣ኣኽራን ኣብ መዓሙቕ ባሕሪ እንተ ተናወጹ፣ ማያቱ እንተ ሃመመን እንተ ዓፈረን፣ ኣኽራን ብነድሮም እንተ ኣንቀጥቀጡ፣ ንሕናስ ኣይንፈርህን ኢና።”

መዝሙር 37፡39
“ምድሓን ጻድቃን ግና ካብ እግዚኣብሄር እዩ፣ ንሱ ብዘመን ጸበባ መኸወሊኦም እዩ።”

መዝሙር 18:2
"እግዚኣብሄርሲ ኸውሓይ፣ ዕርደይ፣ መናገፍየይ፣ ኣምላኸይ፣ ዝሃድመሉ ጸግዔይ፣ ዋልታይ፣ ቀርኒ ምድሓነይ፣ ልዕል ዝበለ ኸውለይ እዩ። ናብቲ ሞሳ ዚግብኦ እግዚኣብሄር ተማህለልኩ እሞ፣ ካብ ጸላእተይ ደሓንኩ።"

መዝሙር 22፡24
"ንጸበባ እቲ ጥቑዕ ኣይነዓቕን፣ ኣየዋርዶን እዩ እሞ፣ ናብኡ ምስ ኣእወየስ፣ ሰምዖ እምበር፣ ንገጹ ኻብኡ ኣይከወሎን።"

መዝሙር 37፡24
"እግዚኣብሄር ብኢዱ ይድግፎ እዩ እሞ፣ እንተ ተዓንቀፈ እኳ ፈጺሙ ኣይኪወድቕን እዩ።"

መዝሙር 55፡22
"ጾርካ ናብ እግዚኣብሄር ደርብዮ፣ ንሱ ኺድግፈካ እዩ። ንጻድቕ ሰንከልከል ኪብል ከቶ ኣይሓድጎን።"

ዮሃንስ 16፡33
"ኣባይ ሰላም ምእንቲ ኽትረኽቡ፡ እዚ ነገርኩኹም። ኣብ ዓለም ጸበባ ኣለኩም። ግናኸ ኣጆኹም፡ ኣነ ንዓለም ስዒረያ እየ"

ማቴዎስ 11፡28
"ኣቱም ኵልኹም እትጽዕሩን ጾር ዝኸበደኩምን፡ ኣነ ኸዕርፈኩም ናባይ ንዑ።"

መዝሙር 9፡9
"እግዚኣብሄርሲ ንጥቑዓት እምባ፣ ብጊዜ ጸበባ እምባ እዩ።"

72. <u>ድኻታት</u>

መዝሙር 72፡12-13
"ነቲ ዚጠርዕ ድኻን ነቲ ረዳኢ ዜብሉ መስኪንን ኬናግፎ እዩ።ንመሳኺንን ንድኻታትን ኪድንግጸሎም፣ ንነፍሲ ድኻታት ከኣ ኬድሕን እዩ።"

መዝሙር 107፡41
“ንድኻ ካብ ሽጋሩ ልዕል ኣበሎ፣ ንዓሌታት ድማ ከም መጓሰ ኣብዝሖም።”

መዝሙር 69፡33-34
“እግዚኣብሄር ንድኻታት ይሰምዖም፣ ንእሱራት'ውን ኣይንዕቕን እዩ እሞ፣ ትሑታት ነዚ ርእዮም ይሕጎሱ፣ ኣቱም ንኣምላኽ እትደልይዎ፣ ልብኹም ብህይወት ይንበር።”

መዝሙር 41፡1-3
“ንድኻ ዚሓልየሉ ብጹእ እዩ፣ እግዚኣብሄር ብመዓልቲ መከራ የናግፎ።እግዚኣብሄር ይሕልዎ ብህይወት'ውን የንብሮ። ንሱ ኣብ ምድሪ ብጹእ ይኸውን። ናብ ፍቓድ ጸላእቱ ኣይተሕልፎን ኢኻ። ኣብ መደቀሲ ድናሴኡ ኸሎ፣ እግዚኣብሄር ይድግፎ። ንስኻ ብሕማሙ ንብዘላ ዓራቱ ተንጽፈሉ።”

ኤርምያስ 20፡13
“ንነፍሲ ድኻ ኻብ ኢድ ገበርቲ እከይ ኣድሒንዋ እዩ እሞ፡ ንእግዚኣብሄር ዘምሩ፡ ንእግዚኣብሄር ወድሱ።”

መዝሙር 102፡17
“ምስ መሳፍንቲ፣ ምስቶም መሳፍንቲ ህዝቡ ኬቐምጦስ፣ ንመስኪን ካብ ሓመድ የተንስኦ፣ ንድኻ'ውን ካብ ድኹዒ የልዕሎ።”

መዝሙር 132፡15
“ንሲሳያ ኣጸቢቐ ክባርኾ፣ ንድኻታታ እንጌራ ኽጽግቦም እየ።”

መዝሙር 68፡10
“ዎ ኣምላኽ፣ ዝናም ውህበትካ ኣዝነምካ፣ ነታ ዝሓመቐት ርስትኻ ኣደልደልካያ። ህያዋንካ ኣብኡ ሓደሩ፣ ዎ ኣምላኽ፣ ብለውሃትካ ንመሳኪን ኣዳሎኻሎም።”

ኢሳያስ 11፡4
“ግናኸ ንድኻታት ብጽድቂ ኺዳኑ፡ ነቶም ዓቃላት ምድሪ ኸኣ ብቕንዕና ኺብይን፡ ብበትሪ ኣፉ ንምድሪ ኺወቕዓ፡ ብመንፈስ ከናፍሩ ድማ ንረሲኣን ኪቐትሎም እዩ።”

መዝሙር 22፡26
“ትሑታት ኪበልዑን ኪጸግቡን፣ ንእግዚኣብሄር ዚደልይዎ ኺውድስዎ እዮም፣ ልብኹም ንዘለኣለም ብህይወት ኪነብር እዩ።”

ኢሳያስ 29፡19
“እቶም ዓቃላት ንሓጐሶም ኣብ እግዚኣብሄር ኬዕዝዝዎ፡ እቶም ኣብ ማእከል ሰብ ዘለው ድኻታት ከኣ በቲ ናይ እስራኤል ቅዱስ ኪሕጐሱ እዮም።”

73. ፈተና

ያቆብ 1፡12
“ተፈቲኑ ምስ ወጸ፡ ነቲ እግዚኣብሄር ነቶም ዜፍቅርዎ ዘተስፈዎም ኣኽሊል ህይወት ኪቕበል እዩ እሞ፡ እቲ ብፈተና ዚዕገስ ሰብኣይ ብጹእ እዩ።”

እብራውያን 2፡18
“ንሱ ባዕሉ ኺፍተን ከሎ ተሰቅዩ እዩ እሞ፡ ነቶም ዚፍተኑ ኺረድኦም ይኽእሎ እዩ።”

2 ይ ጴጥሮስ 2፡9
“እምብኣርስኸ ጐይታ ነቶም ፈራህቲ እግዚኣብሄር ካብ ፈተና ኼውጽኦም፡ ንገበርቲ ዓመጻ ግና እናቐጽዔ ንመዓልቲ ፍርዲ ኺሕልዎም ይፈልጥ እዩ።”

እብራውያን 4፡15-16
“ደጊም ብዘይ ሓጢኣትሲ፡ ብዅሉ ከምዚ ከማና እተፈተነ እዩ እምበር፡ ብድኻምና ኺድንግጸልና ዘይኽእል ሊቀ ኻህናት የብልናን እሞ፡ ብሰማያት ዝሓለፈ ዓብዪ ሊቀ ኻህናት፡ የሱስ ወዲ ኣምላኽ ካብ ዚህልወናስ፡ ምእማንና ነጽንዕ። ስለዚ ምሕረት ምእንቲ ኽንቕበል፡ ብጊዜ ጸበባ’ውን ንረዲኤትና ዚኸውን ጸጋ ኽንረክብ፡ ብትብዓት ናብ ዝፋን ጸጋ ንቕረብ።”

74. ርእስኻ ምቕባጽ፡ ዋጋ ምኽፋል

ማቴዎስ 16፡24-26
“ሽዑ የሱስ ንደቀ መዛሙርቱ በሎም፡ ንህይወቱ ኼድሕና ዚደሊ ኼጥፍኣ እዩ። እቲ ንህይወቱ ምእንታይ ዜጥፍኣ ኸኣ ኪረኽባ እዩ እሞ፡ ኪስዕበኒ ዚፈቱ እንተሎ፡ ህይወቱ ቐቢጹ፡ መስቀሉ ኣልዒሉ ይስዓበኒ። ንሰብከ ኹላ ዓለም ረቢሑስ፡ ነፍሱ እንተ ኣጥፍኤ፡ እንታይ ትጠቕሞ፧ ወይስ ሰብ በጃ ነፍሱ እንታይ ክህብ እዩ፧”

ሮሜ 8፡12-13
“እምብኣርሲ ኣሕዋተየ፡ ከም ስጋ እንተ ነበርኩም፡ ክትሞቱ ኢኹም፡ ነቲ ግብሪ ስጋ ብመንፈስ እንተ ቐተልኩምዎ ግና፡ ብህይወት ክትነብሩ ኢኹም እሞ፡ ከም ስጋ ኽንነብር፡ ነቲ ስጋስ ሰብ ዕዳኡ ኣይኰንናን።”

ገላትያ 5፡24
“እቶም ናይ ክርስቶስ ዘበሉ ኸኣ ነቲ ስጋኦም ምስናይ ፍትወቱን ትምኒቱን ሰቒሎምዎ እዮም።”

ቲቶስ 2፡11-12
“እቲ ብሩኽ ተስፋን ናይቲ ዕዙዝ ኣምላኽናን መድሓኒና የሱስ ክርስቶስን ምግላጽ ክብሪ እናተጸቤና፡ ግፍዕን ዓለማዊ ትምኒትን ክሒድና፡ ኣብዛ ዓለም እዚኣ ብጥንቃቐን ብጽድቅን በምልኾን ክንነብር ይምህረና ኣሎ።”

ሉቃስ 18፡29-30
“ንሱ ኸኣ፡ ስለ መንግስቲ ኣምላኽ ኢሉ፡ ቤት ኰነ፡ ወይ ወለዲ፡ ወይ ኣሕዋት፡ ወይ ሰበይቲ፡ ወይ ውሉድ ዝሓደገ፡ ኣብዚ ዘመን እዚ ብዙሕ ካዕበት፡ ኣብታ እትመጽእ ዓለም ከኣ ናይ ዘለኣለም ህይወት ዘይረክብ የልቦን፡ ኢሉ ብሓቂ እብለኩም ኣሎኹ፡ በሎም።”

ማቴዎስ 5፡39-41
“ኣነ ግና እብለኩም ኣሎኹ፡ ንኽፉእ ኣይትቃወምዎ። የማነይቲ መልትሕካ ንዚወቕዓካ ግና፡ እታ ካልኣይቲ'ውን ምለሰሉ። ነቲ ኪማጐተካ፡ ቀምሽካ ኽኣ ኪወስድ ዚደሊ፡ እታ ክዳንካ'ውን ሕደገሉ። ሓደ ምዕራፍ ንዝሰሓበካ፡ ክልተ ምዕራፍ ምስኡ ኺድ። ንዝለመነካ ሃቦ፡ ካባኻ ኺልቃሕ ንዚደሊ'ውን ኣይትኽልኣዮ።”

1ይ ቆረንጦስ 9፡22
"ኣነ እቶም ድኹማት ምእንቲ ክረብሖ ድማ። ምስቶም ድኹማት ድኹም ኰንኩ። ብዅሉ መገዲ ንገሊኦም ምእንቲ ከድሕን፡ ንዅላቶም ኵሉ ኰንኩ።"

ዮሃንስ 12፡24-25
"ፍረ ስርናይ ናብ ምድሪ እንተ ዘይወደቐትን ዘይሞተትን፡ በይና እያ እትነብር። እንተ ሞተት ግና፡ ብዙሕ ፍረ ኽም እትፈሪ፡ ብሓቂ፡ ብሓቂ እብለኩም ኣሎኹ። ንህይወቱ ዚፈትዋ ኼጥፍኣ እዩ። እቲ ንህይወቱ ኣብ'ዛ ዓለም እዚኣ ዚጸልኣ ግና ንዘለኣለም ህይወት ክሕልዋ እዩ።"

1ይ ዮሃንስ 3፡16-18
"ንሱ ንህይወቱ ኣብ ክንዳና ስለ ዘሕለፈ፡ በዚ ንፍቕሪ ንፈልጣ ኣሎና። ንሕና'ውን ኣብ ክንዲ ኣሕዋት ህይወትና ከነሕልፍ ይግብኣና እዩ። ግናኸ ዝኾነ ይኹን ጥሪት እዛ ዓለም እዚኣ ዘለዎ እሞ ሓዉ ተሸጊሩ ኽሎ እናረአዮስ ድንጋጹ ዚዓጽወሉ፡ ፍቕሪ ኣምላኽ ከመይ ኢላ ኣብኡ ትነብር፧ ኣቱም ደቀየ፡ ብግብርን ብሓቅን እምበር፡ ብቓልን ብልሳንን ኣይንፋቐር።"

2ይ ቆረንጦስ 4፡10-11
"ህይወት የሱስ ኣብ ስጋና ምእንቲ ክትግሃድ'ውን ኵሉ ሳዕ ሞት የሱስ ኣብ ስጋና ንጸውር ኣሎና። ማለት፥ እታ ህይወት የሱስ ኣብ'ቲ መዋቲ ስጋና ምእንቲ ኽትግሃድሲ፡ ንሕና ብህይወት ዘሎና ምእንቲ የሱስ ኢልና ኹሉ ሳዕ ናብ ሞት የሕልፉና ኣለዉ።"

ማቴዎስ 10፡22
"ስለ ስመይ ከኣ ኵሉ ሰብ ኪጸልኣኩም እዩ። እቲ ኽሳዕ መወዳእታ ዚዕገስ፡ ንሱ ኺድሕን እዩ።"

ፊሊጺ. 2፡17
"ግናኸ ኣብ'ቲ ናይ እምነትኩም መስዋእትን ኣገልግሎትን እንተ ተሰዋእኩ፡ ባህ ይብለኒ፡ ምስ ኵላትኩም'ውን እሕጐስ ኣሎኹ።"

እብራውያን 11፡36-38
"ገሊኣቶም ድማ ብልግጫን ብመግረፍትን፡ ኣብ ልዕሊ እዚ'ውን ብመቑሕን ማእሰርትን ተፈተኑ። ብዳርባ እምኒ ተቐትሉ፡ ተመገዙ፡ ተፈተኑ፡ ተሰይፎም ሞቱ፡ ኣጕዛ ኣባጊዕን ዲና ኣጣልን ተኸዲኖም ዞሩ፡

ሰኣኑ፡ ጸበቦም፡ ሓሳረ መከራ ጸገቡ። ዓለም ንኣታቶም ዘይትበቅዕ ኰይናስ፡ ኣብ በረኻታትን ኣብ ኣኽራንን ኣብ በዓትታትን ኣብ ጐዳጒድ ምድርን ኰለል በሉ።”

ራእይ 20፡4
“ዝፋናት ድማ ርኤኹ፡ ኣባታቶም ከኣ ተቐመጡ፡ ፍርዲ’ውን ተዋህቦም። ነፍሳት እቶም ምእንቲ ምስክር የሱስን ምእንቲ ቓል ኣምላኽን እተሰየፉ፡ ነቲ ኣራዊትን ንምስሉን ከኣ ዘይሰገዱ፡ ማሕተሙ’ውን ኣብ ግምባሮም ወይስ ኣብ ኣእዳዎም ዘይተቐበሉ ድማ ርኤኹ። እዚኣቶም ህያዋን ኰኑ እሞ ምስ ክርስቶስ ሽሕ ዓመት ነገሱ።”

75. እሱራት

መዝሙር 69፡33
“እግዚኣብሄር ንድኻታት ይሰምዖም፣ ንእሱራት’ውን ኣይንዕቐን እዩ እሞ፣ ትሑታት ነዚ ርእዮም ይሕጐሱ፣ ኣቱም ንኣምላኽ እትደልይዎ፣ ልብኹም ይተሓደስን ይንበርን።”

መዝሙር 107፡14-16
“ካብ ጸልማትን ድነ ሞትን ኣውጽኦም፣ መቐውሖም ከኣ ሰባበረ። መዓጹ ኣስራዚ ሰቢሩ፣ መሸጐር ሓጺን ሰባቢሩ እዩ እሞ፣ ንእግዚኣብሄር ስለ ሳህሉን፣ ስለቲ ንደቂ ሰብ ዝገበሮ ተኣምራቱን የመስግንዎ።”

መዝሙር 146፡7
“ንጥቑዓት ፍትሒ ዜውጽኣሎም፣ ንጥሙያት እንጌራ ዚህቦም ንሱ እዩ፣ እግዚኣብሄር ንእሱራት ይፈትሖም።”

መዝሙር 68፡6
“ኣምላኽ ነቲ በይኑ ዝኾነ ናብ ስድራ የእትዎ፣ ንእሱራት ናብ ራህዋ የውጽኦም፣ ተጻረርቲ ግና ኣብ ምድሪ ኣጻምእ ይነብሩ።”

76. መንፈስ (ሰብ)

መክበብ 12፡7
"መሬት ድማ፡ ከም'ቲ ዝነበሮ፡ ናብ ምድሪ ከይተመልሰ፡ መንፈስ'ውን ናብ'ቲ ወሃቢኡ ኣምላኽ ከይተመልሰ፡ ብመዓልታት ንእስነትካ ፈጣሪኻ ዘክሮ።"

እዮብ 32:8
"ግናኸ እቲ ኣብ ሰብ ዘሎ መንፈስን እስትንፋስ እቲ ኹሉ ዚኽእልን እዩ ምስትውዓል ዚህብ።"

ዘካርያስ 12፡1
"ጾር ቃል እግዚኣብሄር ብዛዕባ እስራኤል። እቲ ንሰማያት ዝዘርግሖ፣ ንምድሪ ድማ ዝሰረታ፣ ንመንፈስ ሰብ'ውን ኣብ ውሽጢ ዝደኰኖ እግዚኣብሄር ከም'ዚ ይብል ኣሎ. . ."

1ይ ተሰሎንቄ 5፡23
"ኣምላኽ ሰላም ባዕሉ ኸኣ ንዅለንትናኹም ይቐድሶ፡ በቲ ምጽኣት የሱስ ክርስቶስ ብዘሎ መንፈስኩምን ነፍስኹምን ስጋኹምን ብዘይ መንቅብ ክርከብ ይተሓሎ።"

ዘፍጥረት 2፡7
"እግዚኣብሄር ኣምላኽ ከኣ ንሰብ ካብ ሓመድ ምድሪ ገበሮ፡ ኣብ ኣፍንጫኡ ድማ ትንፋስ ህይወት ኡፍ በለሉ እሞ እቲ ሰብ ህያው ነፍሲ ኰነ።"

1ይ ቆረንጦስ 2፡11
"እቲ ኣብኡ ዘሎ መንፈስ እንተ ዘይኰይኑስ፡ ኣብ ሰብ ዘሎ ነገር ዚፈልጦ እንታዋይ ሰብ እዩ፧ ከምኡ'ውን መንፈስ ኣምላኽ እንተ ዘይኰይኑስ፡ ነቲ ኣብ ኣምላኽ ዘሎ ሓደ እኳ ዝፈልጦ የልቦን።"

ሮሜ 8፡16
"ውሉድ ኣምላኽ ምዃንና ከኣ እቲ መንፈስ ባዕሉ እዩ ምስ መንፈስና ኰይኑ ዚምስክር።"

ምሳሌ 20፡27
"መብራህቲ እግዚኣብሄር መንፈስ ሰብ እዩ፡ ንሱ ንብዘሎ ውሻጠ ልቢ ይምርምሮ።"

77. ነፍሲ

ማቴዎስ 22፡37-38
“የሱስ ከኣ፡ ንእግዚኣብሄር ኣምላኽካ ብምሉእ ልብኻን ብዅሉ ንፍስኻን ብዅሉ ሓሳባትካን ኣፍቅሮ፡ እዚኣ እታ ዓባይን ቀዳመይትን ትእዛዝ እያ።”

መዝሙር 103፡1
“ነፍሰይ፣ ንእግዚኣብሄር ባርኽ፣ ኣብ ውሽጣይ ዘሎ ኩሉ’ውን ንቅዱስ ስሙ ይባርኽ።”

ዘዳግም 4፡29
“ንእግዚኣብሄር ኣምላኽካ እንተ ደሌኻዮ፡ ብዅሉ ልብኻን ብዅሉ ነፍስኻን እንተ ደሌኻዮስ፡ ክትረኽቦ ኢኻ።”

ማቴዎስ 16፡26
“ንሰብከ ዅላ ዓለም ረቢሑስ፡ ነፍሱ እንተ ኣጥፍኤ፡ እንታይ ትጠቕሞ፧ ወይስ ሰብ በጃ ነፍሱ እንታይ ኪህብ እዩ፧”

ኤርምያስ 6፡16
“እግዚኣብሄር ከም’ዚ ይብል ኣሎ፡ ኣብ ጐደናታት ደው ኢልኩም ተመልከቱ፡ እቲ ጥንታዊ መገድታት፡ እቲ ጽቡቕ ጐደና ኣየናይ ምዃኑ ሕተቱ እሞ ብእኡ ተመላለሱ፡ ሽው ንነፍስኹም ዕረፍቲ ክትረኽቡ ኢኹም። ንሳቶም ግና፡ ኣይንመላለሰሉን ኢና፡ ኢሎም መለሱ።”

3ይ ዮሃንስ 1፡2
“ኣታ ፍቁር፡ ከምቲ ነፍስኻ ዝጠዓየት፡ ብዅሉ ደሓን ክትህሉን ክትጥዕን እምነየልካ ኣሎኹ።”

መዝሙር 42፡11
“ነፍሰየ፣ ንምንታይ ትጕህዪ፧ ንምንታይሲ ኣብ ውሽጣይ ትህውኺ ኣሎኺ፧ ንምድሓን ገጸይን ኣምላኽይን ገና ከመስግኖ እየ እሞ፣ ተስፋኺ ኣብ ኣምላኽ ግበሪ።”

78. ስጋ

1ይ ቆረንጦስ 6:19-20
“ብዋጋ ተዓዲግኩም ኢኹም እሞ፡ ስጋኹም ቤተ መቕደስ እቲ ኣባኻትኩም ዘሎ፡ ካብ ኣምላኽ እተቐበልኩምዎ መንፈስ ቅዱስ ምዃኑ፡ ናይ ርእስኹም’ውን ከም ዘይኰንኩምዶ፡ ኣይትፈልጡን ኢኹም፧ ስለ’ዚ ብስጋኹም ንኣምላኽ ኣኽብርዎ።”

1ይ ቆረንጦስ 3:16-17
“ቤተ መቕደስ ኣምላኽ ምዃንኩምን መንፈስ ኣምላኽ ኣባኻትኩም ሓዲሩ ምህላዉንዶ ኣይትፈልጡን ኢኹም፧ ሓደ እኳ ነታ ቤት መቕደስ ኣምላኽ እንተ ኣማሰነ፡ ኣምላኽ ከማስኖ እዩ። ቤተ መቕደስ ኣምላኽ ቅድስቲ እያ፡ እዛ ቤት መቕደስ እዚኣ’ውን ንስኻትኩም ኢኹም።”

ዘሌዋውያን 19፡28
“ብዛዕባ ምዉት ኣብ ስጋኹም ቅርጺ ኣይትግበሩ፡ ጽሕፈት ማሕተም ድማ ኣባኻትኩም ኣይትግበሩ። ኣነ እግዚኣብሄር እየ።”

ሮሜ 12፡1-2
“እምብኣርሲ ኣሕዋተየ፡ ንስጋኹም ህያውን ቅዱስን ንኣምላኽ ባህ ዜብልን መስዋእቲ ገርኩም ከተቕርብዎ፡ ብምሕረት ኣምላኽ እምዕደኩም ኣሎኹ፡ እዚ ማለት እቲ ናይ ኣእምሮ መንፈሳዊ ኣገልግሎትኩም እዩ።”

1ይ ቆረንጦስ 9:27
“ንኻልኦት እናሰበኽኩ፡ ንርእሰይ ድርቡይ ምእንቲ ከይከውን፡ ንስጋይ ኣሰቅዮን ኣግዝኦን ኣሎኹ።”

ሮሜ 6፡13-14
“ትሕቲ ጸጋ እምበር፡ ትሕቲ ሕጊ ስለ ዘይኰንኩም፡ ሓጢኣት ኣይመልከኩምን እዩ እሞ፡ ከም ሞይቶም ዝተንስኡ ርእስኹም ንኣምላኽ ወፍዩ እምበር፡ ንኣካላትኩም ኣጽዋር ዓመጻ ንሓጢኣት ኣይትግበርዎ፡ ንኣካላትኩምሲ ኣጽዋር ጽድቂ ንኣምላኽ ደኣ ግበርዎ።”

ማቴዎስ 6፡22
“ናይ ስጋ መብራህቲ ዓይኒ እያ። ዓይንኻ ጥዕይቲ እንተ ኾነት፡ ብዘሎ ስጋኻ ብሩህ ይኸውን።”

1ይ ቆረንጦስ 15:44
“ነፍሳዊ ስጋ ይዝራእ፡ መንፈሳዊ ስጋ ይትንስእ። ነፍሳዊ ስጋ ኻብ ዝህሉ፡ መንፈሳዊ ስጋ'ውን ኣሎ።”

ፊሊጲ 1፡20-21
“ንኣይ ህይወተይ ክርስቶስ እዩ፡ ሙማተይ'ውን ረብሓይ እዩ እሞ፡ ከም'ቲ ሃረርታይን ተስፋይን ብገለ ከይሓፍር፡ ከም'ቲ ኩሉ ሳዕ ሕጂ'ውን ብትብዓት ደኣ፡ ብህይወት እንተ ኮይኑ ወይስ ብሞት፡ ክርስቶስ ብስጋይ ክኽብር እዩ።”

መዝሙር 139፡13-18
“ንኹላሊተይ ንስኻ ፈጢርካየን፣ ኣብ ከርሲ ወላዲተይ ኣሊምካኒ፣ መስተንክርን ድንቅን ጌርካ ፈጢርካኒ ኢኻ እሞ፣ ከማስወካ እየ፣ ግብርታትካ መስተንክር እዩ፣ ነፍሰይ'ውን ኣጸቢቓ ትፈልጦ። ብሕቡእ ምስ ተፈጠርኩ፣ ኣብ ከርሲ ምድሪ ምስ ተኣለምኩ፣ ኣዕጽምተይ ኣይተኸወላኻን። ኣዒንትኻ፣ ድቂ ከሎኹ፣ ረኣያኒ፣ እተን ምዱባት መዓልትታተይ፣ ሓንቲ እኳ ከይነበረት፣ ኵለን ኣብ መጽሓፍካ ተጻሕፋ። ዎ ኣምላኽ፣ ሓሳባትካ ንኣይ ክንደይ ክቡር እዩ፣ ቍጽሩስ ክንደይ ዓብዪ እዩ። እንተ ቘጸርክዎ፣ ካብ ሑጻ ይበዝሕ፣ እንተ ነቓሕኩ፣ ገና ምሳኻ እየ።”

79. ቆልዑ

ማርቆስ 10:14-16
“የሱስ እዚ ምስ ረኣየ፡ ኣይፈተወሎምን እሞ፡ ሕደግዎም፡ ቈልዑ ናባይ ይምጽኡ። መንግስቲ ኣምላኽ ነዞም ከምዚኣቶም ዝበሉ እያ እሞ፡ ኣይትኽልእዎም። ንመንግስቲ ኣምላኽ ከም ቈልዓ ኾይኑ ዘይተቐበላ ከቶ ኸም ዘይኣትዋ፡ ብሓቂ እብለኩም ኣሎኹ፡ በሎም። ሓቝፉ ኢዱ ኣንቢሩሎም ባረኾም።”

መዝሙር 127፡3-5
“እንሆ፣ ውሉድ ውህበት እግዚኣብሄር እዮም። ፍረ ኸርሲ ኸኣ ዓስቢ እዩ። ከምቲ ኣብ ኢድ ጅግና ዘሎ ፍላጻ፣ ውሉድ ንእስነት ከምኡ እዮም። ኍልድባኡ ብእኦም ዝመልኤ ሰብኣይ ብጹእ እዩ፣ ኣብ ደገ ምስ ጸላእቲ እንተ ተዛረቡ፣ ኣይሓፍሩን እዮም።”

መዝሙር 128:3
“ሰበይትኻ ኣብ ውሽጢ ቤትካ ኸም ፈራይት ወይኒ ኽትከውን። ውሉድካ ኣብ ዙርያ መኣድኻ ኸም ተኽሊ ኣውሊዕ ኪኾኑ እዮም።”

ምሳሌ 17፡6
“ንኣረገውቲ እቶም ደቂ ደቆም ዘውዶም እዮም፡ ንቈልዑ ኸኣ ኣቦታቶም ክብረቶም እዮም።”

80. <u>ቆልዑ ክገብርዎ ዝግባእ</u>

ኤፌሶን 6፡1-3 (ዘዳግም 5፡16)
“ኣቱም ውሉድ፡ እዚ ቕኑዕ እዩ እሞ፡ ንወለድኹም ብጐይታ ተኣዘዝዎም። ኣቦኻን ኣዴኻን ኣኽብር፡ ጽቡቕ ኪኾነልካ፡ ኣብ ምድሪ’ውን ዕድሜኻ ኺነውሕ፡ እዚ ተስፋ ዘለዎ ቐዳማይ ትእዛዝ እዩ”

ቆሎሴ 3፡20
“ኣቱም ውሉድ፡ እዚ ኣብ ጐይታ ባህ ዜብል እዩ እሞ፡ ንወለድኹም ብዅሉ ተኣዘዝዎም።”

ምሳሌ 6፡20
“ወደየ፡ ንትእዛዝ ኣቦኻ ሓልዎ፡ ንሕጊ ወላዲትካ ኸኣ ኣይትሕደጎ።”

ምሳሌ 13፡1
“ለባም ውሉድ ተግሳጽ ኣቦኡ ይሰምዕ፡ መላገጺ ግና መግናሕቲ ኣይሰምዕን።”

ምሳሌ 15፡5
“ዓሻ ንተግሳጽ ኣቦኡ ይንዕቆ፡ ዘለፋ ዚቕበል ግና ኣእምሮኛ ይኸውን።”

ምሳሌ 10፡1
“ጥበበኛ ወዲ ነቦኡ የሐጉስ፡ ዓሻ ወዲ ግና መጉሃይ ኣዲኡ እዩ።”

ምሳሌ 1፡10
“ወደየ፡ ሓጥኣን እንተ ሓባበሉኻ፡ ሕራይ ኣይትበሎም።”

ምሳሌ 28:7
“ንሕጊ ዚሕልዎስ ኣስተውዓሊ ውሉድ እዩ፡ ምስ ሓሻሻት ዚመሐዞ ግና ነቦኡ የሕፍሮ።”

ምሳሌ 8:32-34
“ሕጂ ድማ ደቀየ፡ መገደይ ዚሕልዉ ብጹኣን እዮም እሞ፡ ስምዑኒ። ጠቢባን ኩኑ፡ ተግሳጸይ ስምዑ፡ ኣይትእበይዎ። እቲ ኣብ ልዳት ደጌታተይ እናተጸበየ፡ መዓልታዊ ኣብ ደጌታተይ እናጸንዔ፡ ዚሰምዓኒ ሰብ ብጹእ እዩ። እቲ ዚረኽበንስ ህይወት ይረክብ እዩ እሞ፡ ካብ እግዚኣብሄር ጸጋ ይቕበል።”

ምሳሌ 23፡15-16
“ወደየ፡ ልብኻ ጥበበኛ እንተ ኾነ፡ ኣነ'ውን ልበይ ይሕጐስ፡ እወ፡ ከናፍርካ ቅንዕና እንተ ተዛረበ፡ ኰላሊተይ ደስ ይብለን።”

ምሳሌ 23፡ 24-26
“ኣቦ ጻድቕ ብዙሕ ይሕጐስ፡ ጥበበኛ ወዲ ዝወለደ ኸኣ ብእኡ ባህ ይብሎ። ኣቦኻን ኣዴኻን ብኣኻ ባህ ይበሎም፡ እታ ዝወለደትካ ድማ ባህ ይበላ።”

81. <u>ደቂ-ኣንስትዮ</u>

ምሳሌ 31፡10- 31
“ደገኛ ሰበይትስ መን ይረኽባ ዋጋኣ ካብ ኩቡር ዕንቍ ኣዝዩ ይኸብር። ልቢ ሰብኣያ ይእመና፡ እቶቱ ከቶ ኣየቋርጽን። ንሳ ምሉእ ዕድሚኣ ሰናይ እምበር፡ ክፉእ ኣይትገብሮን። ጸጕርን ልሕጺ እንጣጢዕን ትደሊ፡ ተሓጒሳ ኸኣ ብኢዳ ትዓዪ። ንሳ ኸም መርከብ ነጋዶ እያ፡ ካብ ርሑቕ ምግባ ተምጽእ። ገና ለይቲ ኸሎ፡ ትትንስእ እሞ፡ ንስድራ ቤታ ምግቦም ትህቦም፡ ነግራዳ ኸኣ ሰስርሐን ተትሕዘን። ግራት ትምልከት እሞ ትዕድጎ፡ ብፍረ ኣእዳዋ ኸኣ ኣታኽልቲ ወይኒ ትተክል። ሕቝኣ

ብሓይሊ ይዕጠቕ፡ ቀላጽማ ኸኣ ተበርትዕ። ኣቓሑ ንግዳ ጽቡቕ ዝኾነ ትርኢ፡ መብራህታ ብለይቲ ኣይጠፍእን። ኣእዳዋ መፍተል የልዕላ፡ ኣጻብዓ'ውን ቀኖኒን ይሕዛ። ንሽጉራት ኢዳ ትዝርግሓሎም፡ ንጹጉማት ከኣ ኣእዳዋ ትሰደሎም። ኵሎም ስድራኣ ሰብ ደርብ ክዳን እዮም እሞ፡ ስለ ስድራኣ ብወርጪ ኣይትፈርህን። ንርእሳ ምንጻፋት ትገብር ክዳውንታ'ውን በፍታን ጁኹን እዩ። ሰብኣያ ኣብ ደገ ኣብ ማእከል ዓበይቲ ዓዲ ምስ ዚቕመጥ ምርኡይ እዩ። ጽቡቕ ቀሚሽ ኣእሊማ ትሸይጥ፡ መቕነት ነጋዳይ ትህቦ። ሓይልን ክብረትን ልብሳ እዩ፡ ነቲ ዚመጽእ መዓልቲ ትስሕቆ። ኣፋ ብጥበብ ትኸፍት፡ ትምህርቲ ለውሃት ድማ ኣብ ልሳና እዩ። ንብረት ቤታ ትሕሉ፡ እንጌራ ትህኪት ኣይትበልዕን። ደቃ ይትንስኡ ብርኽቲ ኸኣ ይብልዋ፡ ሰብኣያ ድማ፡ ብዙሓት ኣንስቲ ጽቡቕ ዝገበራ ኣለዋ፡ ንስኺ ግና ንዅላተን ትበልጽየን፡ ኢሉ ይንእዳ።ጽባቐ መልክዕ ጠባሪ እዩ፡ ውቃበ ኸኣ ከንቱ እዩ፡ ንእግዚኣብሄር እትፈርህ ሰበይቲ ግና ትንኣድ። ካብ ፍረ ኣእዳዋ ሃብዋ፡ ኣብ ደጌታት'ውን ተግባራ ይንኣዳ።"

1ይ ጢሞቴዎስ 3፡11
"ኣንስቲ'ውን ከምኡ ረዘንቲ፡ ዘይሓምያ፡ ጥንቁቓት፡ ብዅሉ'ውን እሙናት ክኾና ይግባእ።

ምሳሌ 11፡16
"ሕያወይቲ (ለዋህ) ሰበይቲ ክብረት ትረክብ፡ ሓያላት ከኣ ሃብቲ ይረኽቡ።"

1ይ ቆረንጦስ 11፡3
"ግናኸ ርእሲ ሰብኣይ ዘበለ ክርስቶስ፡ ርእሲ ሰበይቲ ከኣ ሰብኣይ፡ ርእሲ ክርስቶስ'ውን ኣምላኽ ከም ዝኾነ፡ ክትፈልጡ እፈቱ ኣሎኹ።"

ኤፌሶን 5፡22-24፤33
"ከምቲ ክርስቶስ ርእሲ ማሕበሩ ዝኾነ፡ ንሱ ምድሓን ስጋኡ ኸኣ እዩ፡ ሰብኣይ ከኣ ርእሲ ሰበይቱ እዩ እሞ፡ ኣትን ኣንስቲ፡ ከም ንጐይታ ጌርክን ንሰብኡትክን ተኣዘዛኦም። ከምቲ እታ ማሕበር ንክርስቶስ እትእዘዞ፡ ከምኡ ድማ ኣንስቲ ንሰብኡተን ብዅሉ ይተኣዘዛኦም።. . . ንስኻትኩም'ውን ከምኡ ነፍሲ ወከፍኩም ነታ ሰበይቱ ከም ነፍሱ ገይሩ የፍቅራ፡ እታ ሰበይቲ'ውን ንሰብኣያ ትፍርሃዮ።"

ቆሎሴ 3፡18
"ኣትን ኣንስቲ፡ ከምቲ ንጐይታ ዚግባእ ጌርክን ንሰብኡትክን ተኣዘዛእም።"

ቲቶስ 2፡2-5
"እቶም ኣረገውቲ ሰብኡት ጥንቁቓት፡ ረዘንቲ፡ ለባማት፡ ብእምነት፡ ብፍቕሪ፡ ብትዕግስቲ ጥዑያት ክኾኑ፡ እተን ኣረገውቲ ኣንስቲ'ውን ከምኡ ንንብረት ቅድስና ከም ዚግባእ፡ ዘይሓመይቲ፡ ብዙሕ ወይኒ ንምስታይ ባሮት ዘይኰና፡ መሃርቲ ሰናይ ክኾና፡ ነተን ናእሽቱ ኣንስቲ ከኣ፡ እቲ ቓል ኣምላኽ ምእንቲ ኸይጽረፍሲ፡ ንሰብኡተንን ውሉደንን ከፍቅራ፡ ነፍሰን ዝቐጽዓ ንጹሃት፡ ቤተን ዚኣልያ፡ ሕያዎት፡ ንሰብኡተን ዚእዘዛ ክኾና ኸለብምኣን ምዓደን።"

1ይ ጴጥሮስ 3: 1-4
"ኣትን ኣንስቲ፡ ገለ ነቲ ቓል ዘይእዘዙ እንተ ኣለዉ፡ ነቲ ፍርሃት ዘለዎ ንጹህ ኣኻይዳኽን ምስ ረአዩ፡ ብኣካይዳ ኣንስቶም ብዘይ ቃል ከም ረብሓ ኾይናም ምእንቲ ኺርከቡስ፡ ከምኡ ንሰብኡትክን ተኣዘዛኦም። ስልማትክን እቲ ብሕቡእ ናይ ልቢ ሰብን ኣብ ቅድሚ ኣምላኽ ክቡር ዝኾነ ለዋህን ህዱእን መንፈስ ይኹን እምበር፡ እቲ ናይ ስሩሕ ርእስን፡ ናይ ስልማት ወርቂ ምእሳርን፡ ናይ ዘጌጸ ክዳውንቲ ምኽዳንን ኣፍኣዊ ነገር ኣይኹን።"

ምሳሌ 14፡1
"ለባም ሰበይቲ ቤታ ትሃንጽ፡ ዓሻ ግና ብገዛእ ኢዳ ተፍርሶ።"

ዘፍጥረት 2፡22-24
"እግዚኣብሄር ኣምላኽ ድማ ነታ ካብ ሰብኣይ ዝወሰዳ መሰንገለ፡ ሰበይቲ ገይሩ፡ ሰርሓ እሞ ናብቲ ሰብኣይ ኣምጽኣ። እቲ ሰብኣይ ከኣ፥ እዚኣ ዓጽሚ ካብ ኣዕጽምተይ፡ ስጋ ከኣ ካብ ስጋይ እያ፡ ካብ ሰብኣይ ተወሲዳ እያ እሞ፡ ሰበይቲ ትብሃል፡ በለ። ስለ'ዚ ሰብኣይ ኣቦኡን ኣዲኡን ይሓድግ፡ ምስ ሰበይቱ ኸኣ ይጠብቕ። ሓደ ስጋ ድማ ይኾኑ።"

82. <u>መርዓ</u>

ምሳሌ 5፡18-20
“ምንጭኻ ይባርኽ፡ በታ ሰበይቲ ንእስነትካ ባህ ይበልካ።ፍትውቲ ዋላ፡ ጽብቕቲ ሜዳቑ ትኹነልካ፡ እቲ ኣጥባታ ኹሉ ጊዜ የዕግብካ፡ ብፍቕራ'ውን ወርትግ ተመሰጥ።”

1ይ ቆረንጦስ 7፡3
“ሰብኣይ ንሰበይቱ ዚግብኣ ይግበረላ፡ ከምኡ'ውን ሰበይቲ ንሰብኣያ ትግበረሉ።”

ኤፌሶን 5፡22-25
“ከምቲ ክርስቶስ ርእሲ ማሕበሩ ዝኾነ፡ ንሱ ምድሓን ስጋኡ ኸኣ እዩ፡ ሰብኣይ ከኣ ርእሲ ሰበይቱ እዩ እሞ፡ ኣትን ኣንስቲ፡ ከም ንጐይታ ጌርክን ንሰብኡትክን ተኣዘዛእም። ከምቲ እታ ማሕበር ንክርስቶስ እትእዘዞ፡ ከምኡ ድማ ኣንስቲ ንሰብኡተን ብኹሉ ይተኣዘዛእም። ከምቲ ክርስቶስ ንማሕበሩ ዘፍቀራ፡ ኣቱም ሰብኡት፡ ኣንስትኹም ኣፍቅሩ።”

ኤፌሶን 5፡28
“ሰብኡት'ውን ከምኡ፡ ነተን ኣንስቶም ከም ስጋእም ገይሮም ኬፍቅርወን ይግብኦም እዩ።”

ኤፌሶን 5፡31
“ስለዚ ሰብኣይ ኣቦኡን ኣዲኡን ሓዲጉ ምስ ሰበይቱ ይለግብ፡ ክልቲኦም'ውን ሓደ ስጋ እዮም ዚኾኑ።”

1ይ ጢሞቴዎስ 5፡8
“ሓደ እኳ ነቶም ናቱ፡ ምናዳ ግና ንስድራ ቤቱ፡ ዘይሓሊ እንተሎ፡ እምነት ዝኸሓደ ካብቲ ዘይኣምን'ውን ዝገደደ እዩ።”

1ይ ጢሞቴዎስ 5፡14
“እምብኣርሲ እተን ሓያማት ኪምርዓዋ፡ ውሉድ ኪወልዳ፡ ቤተን ኪሕዛ፡ ጸላኢ ዘጸርፈሉ ሓደ ምኽንያት እኳ ኸይህባ፡ እደሊ ኣሎኹ።”

ቆሎሴ 3፡18-19
“ኣትን ኣንስቲ፡ ከምቲ ንጐይታ ዚግባእ ጌርክን ንሰብኡትክን ተኣዘዛአም። ኣቱም ሰብኡት፡ ነንስትኹም ኣፍቅርወን እሞ ኣይትምረርወን።”

1ይ ጴጥሮስ 3፡7
“ኣቱም ሰብኡት፡ ጸሎትኩም ምእንቲ ኸይዕገት፡ ከም ምስ ድኽምቲ ፍጥረት፡ ከም መዋርስትኹም ንጸጋ ህይወት ጌርኩም እናኸበርኩምወን፡ ከምኡ ምስ ኣንስትኹም ብእምሮ ንበሩ።”

ቲቶስ 2፡4-5
“ነተን ናእሽቱ ኣንስቲ ኸኣ፡ እቲ ቓል ኣምላኽ ምእንቲ ኸይጽረፍሲ፡ ንሰብኡተንን ውሉደንን ኬፍቅራ፡ ነፍሰን ዚቐጽዓ ንጹሃት፡ ቤተን ዚኣልያ፡ ሕያዎት፡ ንሰብኡተን ዚእዘዛ ኪኾና ኼለብምአን ምዓደን።”

እብራውያን 13፡4
“ነመንዝራታትን ንዘመውትንሲ ኣምላኽ ኪፈርዶም እዩ እሞ፡ መውስቦ ኣብ ኩሉ ኽቡር፡ እቲ መደቀስ ኣሚን ከኣ ዘይረኽሰ ይኹን።”

83. ስጋዊ ርክብ

1ይ ቆረንጦስ 7፡3-5
“ሰብኣይ ንሰበይቱ ዚግባኣ ይግበረላ፡ ከምኡ'ውን ሰበይቲ ንሰብኣያ ትግበረሉ። ሰበይቲ፡ ሰብኣያ እምበር፡ ኣብ ገዛእ ስጋኣ ኣይትመልኽን እያ። ከምኡ ከኣ ሰብኣይ፡ ሰበይቱ ደኣ እምበር፡ ኣብ ገዛእ ስጋኡ ኣይመልኽን እዩ። ንጸሎት ጊዜ ምእንቲ ክትረኽቡ፡ ንጊዜኡ ብምስምማዕ ክልቴኹም እምበር፡ እቲ ሓደ ካብ'ቲ ሓደ ኣይፈለ። ብምኽንያት እቲ ንነፍስኹም ዘይምምላኽኩም ሰይጣን ምእንቲ ከይፍትነኩም ከኣ፡ ከም ብሓድሽ ተራኸቡ።”

እብራውያን 13፡4
“ነመንዝራታትን ንዘመውትንሲ ኣምላኽ ክፈርዶም እዩ እሞ፡ መውስቦ ኣብ ኩሉ ኽቡር፡ እቲ መደቀስ ኣሚን ከኣ ዘይረክስ ይኹን።”

1ይ ቆረንጦስ 6፡18-20
“ካብ ምንዝርና ህደሙ። ሰብ ዚገብሮ ዘበለ ሓጢኣት ካብ ስጋኡ ብወጻኢ እዩ፡ ዚምንዝር ግና ኣብ ገዛእ ስጋኡ እዩ ሓጢኣት ዚገብር። ብዋጋ ተዓዲግኩም ኢኹም እሞ፡ ስጋኹም ቤተ መቕደስ እቲ ኣባኻትኩም ዘሎ፡ ካብ ኣምላኽ እተቐበልኩምዎ መንፈስ ቅዱስ ምዃኑ፡ ናይ ርእስኹም'ውን ከም ዘይኰንኩምዶ፡ ኣይትፈልጡን ኢኹም፧ ስለ'ዚ ብስጋኹም ንኣምላኽ ኣኽብርዎ።”

ምሳሌ 5፡18-21
“ምንጭኻ ይባርኽ፡ በታ ሰበይቲ ንእስነትካ ባህ ይበልካ። ፍትውቲ ዋላ፡ ጽብቕቲ ሜዳቘ ትኹነልካ፡ እቲ ኣጥባታ ኹሉ ጊዜ የዕግብካ፡ ብፍቕራ'ውን ወርትግ ተመሰጥ። ኣታ ወደይ፡ ስለምንታይ ጓና ሰበይቲ እተፍቅር ሰበይቲ እማትካስ እትሓቍፍ እምብኣርሲ መገዲ ነፍሲ ወከፍ ሰብ ኣብ ቅድሚ ኣዒንቲ እግዚኣብሄር እዩ፡ ነካይዳኡ'ውን ንሱ ይምልከቶ።”

1ይ ቆረንጦስ 7፡2
“ስለ ካብ ምንዝርና ምርሓቕ ግና ነፍሲ ወከፍ ሰብኣይ ገዛእ ሰበይቱ ትሃልዎ፡ ነፍሲ ወከፍ ሰበይቲ'ውን ገዛእ ሰብኣያ ይሃልዋ።”

1ይ ተሰሎንቄ 4፡3-5
“ፍቓድ ኣምላኽ እዚ እዩ፡ ቅድስናኹም። ካብ ምንዝርና ኽትርሕቁ እሞ፡ ከም'ቶም ንኣምላኽ ዘይፈልጡ ኣህዛብ ብፍትወት ትምኒት ዘይኰነስ፡ ነፍሲ ወከፍኩም ንሰበይቲ ኪዳኑ ብቕድስናን ክብርን ምሕላይ ክፈልጥ፡ እዚ ፍቓድ ኣምላኽ እዩ።”

ማቴዎስ 5፡28
“ኣነ ግና ንሰበይቲ ክብህጋ ዚጥምታ ኹሉ ብልቡ ፈጺሙ ኣብኣ ዘመወ፡ እብለኩም ኣሎኹ።”

ቆሎሴ 3፡5-6
“ስለ'ዚ ነቲ ኣብ ምድሪ ዘሎ ኣካላትኩም ቅተሉ፡ ምንዝርና፡ ርኽሰት፡ ፍትወት ስጋ፡ ክፉእ ትምኒት፡ ስስዔ፡ እዚ ድማ ኣምልኾ ጣኦት እዩ። ብሰሪ እዚ ነገር'ዚ እቲ ቍጥዓ ኣምላኽ ኣብቶም ደቂ ዘይምእዛዝ ይወርድ እዩ።”

84. ንዘይተመርዓዉ

1ይ ቆረንጦስ 7:8-9
“ንዘይተመርዓዉን ንሓያማትን ግና፡ ከምዚ ኸማይ እንተ ነበሩ፡ ጽቡቕ እዩ፡ እብል ኣሎኹ። ነፍሶም ኪመልኩ እንተ ዘይተኻእሎም ግና፡ ብፍትወት ካብ ምንዳድሲ ምምርዓው ይሓይሽ እሞ፡ ይመርዓዉ።”

1ይ ቆረንጦስ 7:28
“ግናኸ እንተ ተመርዖኻ፡ ሓጢኣት ኣይገበርካን፡ ድንግል'ውን እንተ ተመርዓወት፡ ሓጢኣት ኣይገበረትን። እዞም ከምዚኣቶም ዝበሉ ግና ብስጋ መከራ ይረኽቡ እዮም እሞ፡ ኣነ እንሕፈኩም ኣሎኹ።”

1ይ ቆረንጦስ 7:32-34
“ኣነ ግና ብዘይ ሓልዮት ኽትኰኑ እየ ዝፈቱ። እቲ ዘይተመርዓወ ኸመይ ገይሩ ንጐይታ ኸም ዜሐጕሶ ብናይ ጐይታ እዩ ዚሓሊ። እቲ እተመርዓወ ግና ንሰበይቱ ከመይ ገይሩ ኸም ዜሐጕሳ ብናይ እዛ ዓለም እዚኣ እዩ ዚሐሊ። ናይ ምርዕውቲ ሰበይትን ናይ ድንግልን ድማ በበይኑ እዩ። እታ ዘይተመርዓወት፡ ስጋኣን መንፈሳን ምእንቲ ኪቕደስ ኢላ፡ ብናይ ጐይታ እያ እትሓሊ፡ እታ ምርዕውቲ ግና፡ ከመይ ገይራ ንሰብኣያ ኸም እተሐጕሶ፡ ብናይ እዛ ዓለም እዚኣ እያ እትሓሊ።”

85. ስድራ ከገብርዎ ዝግባእ

ምሳሌ 22:6
“ንቈልዓ እታ ኪኸደላ ዚግብኦ መገዲ ኣላምዶ እሞ ምስ ኣረገ ኻብኣ ኣይኪልግስን እዩ።”

ዘፍጥረት 18:19
“እግዚኣብሄር ከኣ እቲ ብዛዕባ ኣብርሃም እተዛረቦ ኼምጽኣሉ፡ ንሱ ድማ ብድሕሪኡ'ውን ንቤቱን ንደቁን መገዲ እግዚኣብሄር ኪሕልዉን፡ ጽድቅን ፍርድን ከኣ ኪገብሩን፡ ምእንቲ ኺእዝዞም፡ ፈለጥክዎ፡ በለ።”

መዝሙር 78:3-8
“እቲ ዝሰማዕናዮን ዝፈለጥናዮን፣ ኣቦታትና'ውን ዘዘንተዉልና፣ ካብ ውሉዶም ኣይንሓብኦን፣ ነቲ ዚመጽእ ወለዶስ ምስጋና እግዚኣብሄርን ስልጣኑን እቲ ዝገበሮ ተኣምራቱን ደኣ ንነግሮ። እቲ ዚመጽእ ወለዶ፣

እቶም ዚውለዱ ደቂ ኺፈልጥዎ፣ ንሳቶም ከኣ ተንሲኦም ንውሉዶም ምእንቲ ኺዘንትውዎስ፣ ተስፋኦም ናብ ኣምላኽ ኪገብሩ፣ ትእዛዛቱ ኺሕልዉ እምበር፣ ተግባር ኣምላኽ ምእንቲ ኸይርስዑ፣ ከም ኣቦታቶም፣ እቲ ህልኸኛን ዓለወኛን ወለዶ፣ ከምቲ ልቡ ቀጥ ዘይበለ፣ መንፈሱ'ውን ናብ ኣምላኽ ዘይተኣመነ ወለዶ ኸይኮኑስ፣ ኣብ ያእቆብ ምስክር ኣጽንዔ፣ ኣብ እስራኤል ከኣ ሕጊ ኣቘመ፣ እዚ'ውን ንውሉዶም ኪፍልጥዎስ፣ ነቦታትና ኣዘዞም።"

ዘዳግም 11፡18-19
"እምበኣር ነዚ ቓላተይ እዚ ኣብ ልብኹምን ኣብ ነፍስኹምን ኣንብርዎ፡ ንምልክት ከኣ ኣብ ኣእዳውኩም እሰርዎ፡ ኣብ መንጎ ኣዒንትኹም ድማ ከታብ ይኹን። ኣብ ቤትካ ኾፍ ምስ በልካን ኣብ መገዲ ኽትከይድ ከሎኻን ኣብ በጥ ምባልካን፡ ኣብ ምትንሳእካን ብእኡ እናተዛረብኩም፡ ንደቅኹም ምሃርዎም።"

ምሳሌ 29፡17
"ንውሉድካ ቕጽዓዮ እሞ ኬዕርፈካ፡ ንነፍስኻ'ውን ተድላ ኪኾና እዩ።"

ኤፌሶን 6፡4
"ኣቱም ኣቦታት'ውን፡ ነቶም ውሉድኩም ብናይ ጐይታ ተግሳጽን ምዕዶን ደኣ ኣዕብይዎም እምበር፡ ኣይተኹርይዎም።"

ቆሎሴ 3፡21
"ኣቱም ኣቦታት፡ ሕሊናኦም ከይዓርብ፡ ነቶም ውሉድኩም ኣይተኹርይዎም።"

86. ሞት

1ይ ተሰሎንቄ 4:13-14
"ግናኸ፡ ኣሕዋተየ፡ ከምቶም ተስፋ ዜብሎም ካልኦት ምእንቲ ኸይትሓዝኑ፡ ብዛዕባ እቶም ደቂሶም ዘለዉ ብዘይ ፍልጠት ክትኰኑ ኣይፈቱን እየ። ማለት፡ የሱስ ከም ዝሞተን ከም ዝተንስኤን ኣሚንና እንተ ኼንና፡ ከምኡ'ውን ኣምላኽ ነቶም ብየሱስ ዝደቀሱ ምስኡ ኬምጽኦም እዩ።"

ቃል ኣምላኽ እንታይ ይብል?   141

መዝሙር 23:4
“በትርኻን ምርኩስካን የጸናንዓኒ እዩ፣ ንስኻ ምሳይ ኢኻ እሞ፣ ብርባርባ ድነ ሞት እኳ እንተ ኸድኩ፣ ከፉእ ኣይፈርህን እየ።”

ምሳሌ 14:32
“ረሲእ ብእከዩ ይግምጠል፡ ጻድቕ ግና ኣብ ሞት እኳ ጸግዒ ኣለዎ።”

ዮሃንስ 8፡51
“ቃለይ ዚሕሉ እንተሎ፡ ንዘለኣለም ሞት ከም ዘይርኢ፡ ብሓቂ፡ ብሓቂ እብለኩም ኣሎኹ፡ ኢሉ መለሰሎም።”

መዝሙር 73፡26
“ስጋይን ልበይን እንተ ማህመነ እኳ፣ ኣምላኽ ንዘለኣለም ከውሒ ልበይን ርስተይን እዩ።”

መዝሙር 49፡ 15
“ኣምላኽ ግና ኪቕበለኒ እዩ እሞ፣ ንሱ ንነፍሰይ ካብ ኢድ ሲኦል ኬናግፋ እዩ።”

ኢሳያስ 25፡8
“ንሞት ንሓዋሩ ኺውሕጦ፡ እግዚኣብሄር ኣምላኽ ከኣ ንንብዓት ካብ ገጽ ኲሎም ኪደርዞ እዩ። እግዚኣብሄር ተዛሪቡ እዩ እሞ፡ ንሕስራን ህዝቡ ኻብ ኲላ ምድሪ ኼርሕቖ እዩ።”

ዮሃንስ 11፡25
“የሱስ ከኣ፡ ትንሳኤን ህይወትን ኣነ እየ። እቲ ብኣይ ዝኣምን እንተ ሞተ እኳ፡ ብህይወት ኪነብር እዩ።”

ሆሴእ 14፡13
“ካብ ኢድ ሲኦል ኤድሕኖም፣ ካብ ሞት እብጀዎም። ኣታ ሞት፣ ፌራኻ ኣበይ ኣሎ ኣታ ሲኦል፣ ጥፍኣትካ ኣበይ ኣሎ ጣዕሳ ካብ ኣዒንተይ ተሓብእት።”

ሮሜ 8፡38-39
“ሞት ኰነ ወይ ህይወት፡ መላእኽቲ ኾኑ ወይ ገዛእቲ፡ ዘሎ ኾነ ወይ ዚመጽእ፡ ወይ ሓይልታት፡ ልዕል ዝበለ ኾነ ወይ ትሕት ዝበለ፡ ካልእ

ፍጥረት'ውን እንተ ኾነ፡ ካብታ ኣብ ክርስቶስ የሱስ ጐይታና ዘላ ፍቕሪ ኣምላኽ ከቶ ኺፈልየና ኸም ዘይኮነሉ፡ ኣርጊጸ ኣሎኹ እሞ፡ በዚ ኹሉ በቲ ዘፍቀረና ኣጸቢቕና ንስዕር ኢና።"

ራእይ 21፡4
"ኣምላኽ ከኣ ንብዘሎ ንብዓት ካብ ኣዒንቶም ኪደርዝ እዩ። እቲ ቐዳማይ ሓሊፉ እዩ እሞ፡ ድሕሪ ደጊም ሞት ኣይኪኸውንን፡ ድሕሪ ደጊም'ውን ሓዘን፡ ወይ ጫውጫው፡ ወይ ጻዕሪ ኣይኪኸውንን እዩ፡ ኪብል ከሎ ሰማዕኩ።"

87. <u>ፍርሒ</u>

ማርቆስ 4፡40
"ንሱ ኸኣ፡ ስለምንታይ እዩ ኸምዚ ዝፈራህኩም፧ ከመይ፡ እምነትዶ የብልኩምን ፧"

ሉቃስ 12፡32
"ኣታ ሒደት መጓሰ፡ እታ መንግስቲ ኺህበኩም ፍቓድ ኣቦኹም እዩ እሞ፡ ኣይትፍራህ።"

መዝሙር 31፡24
"ኣቱም ብእግዚኣብሄር ተስፋ እትገብሩ ኹሉኹም፣ በርትዑ፣ ልብኹም'ውን ይጽናዕ።"

ኢሳያስ 41፡12-13
"ኣነ ንየማነይቲ ኢድካ ዝሕዝ፡ ኣይትፍራህ፡ ከድግፈካ እየ፡ ዝብል እግዚኣብሄር ኣምላኽካ እየ እሞ፡ ነቶም ዚወዳደሩኻ ኽትደልዮም ኣይክትረኽቦምን ከኣ ኢኻ፡ እቶም ዚዋግኡኻ ድማ ከንቱን ከም ገለ ዘይነበረን ኪኾኑ እዮም።"

ምሳሌ 1፡33
"እቲ ዚሰምዓኒ ግና ብደሓን ኪነብር፡ ንኽፉእ ከይፈርሄ ኸኣ ኪሃድእ እዩ።"

ማቴዎስ 10፡28
“ነቲ ነፍስን ስጋን ኣብ ገሃነም ኬጥፍእ ዚከኣሎ ደኣ ኣዚኹም ፍርህዎ እምበር፡ ነቶም ንስጋ ዚቐትሉ ንነፍሲ ግና ምቕታላ ዘይክእሎም ኣይትፍርህዎም።”

ምሳሌ 3፡25-26
“እግዚኣብሄር እምንቶኻ ኪኸውን፡ ኣእጋርካ ኸይፍንጠራ ኺሓልወን እዩ እሞ፡ ካብቲ ናይ ድንገት ሰምባድ፡ ካብቲ ንረሲኣን ዚመጽም ጥፍኣት ኣይትሸበር።”

2 ይ ጢሞቴዎስ 1፡7
“ኣምላኽሲ መንፈስ ሓይልን ፍቕርን ቅጽዓትን እምበር፡ መንፈስ ፍርሃት ኣይሃበናን”

ምሳሌ 3፡24
“እንተ ተገምሰስካ ኣይክትብህርርን ኢኻ፡ በጥ ክትብል ኢኻ፡ ድቃስካ’ውን ኪጥዕም እዩ።”

1 ይ ጴጥሮስ 3፡14
“ስለ ጽድቂ እኳ ድማ ሓሳረ መከራ እንተጸገብኩም፡ ብጹኣን ኢኹም። ካብ ፍርሃቶም ኣይትፍርሁ ኣይትሰምብዱ’ውን።”

ኢሳያስ 54፡14
“ብጽድቂ ኽትጸንዒ ኢኺ። እትፈርህዮ የብልክን እሞ፡ ካብ ግፍዒ ርሓቒ። ስምባድ ኣይኪቐርበክን እዩ እሞ፡ ካብኡ ርሓቒ።”

ሮሜ 8፡ 14-15
“ንስኻትኩምሲ ነቲ ብእኡ ጌርና ኣባ፡ ኣቦ፡ ኢልና እንጽውዓሉ መንፈስ ውልድነት ኢኹም እትቐበልኹም እምበር፡ መንፈስ ባርነት ከም ብሓድሽ ንፍርሃት ኣይተቐበልኩምን፡ ስለዚ እቶም ብመንፈስ ኣምላኽ ዚምርሑ ዘበሉ፡ ንሳቶም ውሉድ ኣምላኽ እዮም።”

እብራውያን 13፡6
“ስለዚ ተቢዕና፡ እግዚኣብሄር ረዳእየይ እዩ እሞ፡ ኣይክፈርህን እየ፡ ሰብከ እንታይ ክይገብረኒ፤ ንበል።”

መዝሙር 46፡1-2
“ኣምላኽ ንኣና መዕቈብን ሓይልን፣ ብጸበባ ፍጡን ረድኤትን እዩ። ስለዚ ምድሪ እንተ ተገልበጠት፣ ኣኽራን ኣብ መዓሙቕ ባሕሪ እንተ ተናወጹ፣ ማያቱ እንተ ሃመመን እንተ ዓፈረን፣ ኣኽራን ብነድሮም እንተ ኣንቀጥቀጡ፣ ንሕናስ ኣይንፈርህን ኢና።”

ኢሳያስ 51፡12-15
“ኣነ፡ ኣነ እየ ዘጸናንዓኩም፡ ንስኻኸ ካብዚ መዋቲ ሰብ፡ ካብዚ ኸም ሳዕሪ ዚሓልፍ ወዲ ሰብ እትፈርህሲ መን ኢኻ ነቲ ሰማያት ዝገተረ፡ ንምድሪ ኸኣ ዝሰረተ፡ ነቲ ዝፈጠረካ እግዚኣብሄር ረሳዕካዮ። ኲሉ ጊዜ፡ ኲሉ መዓልቲ ኻብ ነድሪ እቲ ንምጥፋእ እተዳለወ ገፋዒ ትፈርህ ኣሎኻ። ነድሪ እቲ ገፋዒ ደኣ ኣበይ ኣሎ። እቲ እሱር ቀልጢፉ ኺፍታሕ፡ ኣይኪመውትን ኣይኪቕበርን፡ እንጌራ'ውን ኣይኪስእንን እዩ። ኣነ እግዚኣብሄር ኣምላኽ እየ እሞ፡ ንባሕሪ፡ ማዕበላ ኸሳዕ ዚሃምም፡ ኤናውጻ፡ ስሙ'ውን እግዚኣብሄር ጐይታ ሰራዊት እዩ።”

ምሳሌ 29፡25
“ንሰብ ምፍራህ ኣብ መፈንጠራ የእቱ፡ ብእግዚኣብሄር ዚእመን ግና ኣብ ደሓን ይነብር።”

መዝሙር 91፡4-7
“ብግልግሌኡ ኼጐልብበካ፣ ኣብ ትሕቲ ኣኽናፉ ኸኣ መጸግዒ ኽትረክብ ኢኻ፣ ሓቁ ዋልታን ጸግዕን እዩ። ካብ ስምባድ ለይቲ፣ ካብቲ ብመዓልቲ ዚውርወር ፍላጻ፣ ካብቲ ብጸልማት ዚኸይድ ፌራ፣ ብቐትሪ ዜባድም ሕማም ኣይክትፈርህን ኢኻ። ኣብ ጥቓኻ ሽሕ፣ ኣብ የማንካ'ውን እልፊ ኺወድቁ እዮም፣ ኣባኻ ግና ኣይኪበጽሕን እዩ።”

ኢሳያስ 54፡4-5
“ፈጣሪኺ ሰብኣይኪ እዩ እሞ፡ ስሙ እግዚኣብሄር ጐይታ ሰራዊት እዩ፡ እቲ ናይ እስራኤል ቅዱስ ከኣ ተበጃዊኺ እዩ፡ ንሱ ኣምላኽ ኲሉ ምድሪ'ውን ይበሃል። ስለዚ ኣይክትሓፍርን ኢኺ እሞ ኣይትፍርሂ፡ ኣይክትንውርን ኢኺ እሞ ኣይትሕነኺ፡ ኤረ ነውሪ ንእስነትኪ ኽትርስዒ፡ ጸርፊ ምብልውናኺ ድማ ድሕር'ዚ ኣይክትዝክርን ኢኺ።”

ኢሳያስ 43፡2
“ብማያት ምስ እትሓልፍ፡ ምሳኻ ክኸውን እየ፡ ብውሒዝ ምስ እትሳገር ከኣ፡ ኣይኬጥሕለካን እዩ፡ ብሓዊ ምስ እትኸይድ፡ ኣይክትነድድን ኢኻ፡ ሃልሃልታ’ውን ኣይኪህምኾካን እዩ።”

ዮሃንስ 14፡27
“ሰላም እሐድገልኩም፡ ሰላመይ’ውን እህበኩም ኣሎኹ። እቲ ኣነ ዝህበኩም ዘሎኹስ፡ ከምቲ ዓለም እትህቦ ኣይኰነን። ልብኹም ኣይሸበርን ኣይሰምብድን።”

መዝሙር 23፡ 4-5
“በትርኻን ምርኩስካን የጸናንዓኒ እዮ፣ ንስኻ ምሳይ ኢኻ እም፣ ብርባርባ ድነ ሞት እኳ እንተ ኸድኩ፣ ክፉእ ኣይፈርህን እየ። ንስኻ ኣብ ቅድሚ ገጽ ጸላእተይ መኣዲ ትሰርዓለይ፣ ንርእሰይ ብዘይቲ ትለኽዮ፣ ጽውኤይ ይጅርብብ ኣሎ።”

መዝሙር 27:1-3
“እግዚኣብሄር ብርሃነይን ምድሓነይን እዩ፣ ካብ መን ደኣ እየ ዝፈርህ፡ እግዚኣብሄር ሓይሊ ህይወተይ እዩ፣ ካብ መንከ እየ ዝስምብድ፡ ገበርቲ እከይ ንስጋይ ኪውሕጡ ሓደጋ ምስ ወደቑኒ፣ ወደረኛታተይን ጸላእተይን ባዕላቶም ተዛብዑ እሞ ወደቑ። ኪቃወመኒ ኢሉ እኳ ሰራዊት እንተ ዚሰፍር፣ ልበይ ኣይፈርህን እዩ፣ ኵናት’ውን እንተ ዚለዓለኒ፣ እምነት ኣሎኒ።”

ሮሜ 8፡37-39
“ሞት ኰነ ወይ ህይወት፡ መላእኽቲ ኾኑ ወይ ገዛእቲ፡ ዘሎ ኾነ ወይ ዚመጽእ፡ ወይ ሓይልታት፡ ልዕል ዝበለ ኾነ ወይ ትሕት ዝበለ፡ ካልእ ፍጥረት’ውን እንተ ኾነ፡ ካብታ ኣብ ክርስቶስ የሱስ ጐይታና ዘላ ፍቕሪ ኣምላኽ ከቶ ኺፈልየና ኸም ዘይኰነሉ፡ ኣርጊጸ ኣሎኹ እሞ፡ በዚ ኹሉ በቲ ዘፍቀረና ኣጸቢቕና ንስዕር ኢና።”

1ይ ዮሃንስ 4፡18
“ፍርሃትሲ ስቓይ እያ እተምጽእ፡ እቲ ዚፈርህ ከኣ ብፍቕሪ ፍጹም ኣይኰነን፡ እታ ፍጽምቲ ፍቕሪ ንፍርሃት ተባርራ ደኣ እምበር፡ ኣብታ ፍቕርስ ፍርሃት የልቦን።”

መዝሙር 56፡11
“ኣብ ኣምላኽ ተወኪለ ኣይፈርህን፤ ሰባትከ እንታይ ክይገብሩኒ፧”

88. ሕሜታን ሓሶትን

ዘሌዋውያን 19፡16
“ክትሓሚ ኢልካ ኣብ ህዝብኻ ኣይትዙር፡ ናብ ደም ብጻይካ ኣይትለዓል። ኣነ እግዚኣብሄር እየ።”

ምሳሌ 20፡19
“እቲ እናዞረ ዚሓሚ፡ ምስጢራት ይቐልዕ፡ ስለ’ዚ ምስቲ ኸናፍሩ ዜግፍሕ ሰብ ኣይትተሓወስ።”

ምሳሌ 11፡13
“እናሓመየ ዚዘውርሲ ምስጢር ይቐልዕ፡ እቲ እሙን ልቢ ዘለዎ ግና ንነገር ይሰውሮ።”

ምሳሌ 16፡28
“ጠዋይ ሰብ ቈየቛ ይዝርግሕ፡ ሓማዪ ኸኣ ንእሙናት ፈተውቲ ይፈላልዮም።”

መዝሙር 34፡13
“መልሓስካ ኻብ እከይ፤ ከናፍርካ’ውን ካብ ምዝራብ ጥልመት ሓሉ።”

ምሳሌ 26፡20
“ዕጨይቲ እንተ ተወድኤ፡ ሓዊ ይጠፍእ፡ ሓማዪ እንተ ዘየሎ ኸኣ ባእሲ ይውዳእ።”

ምሳሌ 25፡23
“ንፋስ ሰሜን ዝናም የምጽእ፡ ሓማይት ልሳን ከኣ ገጽ ተጸውግ።”

89. ቅንኢ

ያዕቆብ 3፡16
“ኣብቲ ቕንእን ሻራን ዘለዎ፡ ኣብኡ ምፍራስ ስርዓትን ኵሉ እኩይ ግብርን ኣሎ እሞ፡ እዛ ጥበብ እዚኣ ምድራዊትን ስጋዊትን ሰይጣናዊትን እያ እምበር፡ ካብ ላዕሊ እትወርድ ኣይኰነትን።”

ዘዳግም 5፡21
“ሰበይቲ ብጻይካ ኣይትመነ። ቤት ብጻይካ፡ ግራቱ ወይ ግዙኡ ወይ ግዝእቱ፡ ብዕራዩ ወይ ኣድጉ ወይ ናይ ብጻይካ ዘበለ ኹሉ ኣይትመነ።”

መዝሙር 37፡7
“ንእግዚኣብሄር ሃዲእካ ተጸበዮ፣ በቲ ብመገዱ ዚሰልጥሉ፣ በቲ ሕሱም ሃቐና ዚፍጽም ሰብ ኣይትኹሪ።”

ምሳሌ 14፡30
“ዓቃል ልቢ ንስጋ ህይወቱ እዩ፡ ቅንኢ ግና ነዕጽምቲ ቍንቍኔኡ እዩ።”

መክብብ 4፡4
“ኩሉ ጻዕርን ኩሉ ምስላጥ ዕዮን ከአ ንሰብ ኣብ ብጻዩ ቕንኢ ኸም ዜተንስእ ርኤኹ። እዚ’ውን ከንቱነትን ደድሕሪ ንፋስ ምጕያይን እዩ።”

ገላትያ 5፡26
“ንሓድሕድና ብምትሕርራቕን ብምቅንናእንሲ ውዳሴ ኸንቱ ኣይንድለ።”

ምሳሌ 24፡1-2
“ልቦም ግፍዒ እዩ ዚሓስብ፡ ከናፍሮም ድማ ጥፋኣት እየን ዚዛረባ እሞ፡ በቶም እኩያት ኣይትቕናእ፡ ምሳታቶም ክትነብር’ውን ኣይትድለ።”

ምሳሌ 23፡17-18
“ብርግጽ ዓስቢ ኣሎ፡ ትጽቢትካ ኸኣ ከንቱ ኣይኪኸውንን እዩ እሞ፡ ልብኻ ኹሉ መዓልቲ ፍርሃት እግዚኣብሄር ይሃልዎ እምበር፡ ብሓጢኣተኛታት ኣይትቕናእ።”

ያዕቆብ 3፡14
“መሪር ቅንእን ሻራን ኣብ ልብኹም ካብ ዚህልወኩም ግና፡ ንሓቂ እናተጻረርኩም ኣይትመክሑን ኣይትሓሰዉን።”

90. ትህኪት

1ይ ተሰሎንቄ 4፡11-12
“ከምቲ ዝኣዘዝናኩም፡ ካብ ሓደ እኳ ገለ ኸይደሊኩም፡ ምስቶም ብወጻኢ ዘለዉ ብቕንዕና ምእንቲ ኽትመላለሱ፡ ክትሃድኡን ዕዮ ርእስኹም ክትገብሩን፡ በእዳውኩም'ውን ክትዓዩንሲ ክብረት ክትቈጽርዎ፡ ንምዕደኩም ኣሎና።”

ሮሜ 12፡11
“ንምትጋህ ኣይትተሃከዩ፡ ብመንፈስ ተቓጸሉ፡ ንእግዚኣብሄር ኣገልግሉ”

ምሳሌ 13፡4
“ነፍሲ ሃካይ ሃረር ትብል ኣላ እሞ ገለ ኣይትረክብን፡ ነፍሲ ትጉሃት ግና ኣዝያ ትጸግብ።”

2ይ ተሰሎንቄ 3፡9-12
“ምሳኻትኩም ከሎና'ውን፡ ገለ ሰብ ኪዓዪ ዘይፈቱ እንተ ኾይኑስ ኣይብላዕ'ውን፡ ኢልና ኣዘዝናኩም እሞ፡ ንኣና ምእንቲ ኽትመስሉ ደኣ፡ ንርእስና ኣርኣያ ጌርና ሃብናኩም እምበር፡ መሰል ስለ ዘይብልና ኣይኰንናን። ማለት፡ ሓያሎ ኻባኻትኩም ብዘይ ስርዓት ከም ዚመላለሱ፡ ዙረት እምበር፡ ሓንቲ እኳ ኸም ዘይዓዩ፡ ንሰምዕ ኣሎና። ነዞም ከምዚኣቶም ዘመስሉ፡ ብህድኣት እናዓየዩ እንጌራኦም ኪበልዑ፡ ብጐይታና የሱስ ክርስቶስ ንእዝዞምን ንምዕዶምን ኣሎና።”

ምሳሌ 10፡4-5
“ብህከይቲ ኢድ ዚዓዪ ይደኪ ኢድ ትጉሃት ግና ትህብትም። እቲ ብሓጋይ ዚእክብ ጥበበኛ ወዲ እዩ፡ እቲ ብቐውዒ ዚድቅስ ግና ዘሕስር ወዲ እዩ።”

ምሳሌ 28፡19
“ግራቱ ዚከናኸን እንጌራ ይጸግብ፡ ደድሕሪ ምናምን ዚስዕብ ግና ሸጋር ይጸግብ።”

ምሳሌ 24፡30-34
“ኣነ ብግራት ሃካይ፡ ብናይቲ ኣእምሮ ዜብሉ ኣታኽልቲ ወይኒ ሓለፍኩ፡ እንሆ ድማ፡ ተኹርባ በቍልዎ፡ ቈጥቋጥ ውሒጥዎ፡ እቲ መካበብያ እምኒ'ውን ፈሪሱ። ልበይ ኣውዲቐ ኣብኡ ተመልከትኩ፡ ንእኡ ርእየ ድማ ትምህርቲ ረኸብኩ፡ ቅሩብ ድቃስ፡ ቅሩብ ትኽስታ፡ ምእንቲ ኽትዓርፍ ቅሩብ ኣእዳውካ ምምስቃል፡ ሽው ድኽነትካ ገስጊሱ፡ ንዴትካ ኸኣ ከም እተሰለፈ ሰብኣይ ይመጸካ።”

ምሳሌ 20፡13
“ድኻ ምእንቲ ከይትኸውን፡ ድቃስ ኣይትፍቶ፡ ነዒንትኻ ቋሕ ኣብለን፡ ሽው እንጌራ ኽትጸግብ ኢኻ።”

ምሳሌ 15፡19
“ጐደና ሃካይ ከም ሓጹር እሾኽ እዩ፡ መገዲ ቕኑዓት ግና እተደላደለት እያ።”

ምሳሌ 12፡24
“ኢድ ትጉሃት ክትገዝእ እያ፡ እታ ሃካይ ግና ክትግብር እያ።”

ምሳሌ 12፡11
“ምድሩ ዚሰርሕ ሰብ እንጌራ ይጸግብ፡ ንኸንቱነት ዚኸተል ግና ኣእምሮ የብሉን።”

ምሳሌ 27፡23
“ሃብቲ ንሓዋሩ ዘውዲ'ውን ንውሉድ ወለዶ ኣይነብርን እዩ እሞ፡ ሃለዋት ኣባጊዕካ ኣጸቢቕካ ፍለጥ፡ ንልብኻ ኣብ መጓሴኻ ኣንብሮ።”

91. ጽምዋ

ኢሳያስ 58፡9
“ሽው ኽትጽውዕ፡ እግዚኣብሄር ከኣ ኪመልሰልካ፡ ከተእዊ፡ ንሱ ድማ፡ እነኹ፡ ኪብል እዩ።. . .”

2ይ ቆረንጦስ 6፡18
"ኣቦ ድማ እኾነኩም፡ ንስኻትኩም'ውን ኣወዳትን ኣዋልድን ክትኮኑኒ ኢኹም፡ ይብል እቲ ዅሉ ዚከኣሎ ጐይታ።"

ኢሳያስ 41፡10
"ምሳኻ እየ እሞ፡ ኣይትፍራህ፡ ኣነ ኣምላኽካ እየ እሞ፡ ኣይትሸበር፡ ከበርትዓካ፡ ክረድኣካ፡ ብየማነይቲ ኢድ ጽድቀይ'ውን ክድግፈካ እየ።"

1ይ ሳሙኤል 12፡22
"እግዚኣብሄር ህዝቡ ኺገብረኩም ፈትዩ እዩ እሞ፡ ስለዚ እግዚኣብሄር ምእንቲ እቲ ዓብዪ ስሙ ኢሉ ንህዝቡ ኣይሓድጎን እዩ።"

መዝሙር 27፡10
"ኣቦይን እኖይን እኳ እንተ ዚጥንጥኑኒ፣ እግዚኣብሄርሲ ይእርንበኒ እዩ"

92. <u>ዓለማዊ ትምኒት</u>

ያዕቆብ 4፡1-4
"እቲ ኣብ ማእከልኩም ዘሎ ውግእን ባእስን ካበይ እዩ ዚመጽእ ዘሎ፡ ካብቲ ኣብ ኣካላትኩም ኲይኑ ዚዋጋእ ዘሎ ፍትወት ስጋኹም ደይኮነን፧ ትምነዩ እሞ የብልኩምን፡ ትቐትሉን ትቐንኡን እሞ ሓንቲ እኳ ኽትረኽቡ ኣይከኣለኩምን እዩ፡ ትበኣሱን ትዋግኡን ኢኹም እሞ፡ ስለ ዘይለመንኩም የብልኩምን። ትልምኑ ኢኹም እሞ፡ ብፍትወት ስጋኹም ምእንቲ ኽትዘርውዎ፡ ብኽፉእ ስለ ዝለመንኩም፡ ኣይትቕበሉን ኢኹም። ኣትን ዘመውቲ፡ ፍቕሪ ንዓለምሲ ንኣምላኽ ጽልኢ ምዃኑዶ ኣይትፈልጣን ኢኽን፧ እምበኣርከ ፈታው ዓለም ምዃን ዚደሊ፡ ንሱ ጸላእ ኣምላኽ እዩ ዚኸውን።"

1ይ ዮሃንስ 2፡16-17
"ኲሉ እቲ ኣብ ዓለም ዘሎ፡ ፍትወት ስጋን ፍትወት ኣዒንትን ንብረት ትዕቢትን፡ እዚ ኻብ ዓለም እዩ እምበር፡ ካብ ኣቦስ ኣይኮነን። ዓለም ትሓልፍ እያ፡ ፍትወታ ኸኣ፡ እቲ ንፍቓድ ኣምላኽ ዚገብር ግና ንዘለኣለም ይነብር።"

ማቴዎስ 5፡27-28
“ነቶም ቀዳሞት፡ ኣይትዘሙ፡ ከም እተባህለሎም፡ ሰሚዕኩም ኣሎኹም። ኣነ ግና ንሰበይቲ ኺብህጋ ዚጥምታ ዅሉ ብልቡ ፈጺሙ ኣብኣ ዘመወ፡ እብለኩም ኣሎኹ።”

ምሳሌ 6፡25-29
“ብሰሪ ኣመንዝራ ሰበይቲ ሓንቲ እንጌራ ኽሳዕ እትተርፎ ይኸውን፡ ዘማዊት ከኣ ክብርቲ ነፍሲ እያ እትሃድን እሞ፡ ንጽባቔኣ ብልብኻ ኣይትመነዮ፡ ብቖላሕታኣ’ውን ኣይትዘርፍካ። ሰብዶ ሓዊ ሓቝፉስ ክዳኑ ኣይነድድን እዩ፧ ኣብ ልዕሊ ጓህሪ ኸይዱኸ፡ ኣእጋሩዶ ኣይሓርርን እዩ፧ ናብ ሰበይቲ ብጻዩ ዚኣቱ ኸኣ ከምኡ እዩ፡ ዚትንክያ ኸይተቐጽዔ ከቶ ኣይተርፍን።”

2ይ ጴጥሮስ 1፡4
“ብእኡ እታ ኽብርትን ዓባይን ተስፋ ዝረኸብና፡ ኣብ ዓለም ብፍትወት ስጋ ኻብ ዘሎ ጥፍኣት ወጺእኩም፡ ተማቐልቲ እቲ ኣምላኻዊ ባህርይ ምእንቲ ኽትኰኑ፡ ብትግሃት ዘበለ ተጋደሉ፡ ኣብ እምነትኩም ደግነት ወስኹ፡ ኣብቲ ደግነት’ውን ፍልጠት፡ ኣብታ ፍልጠት ከኣ ምግታእ ርእስኻ፡ ኣብቲ ምግታእ ርእስኻ ድማ ዓቕሊ፡ ኣብቲ ዓቕሊ’ውን ፍርሃት እግዚኣብሄር፡ ኣብ ፍርሃት እግዚኣብሄር ድማ ምፍቃር ኣሕዋት፡ ኣብቲ ምፍቃር ኣሕዋት’ውን ፍቕሪ ንዅሉ ሰብ።”

ያዕቆብ 4፡7-8
“እምብኣርስሲ ንኣምላኽ ተገዝእዎ። ንድያብሎስ ግና ተጻረርዎ እሞ፡ ንሱ ካባኻትኩም ኪሃድም እዩ። ንኣምላክ ቅረብዎ፡ ንሱ’ውን ኪቐርበኩም እዩ። ኣቱም ሓጥኣን፡ ኣእዳውኩም ኣጽርዩ፡ ኣቱም ሰብ ክልተ ልቢ’ውን፡ ልብኹም ኣንጽሁ።”

1ይ ጴጥሮስ 1፡14-16
“ከም እዙዛት ውሉድ እምበር ከምቲ ብዘመን ድንቍርና ከሎኹም ዝገበርኩምዎ ናይ ቀደም ትምኒት ኣይትግበሩ፡ ኣነ ቅዱስ እየ እሞ፡ ቅዱሳት ኩኑ፡ ዚብል ጽሑፍ ስለ ዘሎ፡ ከምቲ እቲ ዝጸውዓኩም ቅዱስ ዝኾነ፡ ንስኻትኩም’ውን ብዅሉ ንብረትኩም ቅዱሳት ኩኑ።”

2ይ ጢሞቴዎስ 2፡22
“ካብ ትምኒት ጒብዝና ህደም፡ ምስቶም ብንጹህ ልቢ ንእግዚኣብሄር ዚጽውዕዎ ኸኣ ኣሰኣሰር ጽድቅን እምነትን ፍቕርን ሰላምን ስዓብ።”

ቲቶስ 3፡3-5
“ንሕና'ውን ቀደምሲ ዓያሱ፡ ዘይእዙዛት፡ ግጉያት፡ ንብዙሕ ፍትወት ስጋን ትምኒትን እተገዛእና፡ ብኽፍኣትን ቅንኣትን እንነብር ፍንፉናት፡ ንሓድሕድና እንጸላእ ነበርና። እቲ ናይ መድሓኒና፡ ናይ ኣምላኽ ሕያውነትን ፍቕሩ ንሰብን ምስ ተገልጸ ግና፡ንሱ ብምሕረት ብምሕጻብ ሓድሽ ልደትን ብምሕዳስ መንፈስ ቅዱስን እዩ ዘድሓነና እምበር፡ ንሕና ብዝገበርናዮ ግብሪ ጽድቂ ኣይኰነን።”

ኤፌሶን 2፡3-7
“ንሕና ኹላትና ኸኣ ነቲ ናይ ስጋን ናይ ሓሳባትን ድሌት እናገበርና፡ ቀደም ብትምኒት ስጋና ምሳታቶም ንነብር ነበርና፡ ከምቶም ካልኦት'ውን ብባህርይና ደቂ ቍጥዓ ነበርና። ግናኸ እቲ ብምሕረት ሃብታም ዝዀነ ኣምላኽ ምእንቲ እታ ብእኣ ዘፍቀረና ዓባይ ፍቕሩ፡ ንሕና፡ ብበደልና ምዉታት ከሎናስ፡ ምስ ክርስቶስ ህያዋን ገበረና፡ ብጸጋ ኢኹም ዝደሓንኩም፡ ምስኡ'ውን ኣተንስኣና፡ ኣብቲ ዚመጽእ ዘመናት ብሕያውነቱ እቲ ብሉጽ ሃብቲ ጸጋኡ ብክርስቶስ የሱስ ኣባታትና ምእንቲ ኺርኢ፡ ኣብ ሰማያት ብክርስቶስ የሱስ ምስኡ ኣቐመጠና።”

ቲቶስ 2፡11-13
“ጸጋ ኣምላኽ ተገሊጹ እዩ እሞ፡ ንዅሉ ሰብ'ውን ምድሓን ኣምጺኡ፡ እቲ ብሩኽ ተስፋን ናይቲ ዕዙዝ ኣምላኽናን መድሓኒና የሱስ ክርስቶስን ምግላጽ ክብሪ እናተጸቤና፡ ግፍዕን ዓለማዊ ትምኒትን ክሒድና፡ ኣብዛ ዓለም እዚኣ ብጥንቃቐን ብጽድቅን በምልኾን ክንነብር ይምህረና ኣሎ”

ገላትያ 5፡24
“እቶም ናይ ክርስቶስ ዘበሉ ኸኣ ነቲ ስጋኦም ምስናይ ፍትወቱን ትምኒቱን ሰቒሎምዎ እዮም።”

ዩሁዳ 1፡18-21
“ንስኻትኩም ግና፡ ኣቱም ፍቁራተይ፡ ነቲ እቶም ሃዋርያት ጐይታና የሱስ ክርስቶስ፡ ኣብቲ ዳሕራይ ዘመን ብእኩይ ፍትወቶም ዚመላለሱ፡ መላገጽቲ ኺትንስኡ እዮም፡ ኢሎም ቅድም ዝነገሩኹም ቃላት ዘክርዎ።

እዚኣቶም ምፍልላይ ዜምጽኡ፡ መንፈስ ዜብሎም ስጋውያን እዮም። ንስኻትኩም ግና፡ ኣቱም ፍቁራተይ፡ በታ ኻብ ኵሉ እተቐደሰት እምነትኩም ንርእስኹም እናሃነጽኩም፡ ብመንፈስ ቅዱስ'ውን እናጸለኹም፡ ነቲ ናብ ህይወት ዘለኣለም ዜብጽሕ ምሕረት ጐይታና የሱስ ክርስቶስ እናተጸቤኹምሲ፡ ንርእስኹም ብፍቕሪ ኣምላኽ ሓልውዋ።"

ገላትያ 5፡16-17
"ኣነስ፡ ብመንፈስ ተመላለሱ እሞ ትምኒት ስጋ ኣይክትፍጽሙን ኢኹም፡ እብለኩም ኣሎኹ። ስጋ ነቲ ምስ መንፈስ ዚጻረር ይምነ፡ መንፈስ'ውን ነቲ ምስ ስጋ ዚጻረር እዩ ዝምነ። ነቲ እትደልይዎ ምእንቲ ኸይትገብሩ፡ እዚኣቶም መጻርርቲ እዮም።"

ሮሜ 6፡11-14
"ከምኡ ድማ ንስኻትኩም ካብ ሓጢኣት ከም ዝሞትኩም፡ ብክርስቶስ የሱስ ግና ንኣምላኽ ህያዋን ከም ዝኾንኩም፡ ርእስኹም ቍጸሩ። እምብኣርሲ ንትምኒቱ ኸይትእዘዙ፡ ኣብዚ መዋቲ ስጋኹም ሓጢኣት ኣይንገስ። ትሕቲ ጸጋ እምበር፡ ትሕቲ ሕጊ ስለ ዘይኰንኩም፡ ሓጢኣት ኣይመልከኩምን እዩ እሞ፡ ከም ሞይቶም ዝተንስኡ ርእስኹም ንኣምላኽ ወፍዩ እምበር፡ ንኣካላትኩም ኣጽዋር ዓመጻ ንሓጢኣት ኣይትግበርዎ፡ ንኣካላትኩምሲ ኣጽዋር ጽድቂ ንኣምላኽ ደኣ ግበርዎ።"

1ይ ጴጥሮስ 2፡11
"ኣቱም ፍቁራተይ፡ ከም ኣጋይሽን ከም ስደተኛታትን እመኽረኩም ኣሎኹ፡ ካብ'ቲ ምስ ነፍሲ ዘዋጋእ ስጋዊ ትምኒት ርሓቑ።"

93. <u>ስስዐ</u>

ኤፌሶን 5፡3
"ከም'ቲ ንቕዱሳን ዚግብኦም ምስጋና ደኣ እምበር፡ ምንዝርናን ኵሉ ርኽሰትን ወይስ ስስዔ ከቶ ኣይሰማዕኩም።"

ዘጽኣት 20፡17
"ቤት ብጻይካ ኣይትተምነ። ሰበይቲ ብጻይካ ግዙኡ፡ ግዝእቱ፡ ብዕራዩ፡ ኣድጉ፡ ገንዘብ ብጻይካ ዘበለ ኾሉ ድማ ኣይትተምነ።"

መዝሙር 62፡10
“ኣብ ግፍዒ ኣይትወከሉ፣ ብዘመተ ኸኣ ኸንቱ ተስፋ ኣይትግበሩ፣ ሃብቲ እንተ በዝሔ፣ ልብኹም ኣይተውድቑሉ።”

ሉቃስ 12፡15-21
“ንሱ ኸኣ፥ ህይወት ሰብ ብብዝሒ ገንዘብ ኣይኰነትን እሞ፡ ተጠንቀቑ፡ ካብ ኵሉ ስስዔ ኸኣ ርእስኹም ሓልዉ፡ በሎም። ከምʼዚ ኢሉ ኸኣ ምስላ ነገሮም፥ ሓደ ሃብታም ሰብኣይ ግርሁኡ ቐደወሉ። ብልቡ ኸኣ፥ እኽለይ ዝእከበላ ስፍራ የብለይን፡ እንታይ ደኣ እገብር እየ ኢሉ ሓሰበ። ንሱ ድማ፥ ከምʼዚ እገብር፥ ንማዕከነይ ኣፍሪሰ፡ ኣግፊሔ እሰርሖ፡ ኣብኡ ኸኣ ኵሉ እኽለይን ሃብተይን እእክብ። ንነፍሰይʼውን፥ ኣቲ ነፍሰይ፡ ብዙሕ እተደለበ ሃብቲ ንብዙሕ ዓመታት ዚኣኽለኪ ኣሎኪ እሞ ዕረፊ፡ ብልዒ፡ ስተዩ፡ ተሓጎሲ፡ እብላ፡ በለ። ኣምላኽ ግና፥ ኣታ ዓሻ፡ ንነፍስኻ ካባኻ ኺወስድዋ በዛ ለይቲ እዚኣ ይደልይዋ ኣለዉ። እዚ ዝደለብካዮ ደኣ ንመን ኪኸውን እዩ፧ በሎ። እቲ ንርእሱ መዝገብ ዚእክብ፡ ኣብ ቅድሚ ኣምላኽ ሃብታም ዘይኰነ ከምኡ እዩ።”

1ይ ቆረንጦስ 5፡11
“ሕጂ ግና ምስ ሓደ ሓው ዚብሃል እሞ ኣመንዝራ፡ ወይስ ስሱዕ፡ ወይስ መምለኽ ጣኦት፡ ወይስ ተጻራፊ፡ ወይስ ሰካር፡ ወይስ ዘራፊ እንተ ኾይኑ፡ ምስኡ ከይትጽምበሩ፡ ምስ እዚ ከምʼዚ ዝበለ ከቶ ከይትበልዑ፡ ጽሒፈልኩም ኣሎኹ።”

ሉቃስ 3፡14
“ዓቀይቲʼውን፥ ንሕናኸ እንታይ ንግበር፧ ኢሎም ሓተትዎ። ንሱ ኸኣ፥ ንሓደ እኳ ኣይትግፍዑ፡ ብሓሶትʼውን ኣይትኽሰሱ፡ ደደመወዝኩም ከኣ ይእከልኩም፡ በሎም።”

ቆሎሴ 3፡5-6
“ስለʼዚ ነቲ ኣብ ምድሪ ዘሎ ኣካላትኩም ቅተሉ፡ ምንዝርና፡ ርኽሰት፡ ፍትወት ስጋ፡ ክፉእ ትምኒት፡ ስስዔ፡ እዚ ድማ ኣምልኾ ጣኦት እዩ፡ ብሰሪ እዚ ነገርʼዚ እቲ ቍጥዓ ኣምላኽ ኣብʼቶም ደቂ ዘይምእዛዝ ይወርድ እዩ።”

እብራውያን 13፡5
“ንሱ ባዕሉ፡ ኣይክሓድገካን ዕሽሽ’ውን ከቶ ኣይብለካን እየ፡ ኢሉ እዩ እሞ፡ ንብረትኩም ብዘይ ፍቕሪ ገንዘብ ይኹን፡ በቲ ዘሎኩም ዕገቡ።”

ምሳሌ 28፡6
“ካብቲ ብጠዋይ መገዲ ዚኸይድ ሃብታምሲ፡ ብንጽህና ዚመላለስ ድኻ ይሓይሽ።”

ፊሊ. 4፡11-13
“ኣነስ በቲ ዘሎኒ ይኣኽለኒ ምባል ተማሂረ እየ እሞ፡ ስኢነ ስለ ዘሎኹ ኣይኰንኩን እዚ ዝብሎ ዘሎኹ። ትሕት ምባል እፈልጥ፡ ሕልፍን ትርፍን እፈልጥ እየ። ጽጋብን ጥሜትን ምስ ትርፉ ምህላውን ስእነትን፡ ኣብ ኵሉን ብኹሉን ልሙድ እየ። በቲ ሓይሊ ዚህበኒ ብክርስቶስ ንኹሉ እኽእሎ እየ።”

1ይ ጢሞቴዎስ 6፡17-19
“ነቶም ኣብ’ዛ ዓለም እዚኣ ዘለዉ ሃብታማት ከይዕበዩ፡ በቲ ኽንሕጐስ ኢሉ ዅሉ ብልግሲ ዚሃበና ኣምላኽ እምበር፡ በዚ ሓላፊ ሃብቲ ኸይእመኑ ኣዝዞም። ገበርቲ ሰናይ ክኾኑ፡ ብሰናይ ግብሪ ኺህብትሙ፡ ለጋሳትን መማቐልትን ኪኾኑ፡ ናይ ሓቂ ህይወት ምእንቲ ክረኽቡስ፡ ነቲ ዚመጽእ ዘሎ ጊዜ ጽቡቕ መሰረት ንርእሶም ክእከቡ ኣዝዞም።”

ኤርምያስ 9፡23-24
“ጥበበኛ ብጥበቡ ኣይተሓበን፡ ሓያል ከኣ ብሓይሉ ኣይተሓበን፡ ሃብታም’ውን ብሃብቱ ኣይተሓበን፡ ይብል እግዚኣብሄር። ዚሕበንሲ እዚ እዩ ባህ ዜብለኒ እሞ፡ ኣነ ኣብ ምድሪ ምሕረትን ፍርድን ጽድቅን ዝገብር እግዚኣብሄር ምዃነይ ብምስትውዓሉን ብምፍላጡን ደኣ ይተሓበን፡ ይብል እግዚኣብሄር።”

94. ሓሶት

ቆሎሴ 3፡9-10
“ንስኻትኩም፡ ነቲ ኣረጊት ሰብ ምስ ግብሩ ቐንጢጥኩም፡ ከምቲ ምስሊ እቲ ዝፈጠሮ ጌርኩም፡ ነቲ ንፍልጠት ዚሕደስ ሓድሽ ሰብ ዝለበስኩም፡ ንሓድሕድኩም ኣይትተሓሳሰዉ።”

ዘሌዋውያን 19፡12
“ንስም ኣምላኽካ ከይተርክስ፡ ብስመይ ብሓሶት ኣይትምሓሉ። ኣነ እግዚኣብሄር እየ።”

ምሳሌ 25፡18
“እቲ ኣብ ብጻዩ ሓሶት ዚምስክርሲ ሞደሻን ሰይፍን በሊሕ ፍላጻን እዩ”

ዘካርያስ 8፡17
“ካባኻትኩም’ውን ሓደ እኳ ብልቡ ንሓዉ እከይ ኣይሕሰበሉ፣ ማሕላ ሓሶት ኣይትፍትዉ፣ ነዚ ኹሉ እጸልእ እየ፣ ይብል እግዚኣብሄር።”

ምሳሌ 14፡5
“እሙን ምስክር ኣይሕሱን፡ ሓሳዊ ምስክር ግና ሓሶት የውጽእ።”

ምሳሌ 19፡5
“ሓሳዊ ምስክር ከይተቐጽዔ ኣይተርፍን፡ እቲ ሓሶት ዜውጽእ ከኣ ኣየምልጥን።”

ዘጸኣት 23፡1
“ወረ ሓሶት ኣይተልዕል። ምስክር ሓሶት ክትከውን ኢልካ፡ ኢድካ ምስ ዓማጺ ኣይተልዕል።”

ራእይ 21፡8
“እቶም ፈራሃትን ዘይኣምኑን ፍንፉናትን ቀተልቲ ነፍስን ኣመናዝርን ጠንቈልትን መምለኽቲ ጣኦትን ብዘለዉ ሓሰውትን ግና፡ ግዲኦም ኣብቲ ብሓውን ዲንን ዚነድድ ቀላይ እዩ፡ እዚ እቲ ኻልኣይ ሞት እዩ፡”

ያዕቆብ 3፡14
“መሪር ቅንኢን ሻራን ኣብ ልብኹም ካብ ዚህልወኩም ግና፡ ንሓቂ እናተጻረርኩም ኣይትመክሑን ኣይትሓስዉን።”

ምሳሌ 12፡19
“ሓቀኛ ኸንፈር ንሓዋሩ ትነብር፡ ሓሳዊት መልሓስ ግና ንቕጽበት ዓይኒ ጥራይ እያ።”

95. ትዕቢት (ትምክሕቲ)

ምሳሌ 16፡18
“ንውርደት ትዕቢት ትቕድማ፡ ንውድቀት ከኣ ኵርዓት።”

ኢሳያስ 5፡21
“እቶም ኣብ ቅድሚ ኣዒንቶም ጠቢባን፡ ብርእሶም ከኣ ኣስተውዓልቲ ዝኾኑ ወይለኦም።”

ምሳሌ 26፡12
“ኣነ ጥበበኛ እየ፡ ዚብል ሰብዶ ርኢኻ ትፈልጥ፧ ካብ ብኡኡስ ብዓሻ ተስፋ ምግባር ይበልጽ።”

ምሳሌ 21፡24
“ዕቡይን ኵሩዕን ሰብ መላገጺ እዩ ስሙ፡ ንሱ ብናይ ትዕቢት ቍጥዓ ይገብር።”

መዝሙር 119፡21
“ነቶም ትዕቢተኛታት፣ ነቶም ካብ ትእዛዛትካ ዜግልሱ ርጉማት ገናሕካ”

ምሳሌ 28:25-26
“ረብሓ ዚሃርፍ ሰብ ባእሲ የልዕል። ብእግዚኣብሄር ዚእመን ግና ይጸግብ። ብልቡ ዚእመን ዓሻ እዩ፡ ብጥበብ ዚመላለስ ግና የምልጥ።”

ምሳሌ 8፡13
“ንእግዚኣብሄር ምፍራህ ንኽፍኣት ምጽላእ እዩ፡ ኣነ'ውን ትዕቢትን ትምክሕትን ክፉእ ኣካይዳን ቈናን ኣፍን እጸልእ እየ።”

ምሳሌ 27፡2
“ካልእ ይንኣድካ፡ ጓና እምበር፡ ከናፍርካ ኣይኲነን።”

ሉቃስ 16፡15
“እቲ ኣብ ቅድሚ ሰብ ዓብዩ መሲሉ ዚርኤ ኣብ ቅድሚ ኣምላኽ ፍንፉን እዩ እሞ፡ ንስኻትኩም ርእስኹም ኣብ ቅድሚ ሰብ ተጽድቑ ኢኹም፡ ንልብኹም ግና ኣምላኽ ይፈልጦ እዩ።”

2ይ ቆረንጦስ 10:17-18
“እቲ እግዚኣብሄር ዚንእዶ እምበር፡ እቲ ንርእሱ ዚንእድ ኣይኰነን ተፈቲኑ ዚወጽእ። ስለዚ እቲ ዚምካሕ ብእግዚኣብሄር ደኣ ይመካሕ።”

ዮሃንስ 5፡44
“ንስኻትኩም ካብ ሓድሕድኩም ክብረት እትቃባበሉ፡ ነታ ካብ ሓደ ኣምላኽ እትርከብ ክብረት ዘይትደልዩ፡ ከመይ ኢልኩም ክትኣምኑ ይኽእለኩም፡”

ማርቆስ 9፡35
“ምስ ተቐመጠ ድማ ነቶም ዓሰርተው ክልተ ጸዊዑ፡ እቲ ቐድሚት ኪኸውን ዚደሊ ድሕሪ ዅሉን ግዙእ ዅሉን ይኹን፡ በሎም።”

96.ምንዝርና

1ይ ቆረንጦስ 6፡13
“ብልዒ ንኸብዲ፡ ከብዲ ኸኣ ንብልዒ እዩ፡ ኣምላኽ ግና ነዝን ነትን ኬጥፍኦም እዩ። ስጋ ንጐይታ፡ ጐይታ'ውን ንስጋ እዩ እምበር፡ ስጋስ ንምንዝርና ኣይኰነን።”

1ይ ቆረንጦስ 6፡18-20
“ካብ ምንዝርና ህደሙ። ሰብ ዚገብሮ ዘበለ ሓጢኣት ካብ ስጋኡ ብወጻኢ እዩ፡ ዚምንዝር ግና ኣብ ገዛእ ስጋኡ እዩ ሓጢኣት ዚገብር። ብዋጋ ተዓዲግኩም ኢኹም እሞ፡ ስጋኹም ቤተ መቕደስ እቲ ኣባኻትኩም ዘሎ፡ ካብ ኣምላኽ እተቐበልኩምዎ መንፈስ ቅዱስ ምዃኑ፡ ናይ ርእስኹም'ውን ከም ዘይኰንኩምዶ፡ ኣይትፈልጡን ኢኹም፧ ስለዚ ብስጋኹም ንኣምላኽ ኣኽብርዎ።”

1ይ ተሰሎንቄ 4፡3-5
“ፍቓድ ኣምላኽ እዚ እዩ፡ ቅድስናኹም። ካብ ምንዝርና ኽትርሕቁ እሞ፡ ከምቶም ንኣምላኽ ዘይፈልጡ ኣህዛብ ብፍትወት ትምኒት ዘይኰነስ፡ ነፍሲ ወከፍኩም ንሰበይቲ ኺዳኑ ብቕድስናን ክብርን ምሒላይ ኪፈልጥ፡ እዚ ፍቓድ ኣምላኽ እዩ።”

እብራውያን 13፡4
“ነመንዝራታትን ንዘመውትንሲ ኣምላኽ ኪፈርዶም እዩ እሞ፡ መውስቦ ኣብ ኵሉ ኽቡር፡ እቲ መደቀስ ኣሚን ከኣ ዘይረኽሰ ይኹን።”

1ይ ቆረንጦስ 6፡15
“እቲ ስጋኹም ኣካል ክርስቶስ ምዃኑዶ ኣይትፈልጡን ኢኹም፧ እምብኣርስኸ ንኣካል ክርስቶስ ወሲደዶ ኣካል ኣመንዝራ ኽገብሮ እየ፧ ያእ ኣይፋለይን።”

ዘጽኣት 20፡14
“ኣይትዘሙ።”

ምሳሌ 6፡32
“እቲ ምስ ሰበይቲ ዚምንዝር ግና ልቢ የብሉን፡ ንነፍሱ ከጥፍኣ ዝደሊ እዩ ከም'ዚ ዝገብር።”

97. ምሕፋር

ሮሜ 10፡11
“እቲ ጽሑፍ፡ ብእኡ ዚኣምን ዘበለ ኣይሓፍርን፡ ይብል. . .”

መዝሙር 119፡6
“ንኹሉ ትእዛዛትካ እንተ ዝቋመት፣ ሽዑ ኣይምሓፈርኩን።”

ሮሜ 5፡5
“ቡቲ እተዋህበና መንፈስ ቅዱስ ፍቕሪ ኣምላኽ ኣብ ልብና ስለ ዝፈሰሰ፡ እታ ተስፋ ድማ ኣይተሕፍርን እያ።”

2ይ ጢሞቴዎስ 1፡12
"ብምኽንያቱ'ውን እየ እዚ ሓሳር እዚ ዝጸግብ ዘሎኹ፡ ግናኸ ብመን ከም ዝኣመንኩ እፈልጥ እየ፡ ነቲ ገንዘብ ሕድሪ'ውን ክሳዕ እታ መዓልቲ እቲኣ ምሕላዉ ኽም ዚከአሎ ተረዲኤዮ ኣሎኹ እሞ፡ ኣይሓፍርን እየ።"

ሮሜ 9፡33
"እንሆ፡ ኣብ ጽዮን እምኒ መዓንቀፍን ከውሒ መንሳተትን ኤንብር ኣሎኹ፡ ብእኡ ዚኣምን ከኣ ኣይኪሓፍርን እዩ፡"

1ይ ጴጥሮስ 4፡16
"ከም ክርስትያን መከራ እንተ ጸገበ ግና፡ ስለ እዚ ስም እዚ ንኣምላኽ የመስግኖ እምበር፡ ኣይሕፈር።"

98. ኩራ

ያዕቆብ 1፡19-20
"ፍቁራት ኣሕዋተየ፡ እዚ ትፈልጡ ኢኹም። ኲራ ሰብኣይሲ ጽድቂ ኣምላኽ ኣይገብርን እዩ፡ ስለዚ ነፍሲ ወከፍ ሰብ ንምስማዕ ቅልጡፍ፡ ንምዝራብ ደንጓዪ ይኹን።"

ኤፌሶን 4፡26-27
"ኰርዩ ሓጢኣት ከኣ ኣይትግበሩ። ኣብቲ ኹራኹም ጸሓይ ኣይትዕረብኩም። ንድያብሎስ ከኣ ስፍራ ኣይትሃብዎ።"

ምሳሌ 15፡1
"ልኡም ምላሽ ንቑጥዓ የህድኣ፡ ተሪር ቃል ግና ኲራ የልዕል።"

ምሳሌ 14፡29
"እቲ ንኹራ ደንጓዪ ብዙሕ ኣእምሮ ኣለዎ፡ ኰራዪ ግና ዕሽነት ይገልጽ"

ምሳሌ 16፡32
"ንኹራ ደንጓዪ ዝኾነ ኻብ ጅግና ይበልጽ፡ ካብቲ ንኸተማ ዚሕዝ ከኣ መንፈሱ ዚገዝእ ይበልጽ።"

መክበብ 7፡9
"ኲራ ኣብ ውሽጢ ዓያሱ እዩ መሕደሪኡ እሞ፡ ብመንፈስካ ንኹራ ኣይትተሃወኽ።"

ምሳሌ 25፡21-22
“ጸላኢኻ እንተ ጠመየ፡ እንጌራ ኣብልዓዮ፡ እንተ ጸምኤ'ውን፡ ማይ ኣስትዮ።በዚ ኸምዚ ጓህሪ ኣብ ርእሱ ትእኩብ፡ እግዚኣብሄር ከኣ ኪፈድየካ እዩ።”

ኤፌሶን 4፡31-32
“ብዘሎ መሪርን ነድርን ኩራን ታዕታዕን ጸርፍን ምስ ኩሉ ኽፍኣት ዘበለ ካባካትኩም ይርሓቕ። ግናኸ ከምቲ ኣምላኽ ብክርስቶስ ይቕረ ዝበለልኩም፡ ንሓድሕድኩም ተላዋህትን ተዳናገጽትን ኴንኩም፡ ይቕረ ተበሃሃሉ።”

ማቴዎስ 5፡22-24
“ኣነ ግና፡ ንሓዉ ዚቝጥዖ ዘበለ ኹሉ ኺፍረዶ እዩ፡ ንሓዉ፡ ኣታ ተኸዳን ጨርቂ፡ ዚበሎ ድማ ኣብ መጋባእያ ኺፍረዶ፡ ኣታ ዓሻ፡ ዚብሎ'ውን ንገሃነም ሓዊ ኺፍረዶ እዩ፡ እብለኩም ኣሎኹ። እምብኣርከ መባእካ ናብ መሰውኢ እንተ ኣምጻእካ፡ ሓውካ ሓዚኑልካ ምህላዉ ኸኣ እንተ ሓሰብካ፡ ነቲ መባእካ ኣብኡ ኣብ ቅድሚ መሰውኢ ሕደጎ፡ ኪድ ቅድም ምስቲ ሓውካ ተዓረቕ፡ ዳሓር ድማ ተመሊስካ መባእካ ኣቕርብ”

ቆሎሴ 3፡8
“ሕጂ ግና ንስኻትኩም እዚ ኹሉ ድማ፥ ኩራ፡ ምንጽርጻር፡ ክፍኣት፡ ጸርፊ፡ ዜሕፍር ዘረባ'ውን ካብ ኣፍኩም ኣርሕቑ።”

መዝሙር 37፡8
“ኩራ ግደፍ ሓርቖት'ውን ሕደግ፣ ኣይተንጸርጽር፣ እዝስ ናብ እከይ ጥራይ እዩ ዜብጽሕ።”

99. ምጭናቕ

1ይ ጴጥሮስ 5፡6-7
“...ንሱ ይሓልየልኩም እዩ እሞ፡ ንኹሉ ሓልዮትኩም ኣብኡ ኣውድቕዎ”

መዝሙር 34፡17
“ጻድቃን የእውዩ፣ እግዚኣብሄር ድማ ይሰምዖም፣ ካብ ኩሉ መከራኦም’ውን የናግፎም።”

ኢሳያስ 43፡2
“ብማያት ምስ እትሓልፍ፡ ምሳኻ ክኸውን እየ፡ ብውሒዝ ምስ እትሳገር ከኣ፡ ኣይኬጥሕለካን እዩ፡ ብሓዊ ምስ እትኸይድ፡ ኣይክትነድድን ኢኻ፡ ሃልሃልታ’ውን ኣይኪህምኹካን እዩ።”

1ይ ጴጥሮስ 4፡12-13
“ኣቱም ፍቁራተይ፡ በቲ ንምፍታን ዚረኽበኩም ዘሎ ዋዒ ሓዊ፡ ሓደ ሓድሽ ነገር ከም ዝበጽሓኩም ኴንኩም፡ ኣይትገረሙ። ብምግላጽ ግርማኡ ድማ ክትሕጎሱን ባህ ክትብሉን ኢኹም እሞ፡ ኣብቲ ስቓይ ክርስቶስ ሕቡራት ካብ እትኾኑስ፡ ተሓጎሱ ደኣ።”

ኢሳያስ 40፡31
“እቶም ንእግዚኣብሄር ዚጽበዩ ግና ሓይሎም ይሕደስ። ከም ንስሪ በኽናፍ ይድይቡ፡ ይጎዩ እሞ ኣይሕለሉን፡ ይኸዱ እሞ ኣይደኽሙን።”

2ይ ቆረንጦስ 1፡3-4
“ኣምላኽ፡ ኣቦ ጐይታና የሱስ ክርስቶስ፡ ኣቦ ምሕረትን ኣምላኽ ኵሉ ምጽንናዕን፡ ይባረኽ፡ በቲ ንርእስና ኻብ ኣምላኽ እንጸናንዓሉ ምጽንናዕ፡ ነቶም ኣብ ጸበባ ዘለዉ ዘበሉ ኽሉኣቶም ከነጸናንዕ ምእንቲ ኺከኣለናስ፡ ብጸበባና ዘበለ ዜጸናንዓና ንሱ እዩ።”

መዝሙር 147፡3
“ንልቦም እተሰብሩ ይፍውስ፣ ነቚሳሎም ይዘንን።”

ኢሳያስ 41፡10
“ምሳኻ እየ እሞ፡ ኣይትፍራህ፡ ኣነ ኣምላኽካ እየ እሞ፡ ኣይትሸበር፡ ከበርትዓካ፡ ክረድኣካ፡ ብየማነይቲ ኢድ ጽድቀይ’ውን ክድግፈካ እየ።”

100. ፍትሕ

ማቴዋስ 5:31-32
"ንሰበይቱ ዚፈትሓ፡ ጽሕፈት መፍትሒኣ ይሃባ፡ ተባህለ። ኣነ ግና፡ ብዘይ ምኽንያት ዝሙት ንሰበይቱ ዚፈትሓ ዘበለ ዅሉ፡ ዘማዊት ገበራ፡ እቲ ፍትሕቲ ዜእቱ ድማ ዘመወ፡ እብለኩም ኣሎኹ።"

ማርቆስ 10:2-12
"ፈሪሳውያን ድማ ምእንቲ ኺፍትንዎ መጺኦም፡ ሰብኣይ ንሰበይቱ ኺፈትሓዶ ተፈቒድሉ እዩ፧ ኢሎም ሓተትዎ። ንሱ ግና፡ ሙሴኸ እንታይ ኣዘዘኩም፧ ኢሉ መለሰሎም። ንሳቶም ከኣ፡ ሙሴስ ጽሕፈት መፍትሒኣ ጺሒፍና ኽንፈትሓ ፈቒዱልና እዩ፡ በልዎ። የሱስ ከኣ በሎም፡ ብሰሪ ትሪ ልብኹም እዩ እዚ ትእዛዝ እዚ ዝጸሓፈልኩም። ካብ መጀመርያ ፍጥረት ግና ኣምላኽ፡ ሰብኣይን ሰበይትን ገይሩ እዩ ዝፈጠሮም። ስለዚ ሰብኣይ ኣቦኡን ኣዲኡን ሓዲጉ፡ ምስ ሰበይቱ ይጣበቕ፡ ክልቲኦም ሓደ ስጋ ይዅኑ፡፡ ስለዚ ድማ ሓደ ስጋ እዮም እምበር፡ ክልተ ኣይኰኑን። እምበኣርከ ነቲ ኣምላኽ ዘጋጠሞስ፡ ሰብ ኣይፍለዮ። ኣብ ቤት ከኣ ደቀ መዛሙርቱ ብዛዕባ እዚ ነገርዚ ኸም ብሓድሽ ሓተትዎ። ንሱ ድማ፡ ዝዀነ ይኹን ሰበይቱ ፈቲሑ ኻልእ ዜእቱ ኣብኣ ዘመወ። እታ ሰብኣያ ፈቲሓ ንኻልእ እተኣትወት ድማ ዘመወት፡ በሎም።"

ሮሜ 7:2-3
"ሰበይቲ፡ ሰብኣያ ብህይወቱ ኸሳዕ ዘሎ፡ ብሕጊ ኣብኡ እስርቲ እያ። ሰብኣያ እንተ ሞተ ግና፡ ካብቲ ሕጊ ሰብኣያ ፍትሕቲ እያ። እምብኣርሲ ሰብኣያ ብህይወቱ ኸሎስ፡ ንኻልእ ሰብኣይ እንተ ዀነት፡ ዘማዊት እያ እትብሃል። ሰብኣያ እንተ ሞተ ግና፡ ካብቲ ሕጊ ሓራ ወጺኣ እያ እሞ፡ ንኻልእ ሰብኣይ እንተ ዀነት፡ ኣይዘማዊትን እያ።"

101. ነብያት ሓሶት

1ይ ዮሃንስ 4:1-4
"ኣቱም ፍቁራተይ፡ ብዙሓት ነብያት ሓሶት ናብ ዓለም ወጺኦም ኣለዉ እሞ፡ እቶም መናፍስቲ ካብ ኣምላኽ እንተ ዀይኖም መርምሩ እምበር፡ ንመንፈስ ዘበለ ዅሉ ኣይትእመንዎ። ንመንፈስ ኣምላኽ በዚ ኢኹም እትፈልጥዎ፡ የሱስ ክርስቶስ ብስጋ ኸም ዝመጸ ዚእመን ዘበለ ዅሉ

መንፈስ ካብ ኣምላኽ እዩ፡ የሱስ ክርስቶስ ብስጋ ኸም ዝመጸ ዘይእመን ዘበለ ኹሉ መንፈስ ድማ ካብ ኣምላኽ ኣይኰነን። እዚ ኸኣ እቲ ኸም ዚመጽእ ሰሚዕኩምዎ ዘሎኹም ናይ ጸረ ክርስቶስ መንፈስ እዩ፡ ሕጂ'ውን ድሮ ኣብ ዓለም ኣሎ።"

2ይ ጴጥሮስ 2፡1
"ግናኸ ነብያት ሓሶት ድማ ኣብ ማእከል እቲ ህዝቢ ተንሲኦም ነበሩ፡ ከምኡ ኸኣ ኣብ ማእከልኩም መምህራን ሓሶት ኪትንስኡ እዮም፡ ናብ ርእሶም ቅልጡፍ ጥፍኣት እናምጽኡ ድማ፡ ክሳዕ ነቲ እተሻየጦም ጐይታ እኳ ክኽሕድዎ እዮም፡ ንሳቶም ናይ ጥፍኣት ምፍልላይ ኣስሊኾም ኬእትዉ እዮም።"

ማቴዎስ 7፡15-17
"ካብ ነብያት ሓሶት ተጠንቀቑ ውሽጦም ዚምንጥሉ ተዃሉ ክነሶምሲ፡ ክዳን ኣባጊዕ ተኸዲኖም እዮም ዚመጽኹም። ብፍሪኦም ከተለልይዎም ኢኹም። ካብ እሾኽዶ ወይኒ ይቕንጠብ፡ ካብ ተኾርባስ በለስ፧ ከምኡኸስ እቲ ጽቡቕ ኦም ጽቡቕ ፍረ ይፈሪ፡ እቲ ኽፉእ ኦም ከኣ ክፉእ ፍረ ይፈሪ።"

ማቴዎስ 24፡24
"ናይ ሓሶት መሲሃትን ናይ ሓሶት ነብያትን ክመጹ እዮም እሞ፡ እንተ ተኻእሎምሲ፡ ነቶም ሕሩያት እኳ ኬስሕቱ፡ ዓበይቲ ትእምርትን ተኣምራትን ክገብሩ እዮም።"

ራእይ 20፡10
"እቲ ዘስሓቶም ድያብሎስ'ውን ናብ'ቲ እቲ ኣራዊትን እቲ ነብዩ ሓሶትን እተደርበይዎ ቐላይ ሓውን ዲንን ተደርበየ። ንዘለኣለመ ኣለም ከኣ ለይትን መዓልትን ኪሳቐዩ እዮም።"

ሮሜ 16፡17-18
"ግናኸ ኣሕዋተየ፡ ነቶም ካብ'ቲ እተመሃርኩምዎ ምህሮ ምፍልላይን መዓንቀፍን ዚገብሩ ክትዕዘብዎም፡ እምዕደኩም ኣሎኹ። እቶም ከም'ዚኣቶም ዝበሉ ንኽብዶም እምበር፡ ንጐይታና የሱስ ክርስቶስ ኣየገልግልዎን፡ ብጥዑም ዘረባን ምርቓን ልቢ እቶም ገርህታት የስሕቱ እዮም እሞ፡ ካባታቶም ኣግልሱ።"

ራእይ 2፡2
“ግብርኻን ጻዕርኻን ትዕግስትኻን፡ ነቶም እኩያት ሰባት'ውን ክትጾሮም ከም ዘይክኣልካን፡ ነቶም ሃዋርያት ኢና ዚብሉ እሞ ዘይኰኑ፡ ተዓዚብካዮምሲ ሓሰውቲ ኾይኖም ከም ዝረኸብካዮምን፡ እፈልጥ ኣሎኹ።”

2 ይ ተሰሎንቄ 2፡1-4
“ግናኸ፡ ኣቱም ኣሕዋትና፡ ብዛዕባ ምጽኣት ጐይታና የሱስ ክርስቶስን ናብኡ ምእካብናን፡ መዓልቲ ጐይታ ሕጂ ቐርብቲ ኸም ዘላስ፡ ብመንፈስ ወይስ ብቓል ወይስ ከም'ታ ኻባና ዝመጸትኩም ደብዳበ፡ ካብ'ቲ ኣእምሮኹም ቀልጢፍኩም ከይትናቓነቑን ከይትስምብዱን፡ ንልምነኩም ኣሎና። ቅድም ክሕደት ከይኰነ፡ እቲ ርእሱ ኣምላኽ ምዃኑ እናኣርኣየ፡ ኣብ መቕደስ ኣምላኽ ክሳዕ ዝቕመጥ፡ ኣምላኽን ቅዱስን ኣብ ዚብሃል ዘበለ ዚትንስእን ዚዕበን ሰብኣይ ዓመጻ፡ እቲ ወዲ ጥፍኣት፡ ከይተገለጸ፡ እታ መዓልቲ እቲኣ ኣይትመጽእን እያ እሞ፡ ብዝኾነ እንተ ኾነ ሓደ እኳ ኣየስሕትኩም።”

1 ይ ዮሃንስ 2፡18
“ደቀየ፡ እዚኣ እታ ዳሕረይቲ ሰዓት እያ። ከምቲ፡ እቲ ጸረ ክርስቶስ ከም ዚመጽእ፡ ዝሰማዕኩምዎ፡ ካብ ሕጂ'ውን ብዙሓት ኣጽራር ክርስቶስ ተንሲኦም ኣለዉ። እዚኣ እታ ዳሕረይቲ ሰዓት ምዃና በዚ ኢና እንፈልጥ።”

102. <u>ገሃንመ-እሳት</u>

ራእይ 21፡8
“እቶም ፈራሃትን ዘይኣምኑን ፍንፉናትን ቀተልቲ ነፍስን ኣመናዝርን ጠንቈልትን መምለኽቲ ጣኦትን ብዘለዉ ሓሰውትን ግና፡ ግዲኦም ኣብቲ ብሓውን ዲንን ዚነድድ ቀላይ እዩ፡ እዚ እቲ ኻልኣይ ሞት እዩ፡ በለኒ።”

ማቴዎስ 25:41-46
“ድሕር'ዚ ኣብ ጸጋሙ ንዘለዉ ይብሎም፡ ኣቱም ርጉማት፡ ካባይ ርሓቑ፡ ናብ'ቲ ንሰይጣንን ንመላእኽቱን እተዳለወ ናይ ዘለኣለም ሓዊ። ጠምየ ነብርኩ እሞ፡ ኣየብላዕኩምንን። ጸሚኤ፡ ኣየስቴኹምንን። ገይሸ፡ ኣይተቐበልኩምንን። ዓሪቐ፡ ኣይከደንኩምንን። ሓሚመ፡ ተኣሲረ፡

ኣይበጻሕኩምንን። ሽው ንሳቶም፡ ጐይታይ፡ መኣዝ ጠሚኻ ርኤናካ፡ ወይ ጸሚእካ፡ ወይ ጌሽካ፡ ወይ ዓሪቕካ፡ ወይ ሓሚምካ፡ ወይ ተኣሲርካ፡ ዘየገልገልናካ፧ ኢሎም ይመልስሉ። ሽው ንሱ፡ እቲ ኻብዞም ናእሽቱ ንሓደ ዘይገበርኩምሉ ንኣይ ከም ዘይገበርኩምለይ፡ ብሓቂ እብለኩም ኣሎኹ፡ ኢሉ ይመልሰሎም። እዚኣቶም ናብ ናይ ዘልኣለም ስቓይ፡ ጻድቃን ግና ናብ ዘልኣለም ህይወት ኪኸዱ እዮም።"

2ይ ተሰሎንቄ 1:9-10
"እቲ ኣባኻትኩም ዝመስከርናዮ ምስክር ተኣሚኑ እዩ እሞ፡ የሱስ በታ መዓልቲ እቲኣ ኣብ ቅዱሳኑ ኪኽብርን ኣብቶም ዝኣመኑ ኺግረምን ምስ መጸ፡ ንሳቶም ብመቕጻዕቲ፡ ናይ ዘለኣለም ጥፍኣት ካብ ቅድሚ ጐይታና ክብሪ ስልጣኑን ርሒቖም፡ ኪቕጽዑ እዮም።"

ማቴዎስ 13:41-42
"ወዲ ሰብ መላእኽቱ ክልእኽ እዩ፡ ንሳቶም ከኣ መዓንቀፍትን ዓመጽትን ንዘበሉ ኹሎም ካብ መንግስቱ ክእክብዎም፡ ኣብ እቶን ሓዊ ኸኣ ኪድርብይዎም እዮም። ኣብኡ ብኽያትን ምሕርቃም ኣስናንን ክኸውን እዩ።"

103. ድያብሎስ

ኢሳያስ 14:12
"ኣየ፡ ኣታ ብሩህ ኮኾብ ወዲ ወጋሕታ፡ ከመይ ኢልካ ኻብ ሰማይ ወደቕካ፡ ንስኻ ነህዛብ ዘውደቕካስ፡ ከመይ ኢልካ ናብ ምድሪ ተደርቤኻ።"

ያዕቆብ 4:7
"እምብኣርስሲ ንኣምላኽ ተገዝእዎ። ንድያብሎስ ግና ተጻረርዎ እሞ፡ ንሱ ካባኻትኩም ኪሃድም እዩ።"

ራእይ 12:9
"እቲ ንብዘላ ዓለም ዜስሕታ ዘሎ ድያብሎስን ሰይጣንን ዚብሃል ዓብዩ ገበል፡ እቲ ናይ ጥንቲ ተመን ተደርበየ፡ ናብ ምድሪ ተደርበየ፡ መላእኽቱ'ውን ምስኡ ተደርበዩ።"

ዮሃንስ 10፡10
“ሰራቒ፡ ብጀካ ክሰርቕን ክሓርድን ከጥፍእን ኢሉ ኣይመጽእን እዩ። ኣነ ግና ህይወት ምስ ተረፉ ምእንቲ ክረኽባ እየ ዝመጻእኩ።”

ዮሃንስ 8፡44
“ንስኻትኩም ካብቲ ኣቦኹም ድያብሎስ ኢኹም፡ እታ ትምኒት ኣቦኹም ክትገብሩ’ውን ትደልዩ ኣሎኹም። ንሱ ኻብ መጀመርያ ቀታል ነፍሲ እዩ፡ ሓቂ ኣብኡ ስለ ዘልቦ’ውን ኣብ ሓቂ ኣይጸንዔን። ሓሶት ክዛረብ ከሎ፡ ካብ ርእሱ እዩ ዚዛረብ። ሓሳዊ እዩ እሞ፡ ንሓሶት’ውን ኣቦኣ እዩ”

2ይ ቆረንጦስ 11፡14
“ሰይጣን እኳ ንርእሱ ንመልኣኽ ብርሃን የምስል እዩ እሞ፡ እዚ ኣየገርምን እዩ።”

ኤፌሶን 6፡11-12
“እቲ ቕልስና ምስ ሕልቅነትን ስልጣናትን ምስ ናይ ጸልማት ገዛእቲ ዓለምን ምስ መናፍስቲ እከይን ኣብ ሰማያት እዩ እምበር፡ ምስ ስጋን ደምን ኣይኰነን እሞ፡ ንፍሕሶ ሰይጣን ምቅዋሙ ምእንቲ ኽትክእሉስ፡ ኵሉ ኣጽዋር ኣምላኽ ልበሱ።”

ማቴዋስ 13፡19
“ቃል መንግስቲ ሰሚዑስ ዘየስተውዕሎ ኹሉ፡ እቲ ኽፉእ ይመጽእ እሞ ነቲ ኣብ ልቡ እተዘርአ ይምንጥሎ፡ እቲ ኣብ ከውሒ እተዘርኤ እዚ እዩ”

1ይ ዮሃንስ 2፡13
“ኣቱም ኣቦታት፡ ነቲ ካብ መጀመርታ ዝነበረ ፈሊጥኩምዎ ኢኹም እሞ፡ እጽሕፈልኩም ኣሎኹ። ኣቱም ኣጕባዝ፡ ነቲ እኩይ ስዒርኩምዎ ኢኹም እሞ፡ እጽሕፈልኩም ኣሎኹ። ኣቱም ቈልዑ፡ ነቦ ስለ ዝፈለጥኩምዎ፡ ጽሒፈልኩም ኣሎኹ።”

1ይ ዮሃንስ 5፡18
“እቲ ካብ ኣምላኽ እትወልደ ዘበለ ርእሱ ይሕሉ፡ እቲ እኩይ’ውን ኣይትንክዮን እዩ፡ እቲ ካብ ኣምላኽ እተወልደስ፡ ሓጢኣት ከም ዘይገብር፡ ንፈልጥ ኢና።”

2ይ ቆረንጦስ 4፡4
“እቲ ብርሃን ወንጌል ናይ ክብሪ ክርስቶስ፡ ንሱ ኸኣ ምስሊ ኣምላኽ፡ ምእንቲ ከየብርሃሎምሲ፡ ኣምላኽ እዛ ዓለም እዚኣ ንሓሳብ እቶም ዘይኣምኑ ኣዖሮ።”

ራእይ 20፡1-2
“መርሖ መዓጻውቕን ሓደ ገዚፍ መቑሕን ኣብ ኢዱ ዝሓዘ መልኣኽ ድማ ካብ ሰማይ ኪወርድ ከሎ ርኤኹ። ንሱ'ውን ነቲ ገበል፡ ነቲ ናይ ጥንቲ ተመን፡ ሓዞ፡ እዚ እቲ ድያብሎስን ሰይጣንን እዩ፡ ሽሕ ዓመት'ውን ኣሰሮ።”

ሉቃስ 11፡18-20
“ኣነ ነጋንንቲ ብብኤልዜቡል ከም ዘውጽኦም ካብ እትብሉስ፡ ሰይጣን ንርእሱ እንተ ተፈላለየ ደኣ፡ እታ መንግስቱ ኸመይ ኢላ ትቐውም፧ ኣነ ነጋንንቲ ብብኤልዜቡል ዘውጽኦም ካብ ኰንኩስ፡ ደቕኹም ደኣ ብመን የውጽእዎም ኣለዉ፧ ስለ'ዚ ንሳቶም ፈራዶኹም ኪኾኑ እዮም። ኣነ ነጋንንቲ በጻብዕ ኣምላኽ ዘውጽኦም ካብ ኰንኩ ግና፡ መንግስቲ ኣምላኽ ኣባኻትኩም በጺሓት።”

ዮሃንስ 17፡15
“ካብቲ ኽፉእ ክትሕልዎም እምበር፡ ካብ ዓለም ክተውጽኦም ኣይኰንኩን ዝልምን ዘሎኹ።”

2ይ ተሰሎንቄ 3፡3
“ግናኸ እቲ ዜጽንዓኩምን ካብ ክፉእ ዝሕልወኩምን ጐይታ እሙን እዩ።”

104. ምልክታት መወዳእታ ዘመን

2ይ ጢሞቴዎስ 3፡1-7
“ኣብተን ዳሕሮት መዓልታት ግና ክፉእ ዘመን ከም ዚመጽእ፡ እዚ ፍለጥ። ሸው ሰባት ፈተውቲ ርእሶም ኪኾኑ እዮም እሞ፡ ፈተውቲ ገንዘብ፡ ተጀሃርቲ፡ ዕቡያት፡ ተጻረፍቲ፡ ንወለዶም ዘይእዘዙ፡ ዘየማስዉ፡ ርኹሳት፡ ፍቕሪ ንስድራ ቤቶም እኳ ዜብሎም፡ ተቐየምቲ፡ ሓመይቲ፡ ቀለልቲ፡ ጨካናት፡ ሰናይ ዘይፈትዉ፡ ኣሕሊፎም ዚህቡ፡ ህዉኻት፡ ተፈኸንንቲ፡ ካብ ንኣምላኽ ምፍቃርሲ ኣዕዚዞም ተድላ ዚፈትዉ፡ እቶም መልክዕ ኣምልኾ ዘለዎም፡ ነቲ ሓይሉ ግና ዚኽሕድዎ፡ ናብ ኣባይቲ

ህፉጕ እናበሉ፡ ሓጢኣት ዝመልኤንን ብብዙሕ ትምኒት ዚድፍኣን፡ ኵሉ ሳዕ ዚምሃራ ናብቲ ፍልጠት ሓቂ ኺበጽሓ ግና ከቶ ዘይከኣላን ኣንስቲ ዚማርኹ፡ ካብ እዚኣቶም እዮም እሞ፡ ካብ እዚኣቶም’ውን ርሓቕ።”

ማቴዎስ 24፡3-14
“. . . ትእምርቲ ምምጻእካን መወዳእታ ዓለምንከ እንታይ እዩ፧ እስኪ ንገረና፡ እናበሉ ናብኡ ቐረቡ። የሱስ መሊሱ በሎም፡ ሓደ እኳ ኸየስሕተኩም ተጠንቀቑ። ኣነ ክርስቶስ እየ፡ እናበሉ ብዙሓት ብስመይ ኪመጹ እዮም እሞ፡ ንብዙሓት’ውን ኬስሕቱ እዮም። ውግእን ወረ ውግእን ክትሰምዑ ኢኹም። ርኣዩ፡ ኣይትሰምብዱ፡ እዚ ዅሉ ኪኸውን ብግዲ እዩ፡ ግናኸ መወዳእታ ገና እዩ። ህዝቢ ናብ ህዝቢ፡ መንግስቲ’ውን ናብ መንግስቲ ኺለዓል እዩ። ኣብ በቦታኡ ድማ ጥሜትን ፌራን ምንቅጥቃጥ ምድርን ኪኸውን እዩ። እዚ ዅሉ ግና መጀመርታ ቕልውላው እዩ። ሽዑ ንመከራ ኣሕሊፎም ኪህብኹምን ኪቐትሉኹምን እዮም። ብዛዕባ ስመይ ከኣ ኣብ ኵሎም ኣህዛብ ጽሉኣት ክትኮኑ ኢኹም። ሽዑ ብዙሓት ኪዕንቀፉ፡ ንሓድሕዶም ኣሕሊፎም ኪዋሃሀቡ ንሓድሕዶም’ውን ኪጻላልኡ እዮም። ብዙሓት ነብያት ሓሶት ኪትንስኡ፡ ንብዙሓት’ውን ኬስሕቱ እዮም። ዓመጻ ስለ ዝበዝሔ ድማ፡ ናይ ብዙሓት ፍቕሪ ኽትዝሕል እያ። እቲ ኽሳዕ መወዳእታ ዚዕገስ ግና ኪድሕን እዩ። እዚ ወንጌል መንግስቲ ኸኣ ንምስክር ኵሎም ኣህዛብ ኣብ ብዘላ ዓለም ኪስበኽ እዩ፡ ሽዑ መወዳእታ ይመጽእ።”

ሉቃስ 21፡11
“ኣብ በቦታኡ ድማ ጥሜትን ፌራን ዓብዪ ምንቅጥቃጥ ምድርን ኪኸውን፡ ካብ ሰማይ’ውን መፍርህን ዓብዪ ትእምርትን ኪኸውን እዩ።”

1ይ ጢሞቴዎስ 4፡1
“በቲ ዳሕራይ ዘመናት ግና ገሊኦም እምነቶም ክሒዶም፡ ንመናፍስቲ ስሕተት ንምህሮ ኣጋንንትን ከም ዚስዕቡ፡ እቲ መንፈስ ብግሁድ ይብል ኣሎ።”

ሉቃስ 21፡25-28
“ኣብ ጸሓይን ወርሕን ከዋኽብትን ከኣ ትእምርቲ ኪኸውን እዩ። ኣብ ምድሪ’ውን ጸበባ ኣህዛብ ኪኸውን፡ ብደሃይ ባሕርን ማዕበልን ከኣ ዚገብርዎ ኺጠፍኡም እዩ። ሓያሊ ሰማያት ኬንቀጥቅጥ እዩ እሞ፡ ብፍርሃትን ኣብ ዓለም ብዚመጽእ ምጽባይን ነፍሲ ሰብ ክትወጽእ እያ።

ሽው ንወዲ ሰብ፡ ምስ ብዙሕ ሓይልን ግርማን ብደበና ሰማይ ኪመጽእ ከሎ፡ ኪርእይዎ እዮም። እዚ ምኺን ምስ ጀመረ፡ ምድሓንኩም ቀሪቡ እዩ እሞ፡ ቅንዕ በሉ ርእስኹም’ውን ኣልዕሉ።”

ራእይ 13:16-17
“ንኹላቶም ከኣ፡ ነቶም ናእሽቱን ዓበይትን፡ ንሃብታማትን ድኻታትን፡ ንጭዋታትን ባሮትን ኣብ የማናይ ኢዶም ወይስ ኣብ ግምባሮም ማሕተም ከም ዚቕበሉ ይገብር ኣሎ። ሓደ እኳ ማሕተም ስም እቲ ኣራዊት ወይስ ቍጽሪ ስሙ እንተ ዜብሉ፡ ኪዕድግን ኪሸይጥን ከም ዘይኽእል ይገብር።”

2 ይ ተሰሎንቄ 2:3-4
“ቅድም ክሕደት ከይኰነ፡ እቲ ርእሱ ኣምላኽ ምኻኑ እናኣርኣየ፡ ኣብ መቕደስ ኣምላኽ ክሳዕ ዚቕመጥ፡ ኣምላኽን ቅዱስን ኣብ ዚብሃል ዘበለ ዚትንስእን ዚዕበን ሰብኣይ ዓመጻ፡ እቲ ወዲ ጥፍኣት፡ ከይተገለጸ፡ እታ መዓልቲ እቲኣ ኣይትመጽእን እያ እሞ፡ ብዝኾነ እንተ ኾነ ሓደ እኳ ኣየስሕትኩም።”

1 ይ ዮሃንስ 2፡18
“ደቀየ፡ እዚኣ እታ ዳሕረይቲ ሰዓት እያ። ከምቲ፡ እቲ ጸረ ክርስቶስ ከም ዚመጽእ፡ ዝሰማዕኩምዎ፡ ካብ ሕጂ’ውን ብዙሓት ኣጽራር ክርስቶስ ተንሲኦም ኣለዉ። እዚኣ እታ ዳሕረይቲ ሰዓት ምኻና በዚ ኢና እንፈልጥ።”

105. <u>ምጽኣት ጎይታ</u>

ማርቆስ 13፡32
“ብዛዕባ እታ መዓልቲ እቲኣን እታ ሰዓት እቲኣን ግና ኣቦ ደኣ እምበር፡ መላእኽቲ ሰማይ ኰኑ ወዲ ኾነ ሐደ እኳ ዚፈልጥ የልቦን።”

ሉቃስ 21፡25-28
“ኣብ ጸሓይን ወርሕን ከዋኽብትን ከኣ ትእምርቲ ኪኸውን እዩ። ኣብ ምድሪ’ውን ጸበባ ኣህዛብ ኪኸውን፡ ብደሃይ ባሕርን ማዕበልን ከኣ ዚገብርዎ ኺጠፍኦም እዩ። ሓያሊ ሰማያት ኬንቀጥቅጥ እዩ እሞ፡

ብፍርሃትን ኣብ ዓለም ብዚመጽእ ምጽባይን ነፍሲ ሰብ ክትወጽእ እያ። ሽው ንወዲ ሰብ፡ ምስ ብዙሕ ሓይልን ግርማን ብደበና ሰማይ ኪመጽእ ከሎ፡ ኪርእይዎ እዮም። እዚ ምኽንያት ምስ ጀመረ፡ ምድሓንኩም ቀሪቡ እዩ እሞ፡ ቅንዕ በሉ ርእስኹም'ውን ኣልዕሉ።"

ራኣይ 1፡7
"እንሆ፡ ብደበና ይመጽእ ኣሎ፡ ኵለን ኣዒንትን እቶም ዝወግእዎን ከኣ ኪርእይዎ እዮም፡ ብዘለዉ ዓሌታት ምድሪ'ውን ኪበኽዩሉ እዮም። እወ፡ ኣሜን።"

እብራውያን 9፡27-28
"ከምቲ ንሰብ ሓንሳእ ሙማት ብድሕሩ'ውን ፍርዲ እተሰርዖ፡ ከምኡ ኸኣ እቲ ንሓጢኣት ብዙሓት ኬርሕቕ ኢሉ ሓንሳእ እተሰውኤ ክርስቶስ ንምድሓን እቶም ዚጽበይዎ ኻልኣይ ጊዜ ብዘይ ሓጢኣት ኪግለጽ እዩ።"

ራእይ 19:11-16
"ሰማይ ከኣ ተኸፊቱ ርኤኹ። እንሆ ድማ፡ ኣምበላይ ፈረስ፡ እቲ ተቐሚጥዎ ዘሎ ኸኣ እሙንን ሓቀኛን ይብሃል፡ ብጽድቂ'ውን እዩ ዚዳንን ዚዋጋእን። ኣዒንቱ ኸም ሃልሃልታ ሓዊ እየን፡ ኣብ ርእሱ'ውን ብዙሕ ዘውድታት ኣለዎ፡ ብጀካኡ ሓደ እኳ ዘይፈልጦ ጽሑፍ ስም ድማ ኣለዎ። ብደም እተዓለሰ ኽዳን ተወንዚፉ እዩ፡ ስሙ'ውን ቃል ኣምላኽ እዩ። ኣብ ሰማይ ዘለዉ ሰራዊት ከኣ፡ ጻዕዳን ጽሩይን ሻሽ ተኸዲኖም፡ ኣብ ኣምበሌታት ኣፍራስ ተቐሚጦም ሰዓብዎ። ካብ ኣፉ ኸኣ ነህዛብ ዚወቕዓሉ በሊሕ ሰይፊ ይወጽእ። ንሱ ብበትሪ ሓጺን ኪጓስዮም እዩ፡ ነቲ መጽመቕ ወይኒ ናይቲ ብርቱዕ ቍጥዓ ኹሉ ዚኽእል ኣምላኽ ከኣ ንሱ ይረግጾ። ኣብ ክዳኑን ኣብ ምሕኵልቱን ድማ፡ ንጉስ ነገስታት፡ ጐይታ ጐይተት'ውን፡ ዚብል ጽሑፍ ስም ኣለዎ።"

1ይ ተሰሎንቄ 4፡16-17
"ጐይታ ባዕሉ ብናይ ትእዛዝ ጭድርታን ብድምጺ ሊቀ መላእኽትን ብመለኸት ኣምላኽን ካብ ሰማይ ኪወርድ እዩ፡ እቶም ብክርስቶስ ዝሞቱ'ውን ቅድም ኪትንስኡ እዮም። ድሕርዚ ንሕና ብህይወት ጸኒሕና ዘሎና ንምቕባል ጐይታ ኣብ ኣየር ምሳታቶም ሓቢርና ብደበና ኽንለዓል ኢና፡ ከምኡ'ውን ንሓዋሩ ምስ ጐይታ ኽንነብር ኢና። ደጊም በዘን ቃላት እዚኣተን ንሓድሕድኩም ተጻናንዑ።"

ማቴዎስ 24፡42-44
“ስለዚ ጐይታኹም በየነይቲ ሰዓት ከም ዚመጽእ ኣይትፈልጡን ኢኹም እሞ፡ ንቕሑ። ግናኸ ፍለጡ፡ በዓል ቤት ነታ ሰራቒ ዚመጽኣላ ጊዜ እንተ ዚፈልጣስ፡ ምነቕሐ፡ ቤቱ ኸትኰዓት ከላ'ውን ስቕ ኣይምበለን። ስለዚ ወዲ ሰብ ብዘይሓሰብኩምዎ ጊዜ ኺመጽእ እዩ እሞ፡ ንስኻትኩም ድማ እተዳሎኹም ኩኑ።”

∞

29358587R00105

Made in the USA
Columbia, SC
06 November 2018